本书由"中央高校基本科研业务费专项资金"（the Fundamental Research Funds for the Central Universities）资助

项目批准号：2023XKRCW012

科学社会主义创新理论研究

◉ 于维力 著

光明日报出版社

图书在版编目（CIP）数据

科学社会主义创新理论研究 / 于维力著 . -- 北京：

光明日报出版社，2024.4

ISBN 978 - 7 - 5194 - 7889 - 6

Ⅰ.①科… Ⅱ.①于… Ⅲ.①科学社会主义理论 - 研

究 Ⅳ.①D0 - 0

中国国家版本馆 CIP 数据核字（2024）第 067348 号

科学社会主义创新理论研究

KEXUE SHEHUIZHUYI CHUANGXINLILUN YANJIU

著　　者：于维力

责任编辑：陆希宇　　　　责任校对：陈永娟　蔡晓亮

封面设计：小宝工作室　　责任印制：曹　净

出版发行：光明日报出版社

地　　址：北京市西城区永安路 106 号，100050

电　　话：010 - 63169890（咨询），010 - 63131930（邮购）

传　　真：010 - 63131930

网　　址：http：//book. gmw. cn

E - mail：gmrbcbs@ gmw. cn

法律顾问：北京兰台律师事务所龚柳方律师

印　　刷：北京科普瑞印刷有限责任公司

装　　订：北京科普瑞印刷有限责任公司

本书如有破损、缺页、装订错误，请与本社联系调换，电话：010 - 63131930

开　　本：170mm×240mm

字　　数：296 千字　　　　　　印　张：17

版　　次：2024 年 4 月第 1 版　　印　次：2024 年 4 月第 1 次印刷

书　　号：ISBN 978 - 7 - 5194 - 7889 - 6

定　　价：68.00 元

前　言

　　本书以"中国共产党对科学社会主义理论的丰富和发展研究"为论题，系统研究了中国共产党领导的中国人民在不同历史时期，特别是在马克思主义中国化的三次历史性飞跃的过程中对丰富和发展科学社会主义基本理论所作出的重大理论贡献，并概括总结了其中所蕴含的宝贵经验和具有的贯通性的理论贡献。通过本研究，希望能够更加清晰地展现中国共产党百年来对经典作家的基本理论、基本思想所进行的具有开创性、现实性、现代性的丰富以及充实、拓展与发展的历史进程，更加准确地把握科学社会主义中国化的基本规律，更有力地推动马克思主义中国化时代化的新发展，能够更好地贯通过去、现在、将来，更全面地贯通马克思主义基本原理与马克思主义中国化，贯通中共党史、新中国史、改革开放史和社会主义发展史，贯通中国共产党理论创新的理论逻辑、历史逻辑和实践逻辑，从而使我们在理论和实践上更加坚定地以马克思主义中国化的最新理论成果指明前行之路，引领现代化国家全面建设之伟业、推动制定更加符合实际和需要的大政方针等。

　　本书充分吸收现有理论成果，对中国共产党丰富和发展科学社会主义基本理论进行了历史的、逻辑的和现实的思考。在思考和论述的全过程始终坚持马克思辩证唯物主义与历史唯物主义基本原理，并综合运用了以下方法：第一，逻辑与历史相一致的方法。对于历史跨度长、理论论述众多的科学社会主义基本理论，需要运用逻辑分析的方法进行关联性整合，力求抓住重点，力求理论化。第二，整体性、系统化分析方法。这样的研究方法能够很好地实现研究的全面性，同时，这一方法的运用也是由本论题研究对象的性质决定的。第三，比较研究的方法。本论题的研究目标在于全面贯通马克思主义基本原理与中国实际，这样就需要基于时代特征和历史文化等方面的差异，进行理论上的比较，只有这样才能说明哪些是坚持的、哪些是发展的，才能更加清楚科学社会主义历史流变的必然性和必要性，才能使研究更具有理论说服力。第四，理论联系实际的方法。研究中国共产党对科学社会主义理论的丰富和发展，必须紧密联系马克思所处的历史社会情况，又密切结合当代中国社会建设的实践需要。第五，坚持大历史观和正确党史观相结合的方法。总结中国共产党百年理论创新和基本经验必须坚持具体的、历史的、客观的、全面的、联系和发展的观点来理解和研究党的历史，这样才能把握党的历史发展的主题主线、主流本质，从中找到开创未来的理论密码。

本书在充分研究现有理论成果的基础上，认为国内对这一论题的研究呈现出两个大的特点：第一大特点是从总体上研究中国共产党百年来对科学社会主义理论的理论贡献，从大历史观的角度，立足大的历史跨度分析了党如何丰富和发展科学社会主义理论、怎样丰富和发展科学社会主义理论的。这类研究侧重于对中国共产党的理论创新进行历史回顾和理论总结，但由于时间跨度大和篇幅受限等方面的原因，这类研究对于中国共产党对科学社会主义基本理论的创新究竟是如何体现的，在哪些方面来具体体现这种丰富和发展甚至原创性贡献，没有展开得很彻底和全面。第二大特点是仅就某个历史分期或某个理论创新成果进行更为具体的分析，这一类研究由于研究视角更为聚焦，能够就理论创新的内涵和具体体现充分地进行展开，全面性和学理性更强，这为本论题的研究提供了更多的文献材料，更有利于本论题的深入展开。通过以上的系统梳理和分析，本论题形成了两方面理论创新成果：第一，本论题系统全面地总结了我们党在对科学社会主义经典理论发展的三次飞跃中在哪些具体内容方面有所提升、有所推进并从历史和理论上对党的理论创新进行了具体的分析。本书在学术界现有研究成果的基础之上，吸收现有理论成果优点，既系统归纳了党在各个历史阶段丰富和发展科学社会主义基本理论的具体内容，对这些内容的背景、内涵及特点进行历史和理论的具体分析，也明确比较了党的理论创新与科学社会主义基本理论的区别与联系，更为全面地展现了中国共产党百年来始终与时俱进，始终重视思想建党、理论强党的自信与自觉，明确了科学社会主义与当代中国双向互动的基本逻辑。第二，本论题科学归纳了贯通党的百年理论创新所形成的重大理论贡献及其所蕴藏的基本经验。宝贵经验作为理性思维的一种最高运用，能够在深层次、本质上揭示事物的根本属性，并能够以规律形式使其自身不断重复出现。本论题在对历史进程和每个理论创新成果进行研究之后，从中归纳出了党的理论创新中具有贯通性、长远性的理论贡献和深层次的基本经验。笔者认为这构成了本文的逻辑升华。这些经验的概括深刻彰显了我们党百年来在理论上积累的宝贵财富，充分体现了马克思主义早已与中国共产党、中国人民命运紧密联系在一起的事实。

在中国共产党成立一百周年这一特殊且重要的历史节点上，立足中国共产党领导中国人民对丰富和发展科学社会主义基本理论所作出的重大贡献，总结其宝贵经验和理论贡献，意义重大。从理论上讲，这是深刻把握科学社会主义基本原理和理论特质的需要，是深刻总结中国共产党百年理论创新历程和宝贵经验的需要，有助于明确回应和科学界定中国特色社会主义的性质，有助于不断推进马克思主义中国化时代化，以新理论新思想将党的理论创新推向新的高度这一新时代理论强党的关键一招。从实践上看，本论题的研究有助于强化问题意识和问题导向，有助于为推进党和国家的伟大实践提供强有力的理论支撑，有助于推动科学社会主义在 21 世纪的发展和振兴，继续推动马克思主义中国化时代化。

目　录

绪 论

一、选题背景及研究意义

在中国共产党成立一百周年华诞的重要历史节点上，本书以"科学社会主义创新理论研究"为题目，系统研究了中国共产党领导中国人民在各个历史时期对丰富和发展科学社会主义基本理论所作出的重大理论贡献，并概括总结了其中所蕴含的宝贵经验和具有的重大历史意义。

（一）选题背景

以史为鉴才能更好地开创未来、开辟新辉煌。本书写于中国共产党成立百年华诞之际，希望通过系统、全面地梳理党的百年理论创新、理论开拓形成的重大成就，对党的理论发展脉络及其科学社会主义性质有更为深切的理解和把握。中国共产党百年辉煌与科学社会主义在中国的发展交相辉映，科学社会主义在与中国的双向互动中，实现了改变中国和以中国经验丰富、发展科学社会主义理论的双重目标。具体来看，在这一横跨百年的伟大进程中，我们党逐渐以马克思主义和科学社会主义的真理力量、人民情怀、实践理性点燃了中国革命、建设和改革的实践之火，激活了中华民族的发展活力，开辟了实现中华民族伟大复兴的正确道路，从根本上改变了中国人民和中华民族的前途命运，创造了经济社会发展的令世人瞩目的奇迹；与此同时，中国共产党对科学理论的创造性运用和发展则将马克思主义的发展提升到一个新的境界，以不争的实践绩效展示和焕发出了科学社会主义经典理论的强大生命力，使其科学性、人民性、实践性、时代性生动地彰显出来，深刻地被人民认可接受并以社会主义制度的巨大优越性重新在全世界人民心中树立起正面形象，极大地提升了马克思主义和科学社会主义的威望。

站在"两个一百年"的历史交汇点上，中国共产党必须继续以新时代新思想指引航向，不断推进马克思主义中国化，继续使党的理论走向深入，这样才能更好地带领全国人民走向更加辉煌灿烂的明天。正如习近平同志指出的，马克思主义中国化取得了重大成果，但还远未结束，理论的生命力在于不断创新，中国共产党人要以发展马克思主义为神圣职责，发挥出马克思主义能够与时代融合的理论特质和引航功用，用活生生、崭新的当代中国实践来推动理论创新继续发展。[①] 这就要求中国共产党人在新时代仍要继续学习和实践马克思主义与科学社会主义的基本理论，既从中汲取科学智慧和真理力量，又能善于将科学理论与中国实际、时代特征、现实需要以及历史文化传统相结合，将中国共产党理论创新的理论逻辑、历史逻辑和实践逻辑贯通起来，更加自觉地以新思想解决新问题，推动事业新发展。

时值中国共产党成立一百周年华诞，立足中国共产党领导中国人民对丰富和发展经典理论所作出的重大理论贡献，总结其中贯穿的重大理论和蕴含的宝贵经验，可以更加准确地把握科学社会主义中国化的基本规律，更有力地推动马克思主义中国化时代化的新发展，更坚定地以科学社会主义经典理论为指导发展党的原创性、时代性理论和战略，从而有利于全党全国人民更加自觉地投身于浩浩荡荡、滚滚向前的时代洪流之中，谱写出面向未来、引领前行之路的崭新华章。

（二）研究意义

在我们党成立一百周年华诞这一特殊且重要的历史节点上，立足中国共产党领导中国人民对丰富和发展科学社会主义基本理论所作出的重大贡献，并系统地总结其中蕴含的宝贵经验和历史意义，有着十分重大的理论和现实意义。

1. 理论意义

对中国共产党丰富和发展科学社会主义基本理论所作出的重大贡献及其宝贵经验和历史意义的概括和总结，是一个重大的理论问题，其本质属于研究马克思主义中国化百年理论探索、研究党的百年历史及党在新时代新征程中的理论新发展三者相结合的重大理论问题。这一理论问题所涵盖的历史跨度之长、涉及的理论内容之丰富、所需具备的理论概括水平之高，值得也十

---

① 习近平. 在纪念马克思诞辰 200 周年大会上的讲话［M］. 北京：人民出版社，2018：27.

分需要进行深入、系统、艰辛地理论研究和思考。

（1）深刻把握科学社会主义理论特质的需要

百年来，中国共产党为丰富和发展科学社会主义基本理论作出了重大贡献，积累了理论创新的许多宝贵经验。要深刻理解和把握党的百年理论探索和理论创新的重大贡献，必须首先对科学社会主义经典理论有全面系统且清晰的把握，唯此才能理顺其与中国共产党理论创新的逻辑关系，找到中国共产党理论创新背后根本性的"理论密码"和"理论力量"。

本书研究所涉及的科学社会主义基本理论，是广义上的理解，即将其与马克思主义等同的意义上去理解。马克思主义是我们党推进理论创新的前提和基础。马克思、恩格斯立足于资本主义的发展现实，以唯物史观和剩余价值学说为理论基础，沿着理论创新、批判谬误、创建政党的基本路径创立了科学社会主义理论，实现了社会主义学说的重大历史性变革。具体而言，科学社会主义的基本理论包含了社会主义的历史必然性理论；阶级和阶级斗争理论；关于社会主义的实现途径理论即无产阶级革命理论、无产阶级政党学说、无产阶级专政和国家学说；关于社会主义发展阶段理论；关于未来社会本质及其基本特征的理论；无产阶级革命理论；等等。这些理论基本上涵盖了无产阶级及其政党为争取解放而奋斗和争取的一般条件及目的，这些基本理论是理解中国共产党在哪些方面进行了丰富和发展、如何坚持和发展等重大问题所必须掌握清楚和理解透彻的基本观点和进行深入理论分析的根基。

此外，马克思主义和科学社会主义之所以能够在同中国工人运动和民族解放潮流的紧密结合中催生出能够领导中国人民和中华民族根本改变前途命运的中国共产党，之所以能够成为领导社会主义革命、建设和改革的强大的思想武器，并能够与中国具体实际和中华优秀传统文化深度融合，其根源是在于"马克思主义行"。马克思主义行这一根本结论的得出，标志着我们党对马克思主义中国化的认识已经上升到把握规律的新阶段了。马克思主义行，主要是立足马克思主义经典理论与中国实际相结合的客观必然性，探求马克思主义和科学社会主义所具备的理论特质。正是由于理论具备了能够满足这个国家人民的现实需要，能够契合这个国家的历史文化传统，能够解决这个国家面临的重大历史性课题的特质，马克思主义中国化才能成为一种现实。因此，回顾百年党的理论发展史，我们可以豪迈地说，历史和人民选择马克思主义和科学社会主义是完全正确的，中国共产党把马克思主义写在自己的旗帜上是完全正确的，坚持马克思主义基本理论同中国具体实际相结合、不断推进马克思主义中国化时代化是完全正确的。①

（2）深刻总结中国共产党百年理论创新历程和宝贵理论经验的需要

历史能够映照现实，以此远观未来方能更加坚定、更加自觉。因此，总结党的百年奋斗历史经验及其在理论创新历程中的宝贵经验十分必要。善于学习、勇于创新、善于总结历史经验和党的发展规律并以自我革命精神不断充实自己的力量，是中国共产党作为先进政党、引领型政党的内在要求和优良传统。

一百年来，中国共产党在理论创造和提升的过程中，逐渐形成了对科学社会主义基本原则的科学认知和坚定的信念，在理论上积累了宝贵的经验，如深刻认识到本国特色的社会主义是当代社会主义发展的基本方向；深刻认识到党对理论创新和我们事业的领导是根本；深刻认识到科学社会主义社会重要理念对社会主义实践和理论创新的基础性作用，如坚持共产主义理想信念、坚持人民至上的价值追求、坚持实事求是的科学态度、坚持敢于斗争和勇于自我革命的精神、坚持独立自主的原则等；深刻认识到要将改革作为发展社会主义社会的重要动力；深刻认识到社会主义社会要经历一个相当长的初级阶段；在领导社会主义实践中极大深化了对社会主义本质的规律性认识；深刻认识到要在顺应时代潮流中积极探索对重大历史课题的解答等。在实践上，中国共产党以马克思主义和科学社会主义的真理力量、人民情怀、实践理性点燃了中国革命、建设和改革的实践之火，激活了中华民族的发展活力，开辟了实现中华民族伟大复兴的正确道路。

一百年来，科学社会主义在中国共产党领导的中华民族伟大复兴征程中的创造性运用和发展有着重要的历史意义，不仅对中国来说，而且对世界来讲都是极其重要的。对中国来说，中国共产党坚持理论武装和理论创新从根本上改变了中国人民和中华民族的前途命运，开辟了实现中华民族伟大复兴的正确道路。对世界来讲，中国共产党的理论创新与理论创造产生的理论和实践成果向国际社会展示了马克思主义强大生机，使其以崭新的形态展现在

---

① 习近平. 在纪念马克思诞辰 200 周年大会上的讲话［M］. 北京：人民出版社，2018：14 – 15.

世界上，使科学社会主义具有了前所未有的生命力、感召力、吸引力；中国共产党以我们道路的成功，充分显示了我们所选择制度的得天独厚的巨大优势，以"中国之治"引起了广大发展中国家学习借鉴的极大兴趣，对世界社会主义意义重大。它将社会主义变为具体生动的实践。这种具体化的实践和创造性的经验总结，以自身的成功，引起了全世界的广泛关注，提供了社会主义国家学习的良好范例，对世界社会主义的振兴起了积极的推动作用。

（3）明确回应中国特色社会主义与科学社会主义源流关系的需要

道路关乎国运。在中国这样一个经济文化落后的国家探索民族复兴道路，任务艰巨，没有现成经验和理论可照搬。一百年来，中国共产党紧紧依靠人民将普遍真理与中国具体实际相结合，历经千辛万苦，开创出中国特色社会主义道路。随着中国特色社会主义制度优势的凸显，国际社会对中国特色社会主义的关注度日益增强的同时，也不乏掺杂着对中国特色社会主义的错误认识。针对国内外在认识上的误解和偏差，有必要从根源上回应中国特色社会主义的本质属性问题。

首先，对中国共产党丰富和发展科学社会主义基本理论的研究，有助于在理论上明确我们当前建设的社会主义与科学社会主义之间的共性与个性、本源与派生之关系。中国特色社会主义不是无本之木、无源之水，相反它是以科学社会主义基本理论为"根"和"本"的，这样科学社会主义才能适应中国和时代发展要求，才能代表中国发展进步的根本方向。同时，按照事物发展的客观规律，共性、普遍性是寓于个性之中并需要通过特殊性来体现的。这一规律体现在理论发展逻辑中，即中国特色社会主义作为科学社会主义在当代中国发展的具体理论形态，它包含着科学社会主义的普遍真理和中国自身的特色和特点。因此，坚持科学社会主义还要有发展的观点，要立足于实践运用、时代特征、民族历史文化传统、人民现实需求等实际情况，及时将成功经验上升为理论，推动本土化的科学社会主义更加有效地指导本土的社会主义实践。

其次，对中国共产党丰富和发展科学社会主义基本理论的研究，有助于具体地阐明具有中国特质的理论在哪些方面对科学社会主义的哪一基本理论有所发展，可以更加有力地回应批驳西方对中国特色社会主义的无理攻击、无端诘责，政治意义鲜明。例如，中国共产党创造性地提出社会主义初级阶段理论，并在新时代进一步立足实践和国内外形势变化丰富发展这一理论，其本质是经典理论中对发展阶段一般理论的具体化，是与马克思、恩格斯从理论上对发达的、成熟的社会主义形态的科学预测进行对照，从而具体地说明现实基础较为落后，特别是像我国这样脱胎于半殖民地半封建社会，生产力远远落后于马克思、恩格斯所设想的社会，无法在经典作家的理论中找到直接的理论对应，必须从中国国情和特点出发，客观科学地明晰我们进行社会主义现代化建设的历史方位和发展阶段，并以此为根据制定一系列方针政策，脚踏实地地朝着马克思、恩格斯设想的未来社会奋进。

最后，对中国共产党丰富和发展科学社会主义基本理论的研究，有助于坚定全党对中国特色社会主义的信念，现实意义很强。只有在理论上讲清楚党的理论创新为何要丰富和发展老祖宗，又如何丰富和发展了老祖宗，理论与实践之间如何弥合差异，为何要坚持和发展中国特色社会主义等问题，才能更加使全党特别是党员干部坚定理想信念，使全党同志更加积极地以我们正在做的事情为中心，立足现阶段奋斗目标，脚踏实地推进党和国家的伟大事业。

（4）不断深入推进传统社会主义观中国化的需要

中国共产党百年历史的主题，是实现民族之复兴。这实际上也是理论创造与提升的主题和归旨。有学者指出，"是否推动了中华民族伟大复兴，是我们判断是否真正实现了马克思主义中国化的客观依据"[①]。新时代要继续推进马克思主义中国化，不断根据实践、时代发展的需要，不断地以新理论新思想将党的理论创新推向新的高度，这是新时代理论强党的"最关键的一招"[②]。而通过对这一问题的研究，有助于既从历史逻辑方面讲清楚百年来党推动理论与时俱进、日臻完善的历史进程，又从理论逻辑方面对每一时期党的理论创新和创造的基本内涵、显著特征进行系统梳理，有助于深刻理解党在各个时期的原创性理论贡献，还能从历史和理论逻辑的统一中，总结党的百年理论创新的宝贵经验，从而为我们深刻理解党的最新理论成果，继续将其推向先进提供思想指引，为党实现第二个百年奋斗目标、推进中华民族伟

---

① 张传平."两个相结合"：新时代马克思主义中国化理论的原创性贡献及其世界历史意义［J］.南京社会科学，2021（12）.

② 陈晋.理论强党一百年［J］.党建研究，2021（7）；侯惠勤.试论当代中国马克思主义、21世纪马克思主义［J］.天津师范大学学报（社会科学版），2021（5）.

大复兴提供理论武器。

2. 现实意义

所谓理论研究的现实意义，主要在于须阐明理论研究在指导实践方面所能发挥的重要作用。对这一问题进行系统研究，有着积极的现实意义。马克思主义中国化的理论成果能否很好地解决时代课题，能否推动党和国家发生根本性、深层次的历史性变革，最终还需要实践来检验。

（1）有助于强化问题意识和问题导向

重大时代课题是指能够集中反映时代要求、彰显时代所提出的重大历史任务的重大问题。每个时代的新问题层出不穷，但每个时代最主要的核心问题，构成了重大时代课题的内容。对中国共产党丰富和发展科学社会主义基本理论进行系统研究，能够清晰地看到中国共产党在各个历史时期如何解答时代课题，如何在解答时代课题的过程中将实践经验上升为理论，如何不断推进科学社会主义理论丰富发展的。这有助于全党在新时代进一步强化问题意识、坚持问题导向，以党的理论创新成果更精准地破解重大问题。这既是我们党发展理论的重要经验，也是党继续推进理论创新和创造的方法论依托。

（2）有助于大力推进国家现代化建设的伟大实践

从对中国共产党在新时代丰富和发展科学社会主义基本理论的系统研究可知，经过40多年的高速度、有效率的发展，我们党所处的发展方位出现了新的阶段性特征，多层次多领域多方面都实现了新的总体性跃升，使我国的建设事业迎来了崭新的局面，特别是经过全党全国各族人民的共同努力，全面奔小康的历史目标如期顺利完成，我国胜利解决了绝对贫困这一历史和世界难题。为此，以习近平同志为核心的党中央，准确把握国内外环境、条件，辩证分析我国经济发展的这些前所未有的新特征，准确把握新变化新矛盾，以强烈的政治魄力适时对全面建设社会主义现代化国家作出系统谋划和战略部署，构成了实现社会主义现代化伟大事业的最新定位、最新认知、最新判断，形成了一套指导中国特色社会主义现代化发展的最新理论成果，以鲜活的中国实践为科学社会主义注入了新的理论内容，使马克思主义理论宝库更加丰富充实了。

（3）有助于推动科学社会主义在21世纪的发展和振兴

科学社会主义在我国的发展，不仅对理论本身意义重大，对整个世界社会主义运动的意义也十分重大。这是因为通过科学社会主义经典理论在我国的发展可以归纳出社会主义运动在当代的一个重要的发展规律，即只有本土化的科学社会主义才能有效指导本土的社会主义实践。从对中国共产党丰富和发展科学社会主义基本理论进行系统研究可知，中国共产党首开本土化民族化先河，实现了对科学社会主义运动的重大发展。之前的社会主义运动是一种统一性的发展模式。无论是马克思、恩格斯对世界历史理论的探究，还是他们对"全世界无产者，联合起来"的希冀和呼吁，都体现了他们对社会主义运动的整体性、统一性的理解。但是，随着科学社会主义由理论变为现实，社会主义运动和社会主义建设越来越要求根据具体实际来进行理解和推进，特别是根据苏联、东欧社会主义运动在 20 世纪失败的经验教训，更可知简单照搬他国模式经验、盲目移植他国做法，终将归于失败。因此，社会主义革命和建设不能迷信或局限于一致性如以一致的制度安排或发展模式来规划和推进，必须将经典理论的一般性原则推进为具有民族性、本土化和特殊性的理论和制度安排，即必须根据各个地区和国家发展的特殊规律加以思考和推进建设进程，使之引导本国事业走向成功。① 中国共产党坚持以具有中国特色的社会主义理论指导现实的社会主义运动便是这样一种具体展现。

党的十八大以来，以习近平同志为核心的党中央，始终不渝地坚持科学社会主义基本原则与我们自己的实际情况和现实需要相结合，坚定不移地走自己的道路，坚持理论上的深化和制度上的创新同步推进，在世界进入转型过渡期、动荡变革期的新背景下，推动国家各领域都取得了伟绩空前的历史性成就，提出了许多能够体现中国立场与价值的政策主张和思想观点，推动世界社会主义力量对比发生了有益于社会主义的变化，使世界社会主义发展步入上升期，对世界社会主义的振兴起了正向的作用。

二、国内外研究综述

对中国共产党丰富和发展科学社会主义基本理论的思考与探究在理论范畴上，属于马克思主义中国化的学科体系下，这样的理论范畴又与中国共产

---

① 孙力，翟桂萍．习近平新时代中国特色社会主义思想对科学社会主义理论的重大贡献［J］．思想理论教育，2019（3）；康晓强．习近平关于科学社会主义重要论述的原创性贡献［J］．马克思主义研究，2021（1）．

党百年理论探索历程紧密相关，而 2021 年正是中国共产党成立一百周年，学术界形成了较多系统研究中国共产党领导中国人民在各个历史时期对丰富和发展科学社会主义经典理论的研究成果，是本论题的思想资源。

（一）国内研究现状

国内对这一论题的研究呈现出两个特点。

第一个特点是从总体上研究中国共产党百年来对科学社会主义理论的理论贡献，从大历史观的角度，对各个历史时期党如何丰富和发展科学社会主义理论、怎样丰富和发展科学社会主义理论进行较为宏观和全面的论述。这类研究多集中于党成立一百周年之际，侧重于对中国共产党的理论创新进行历史回顾和理论总结，但由于时间跨度大和篇幅的原因，这类研究对于中国共产党对科学社会主义基本理论的创新究竟如何体现，在哪些方面具体体现这种丰富和发展甚至原创性贡献，没有展开得很全面。

这类研究根据研究视角的差异又可以分为两类。

第一类总体性研究是从中国共产党百年来对科学社会主义基本理论所作出的理论贡献的视角开展的。其中具有代表性的研究成果和观点如下：李景治在《北京行政学院学报》2021 年第 2 期发表了题为《中国共产党的伟大理论贡献》①的文章，对百年来马克思主义中国化的理论成果分为三个阶段进行具体概括：①在新民主主义革命和社会主义建设中的理论贡献；②中国特色社会主义的理论贡献；③习近平新时代中国特色社会主义思想的理论贡献。龚云在发表于《历史研究》2021 年第 2 期的《中国共产党对世界社会主义的历史性贡献》一文中，从三个大方面概括了党的百年历史的理论贡献，即中国革命开辟世界无产阶级革命新道路、中国特色社会主义建设与改革改变世界社会主义格局、新思想引领 21 世纪世界社会主义发展。他之所以将社会主义建设和改革作为一个部分，是基于改变社会主义格局的考虑出发的，并在这一章中分别论及了社会主义建设和改革开放新时期的理论成果。② 孙应帅在《人民论坛·学术前沿》2021 年第 6 期上发表的《中国共产党 100 年来对科学社会主义理论的原创性贡献》，也是从三个历史时期出发，指出了不同时

① 李景治. 中国共产党的伟大理论贡献 [J]. 北京行政学院学报，2021（2）.
② 龚云. 中国共产党对世界社会主义的历史性贡献 [J]. 历史研究，2021（2）.

期党通过侧重点不同的实践探索和理论创新对时代课题进行了及时的回应，但是这篇文章没有单独论述习近平新时代中国特色社会主义思想的原创性贡献。① 与上述理论成果不同，孙雪凡、辛向阳于《马克思主义与现实》2021年第2期发表的题为《中国共产党建党百年对世界社会主义的贡献》的文章，从四个历史时期系统梳理了党对世界社会主义的理论贡献。①将党在新民主主义革命时期的理论贡献提炼为三点：认识中国革命的独特性；探索出一条独特的革命新道路；建立社会主义制度。②将完成三大改造、建立人民代表大会制度、提出走自己的社会主义建设道路作为党在社会主义建设时期的理论贡献。③从提出社会主义初级阶段理论、社会主义本质理论，正确处理社会主义与资本主义关系，在世界社会主义低谷时捍卫社会主义等方面，概括了在开辟和发展中国特色社会主义道路的过程中对科学社会主义的丰富和发展。④从创立习近平新时代中国特色社会主义思想、推进国家治理体系和治理能力现代化、提出新发展阶段理论、形成习近平生态文明思想、提出人类命运共同体思想、引领世界社会主义走向复兴等方面总结了党在中国特色社会主义进入新时代的理论贡献。②

与以上文章的思路不同，严书翰于2021年9月发表于《马克思主义研究》上的文章《中国共产党人百年来坚持和发展马克思主义的原创性贡献》和王怀超、张瑞发表于《前线》2021年第4期上的文章，不是基于历史分期，而是从宏观上、总体上、逻辑上把握百年来党的理论创新的理论贡献。严书翰将党百年来坚持和发展马克思主义的原创性贡献概括为6点：①巩固、建设和发展社会主义的可能性；②社会主义社会要经历一个相当长的初级阶段；③改革是社会主义社会发展的重要动力；④社会主义市场经济体制是社会主义经济制度；⑤社会主义革命和建设兴衰成败关键在党；⑥顺应时代潮流，把握历史规律，为人类社会进步作出重要贡献。③ 王怀超、张瑞认为，我们党在理论创新上的主要贡献归纳为5个宏观的方面，除与严书翰观点一致的本质论、改革论和阶段论外，他们还归纳出创造性地提出社会主义核心价

① 孙应帅. 中国共产党100年来对科学社会主义理论的原创性贡献 [J]. 人民论坛·学术前沿，2021 (6).

② 孙雪凡，辛向阳. 中国共产党建党百年对世界社会主义的贡献 [J]. 马克思主义与现实，2021 (2).

③ 严书翰. 中国共产党人百年来坚持和发展马克思主义的原创性贡献 [J]. 马克思主义研究，2021 (9).

值观的新概念，建设具有本国特色的社会主义这两点。①

　　除了对党百年来理论创新的重大理论贡献进行分析和总结，还有文章从百年来党的指导思想发展的层面来具体阐释党的理论创新的观点。如石仲泉发表于《中共党史研究》2021 年第 2 期上的文章《百年党史视野下的中国共产党理论创新》即从党的指导思想层面展开对马克思主义中国化理论创新的研究，他将党的指导思想进行专章分析，从创立的背景、理论内涵、特征特点、对马克思主义理论的发展等方面进行了全方位的论述。② 龚云发表于《毛泽东邓小平理论研究》2021 年第 8 期上的《中国共产党指导思想演变的百年历程》一文③，同样是从党的指导思想层面研究马克思主义中国化的理论创新，但他不是对党的指导思想进行专门分析，而是从指导思想在马克思主义中国化历史发展中的地位方面进行阐释，对百年党的指导思想创新的历程、指导原则、理论内涵和意义进行了概括，充分体现了党的理论自信和自觉。

　　通过对这一理论视角的梳理可知，同样是对中国共产党百年来理论创新的研究，也呈现出不同的研究角度，从历史分期的角度研究党的百年理论创新是对这一问题研究得最为详细、对理论把握最具体的一种角度，可以在对每一历史时期党所面临的主要任务的分析中体现出党的理论创新的现实性和时代性；从宏观上或者从逻辑上研究党的百年理论贡献，则需要研究者具备高度的理论水平和概括总结能力，这样方能从百年历史长河中抓出党的理论创新中具有重大历史意义的重大贡献，或者说从这一角度进行研究的文章与中国共产党百年来理论创新的宝贵经验有很强的联系，实际上是历史与逻辑相一致的辩证思维方法的体现，理论贡献或原创性理论成果在很大程度上就是党的理论创新的经验总结，但从这样的视角研究党的理论贡献面临着概括时在全面性方面的难点，如何将中共党史百年历程的理论贡献全面地展现出来，又很好地把握住其中的重点，很考验研究者的抽象力和学术水平；从党的指导思想百年历史演变的角度研究党的理论创新的理论贡献，能够很好地抓住党的理论创新的根本方面，因为指导思想的创新是马克思主义中国化的

---

① 王怀超，张瑞. 中国共产党对科学社会主义的理论贡献 [J]. 前线，2021 (4).

② 石仲泉. 百年党史视野下的中国共产党理论创新 [J]. 中共党史研究，2021 (2).

③ 龚云. 中国共产党指导思想演变的百年历程 [J]. 毛泽东邓小平理论研究，2021 (8).

最高体现，但是这样的研究在具体理论的分析上可能会流于空泛，因为指导思想往往是一个涵盖社会发展各领域多方面的系统的理论体系，若不具体分析每一个领域的具体理论如何丰富和发展科学社会主义理论的话，就会使研究的学理性体现不充分。

第二类总体性研究的研究视角是从中国共产党百年来丰富和发展科学社会主义理论的宝贵经验的角度进行概括总结的。其中有代表性的观点有：李景治认为党的百年奋斗积累了宝贵经验，其中最突出的是，对不同时期道路的探索和开拓及在党的领导制度方面的完善和发展。① 刘林元、谷生秀在《毛泽东思想研究》2021 年第 4 期上发表的文章，将党推进马克思主义理论创新的基本经验概括为三点：一是对马克思主义的坚持与发展；二是以马克思主义精神推进实践；三是秉持开放思维、与时俱进，积极走向世界。② 马健永在《社会主义研究》2021 年第 4 期上发表关于理论创新的基本经验一文，将正确的理论创新方向、问题意识、人民立场和科学的方法作为我们党百年来的基本经验。③ 徐光春在《人民日报》2021 年 11 月 2 日第 9 版上发表的关于百年发展马克思主义中国化历程和宝贵经验的文章④，将马克思主义中国化百年发展的历史经验概括为"两个相结合"。张传平在《南京社会科学》2021 年第 12 期上发表的《"两个相结合"：新时代马克思主义中国化理论的原创性贡献及其世界历史意义》一文，则进一步将"两个相结合"这一宝贵经验作为新时代马克思主义中国化的原创性贡献，认为它的提出标志着我们党对马克思主义中国化的认识上升到把握规律的新阶段。而陈晋在《党建研究》2021 年 7 月上发表的《理论强党一百年》，阐释了理论强党的根本原因和理论逻辑，他认为，马克思主义拥有的真理力量和实践理论是理论强党的原因，不断推进马克思主义中国化时代化是理论强党最为关键的路径。双传学也在 2021 年 9 月 3 日的《学习时报》上以《归根到底是因为马克思主义行》为题，对这一宝贵经验进行了逻辑分析，将中国共产党之所以能归结为对马克思主义的真理性、人民性和立场观点方法的坚持；将中国特色社会主义好的原因归结为对科学社会

① 李景治. 中国共产党的历史贡献及其宝贵经验［J］. 江西师范大学学报（哲学社会科学版），2021（1）.

② 刘林元，谷生秀. 中国共产党推进马克思主义中国化的百年经验［J］. 毛泽东思想研究，2021（4）.

③ 马健永. 中国共产党百年理论创新的基本经验［J］. 社会主义研究，2021（4）.

④ 徐光春. 马克思主义中国化百年发展历程和宝贵经验［N］. 人民日报，2021 - 11 - 02（09）.

主义基本原则和人民立场的坚持和发展并提出了新时代要以客观实践为依据、以理论飞跃为成果、以不懈奋斗为动力开辟出当代中国马克思主义发展新境界。

通过以上梳理可以看出，对中国共产党百年丰富和发展科学社会主义基本理论宝贵经验的理论研究，要么是以党的十九届六中全会通过的第三个决议为理论依据，从中找到党的理论创新也循序的规律和凝结的经验；要么是根据习近平同志在"七一"重要讲话中提出的重大论断，通过对重大论断进行理论分析和展开，系统说明党的理论创新的经验；还有的观点就是直接从党的百年伟大实践中总结出系统化的宝贵经验。无论是哪种概括方法，这一视角都体现了理论与实践相统一的逻辑方法，都要求从宏观上、总体上把握党的百年奋斗历程。

第二个特点是很多研究成果仅就一个历史分期或一个党的领导核心更为具体地分析如何丰富和发展科学社会主义基本理论。这一类研究由于研究视角更为聚焦，能够就理论创新的内涵和具体体现充分地进行展开，全面性和学理性更强，这类分人物或分时期或更细化的分理论的研究对于本论题的研究提供了更多的文献材料，更有利于本论题的深入展开。例如，庄福龄在《北京大学学报（哲学社会科学版）》2004 年第 2 期上发表的对毛泽东在马克思主义中国化方面的创举，从历史的视角进行归纳，提出了开辟中国革命胜利道路、整风学习更换思想路线、社会主义社会矛盾学说为指针寻求社会主义道路、贯彻社会主义民主集中制扭转形势的四点创举。[1] 诸如此类的文章还有周新城的《毛泽东对社会主义的探索》[2]；清华大学于江涛的博士学位论文《毛泽东与中国社会主义基本制度确立研究》；等等。在研究新时期党的理论创新时，赵家祥在《北京大学学报（哲学社会科学版）》1997 年第 3 期上发表的《邓小平对科学社会主义理论贡献》提供了理论启发，他将邓小平的理论突破归结为四方面：①社会主义初级阶段理论；②经济体制改革的目标；③利用国家资本主义；④把解放和发展生产力作为社会主义内在的本质的要求。[3] 此外，赵曜的《邓小平与当代社会主义》《关于对社会主义的再认

① 庄福龄 . 毛泽东与马克思主义中国化 [J] . 北京大学学报（哲学社会科学版），2004（2）.
② 周新城 . 毛泽东对社会主义的探索 [J] . 世界社会主义研究，2020（1）.
③ 赵家祥 . 邓小平对科学社会主义理论贡献 [J] . 北京大学学报（哲学社会科学版），1997（3）.

识问题》《对社会主义认识的深化和飞跃》①，赵家祥的《全面准确地理解"什么是社会主义，怎样建设社会主义"问题》② 等文章丰富了本论题的研究内容。还有更为具体地就某一人物的某一思想进行研究的文章，更为细致地研究了党的某一理论的创新性，如王怀超的《中国共产党对社会主义发展阶段理论的创新》《论邓小平的社会主义本质观》③，赵家祥的《关于社会主义本质的哲学思考》《社会主义初级阶段理论的形成和发展》④ 等。

此外，随着中国特色社会主义进入新时代，中国社会发生的历史性变化和理论创新出现的新成果的形成，学术界对于研究习近平对科学社会主义基本理论的原创性贡献、习近平的科学社会主义观的理论成果颇丰，这些研究成果为本论题的展开提供了丰富的理论资源，提供了进行理论概括的新思路。具有代表性的研究成果有：孙力、翟桂萍在《思想理论研究》2019 年第 3 期上发表的《习近平新时代中国特色社会主义思想对科学社会主义理论的重大贡献》一文，归纳出了习近平新时代中国特色社会主义思想的 5 点理论贡献。⑤ 康晓强在《马克思主义研究》2021 年第 1 期上发表了关于对习近平科学社会主义观原创性贡献的文章，将其创新点分层级和位阶地归纳出核心主题、主轴，这样就更加深刻地发展了对社会主义必然性的理性认知，并对具体理论方面的原创性进行了阐释。⑥ 与这一观点相近的还有严书翰⑦和王衡⑧对习近平科学社会主义观的概括。肖贵清、麻省理在《思想理论教育》2018 年第 9 期上发表的《习近平新时代中国特色社会主义思想对科学社会主义创新的发展的四重维度》

---

① 赵曜．邓小平与当代社会主义［J］．社会主义研究，2005（4）；赵曜．关于对社会主义的再认识问题［J］．社会主义研究，1985（6）；赵曜．对社会主义认识的深化和飞跃［J］．红旗文稿，2009（4）．

② 赵家祥．全面准确地理解"什么是社会主义，怎样建设社会主义"问题［J］．中国特色社会主义研究，2010（1）．

③ 王怀超．中国共产党对社会主义发展阶段理论的创新［J］．当代世界与社会主义，2011（3）；王怀超．论邓小平的社会主义本质观［J］．中共福建省委党校，1999（1）．

④ 赵家祥．关于社会主义本质的哲学思考［J］．高校理论战线，1993（1）；赵家祥．社会主义初级阶段理论的形成和发展（上）［J］．哲学研究，2016（7）；赵家祥．社会主义初级阶段理论的形成和发展（下）［J］．哲学研究，2016（8）．

⑤ 孙力，翟桂萍．习近平新时代中国特色社会主义思想对科学社会主义理论的重大贡献［J］．思想理论研究，2019（3）．

⑥ 康晓强．习近平关于科学社会主义重要论述的原创性贡献［J］．马克思主义研究，2021（1）．

⑦ 严书翰．科学社会主义中国化的重大成果：习近平的科学社会主义观［J］．当代世界与社会主义，2018（5）．

⑧ 王衡．论习近平科学社会主义观内在逻辑与基本特征［J］．思想理论教育导刊，2019（2）．

的文章，以历史维度、时代维度、实践维度、理论维度贯通习近平新时代中国特色社会主义思想的理论创新之处，总括性很强。①

通过对分阶段、分人物、分具体理论的研究成果进行汇总不难发现，我国学术界对于各个历史时期，党的主要领导人的理论创新已经有了较为充分的理论研究，形成了丰硕的研究成果，还从逻辑层面对党的理论创新进行了不同角度的归纳，有很强的学习借鉴意义。这类文章对本论题的展开意义重大，使得本论题能够在理论上尽可能详尽、全面地把握每一时期的具体理论。从不同理论成果基于不同视角理论的归纳中，可以看到学术界目前对于新时代党的最新理论创新成果有了较为全面的研究，这就相应地对本论题的写作的系统性、全面性提出了较高的要求。

（二）国外研究现状

由于本论题属于马克思主义中国化方面的内容，国外鲜有此方面的研究成果。从现有材料来看，国际上对中国共产党丰富和发展科学社会主义理论的态度，主要集中在两方面，第一个是赞叹中国所取得的历史性成就，如帕里利亚认为我们道路所取得的巨大成功成为包括古巴在内的国家学习的典范和楷模，古巴将中国成功的社会主义经验作为重要借鉴。② 意大利共产党总书记毛罗·阿尔博雷西认为，我们的道路开辟了一个独特、新颖、高效的建设模式，特别是创出了一个带有市场的发展模式，这是十分重大的、主要的贡献。另一种态度是对中国共产党的理论贡献持否定态度，将其污蔑为"国家资本主义""新官僚主义""中国共产党领导的资本主义"等，否定中国特色社会主义的社会主义性质，弱化中国特色社会主义的普遍意义和价值。如美国学者黄亚生写书所指的"中国特色资本主义"，他认为只有苏联模式的社会主义才是社会主义，面向市场需求的只是不同类型的资本主义而已。布雷默于2009年在美国《外交事务》上发表文章③，以"国家资本主义"的典型来映射我国，看衰我国的发展前景，这种观点实际上是对我们理论源头的根本误解，当然这种误解有的是因理论认知差异造成的，有的是故意抹黑。

---

① 肖贵清，麻省理. 习近平新时代中国特色社会主义思想对科学社会主义创新的发展的四重维度 [J]. 思想理论教育，2018 (9).

② 戴长澜. 古巴外长：以中国为典范建立新型社会主义国家 [N]. 中国青年报，2009 – 09 – 08.

③ 布雷默. 国家资本主义的蓬勃发展 [J]. 国外理论动态，2012 (5).

正是基于国外理论界对我国社会主义理论创新的种种错误态度，我们在理论上更需要具体阐明中国共产党百年来理论武装和理论创新的根本指导思想，并对我们党在各个历史时期的重大理论创新到底如何丰富和发展科学社会主义的基本理论，作出全面、细致的阐释。

三、研究目标、思路及方法

本论题的理论思考和展开有着明确的研究目标。围绕这一目标，遵循马克思主义科学研究方法，形成了以下思路和主要内容。

（一）研究目标

时值中国共产党成立一百周年华诞，本论题立足党领导中国人民对科学社会主义经典理论所作出的重大理论贡献，并总结其中蕴含的宝贵经验和历史意义，以期更加清晰地展现百年马克思主义中国化的历史进程，更加准确地把握科学社会主义中国化的基本规律，更有力地推动经典理论时代化的新发展，能够更好地贯通过去、现在、将来，更全面地贯通马克思主义基本原理与马克思主义中国化，贯通中共党史、新中国史、改革开放史和社会主义发展史，贯通中国共产党理论创新的理论逻辑、历史逻辑和实践逻辑，从而在理论和实践上更加坚定地理解和领悟党的最新理论成果，并且科学地转化为实践绩效，继而谱写国家发展和民族复兴的时代鸿篇。

（二）研究思路

笔者在充分吸收现有理论成果的基础上，对中国共产党丰富和发展科学社会主义基本理论进行了历史的、逻辑的和现实的思考。首先，建立扎实牢固的理论支撑，说明经典作家创立科学社会主义基本理论的现实土壤，便于对后面章节与科学社会主义传入中国后，这一理论面临的现实情况进行比较；其次，对科学社会主义的基本理论所包含的主要的、内核性的内容做详细地论述，这是整个论题十分重要的理论根基，只有讲清楚这个问题才能清楚且详尽地讲明中国共产党对科学社会主义基本理论的理论创新和创造之处；再次，对中国共产党丰富和发展科学社会主义基本理论的历史进程进行分阶段展开，对中国共产党为何丰富和发展科学社会主义基本理论进行逻辑说明，这构成了整个论题的核心和关键；最后，对中国共产党百年来丰富和发展科学社会主义基本理论的历史进行逻辑归纳，找到蕴藏着其中的宝贵经验和历史意义。

基于这样的基本思路，本书的主要内容如下。

第一章对科学社会主义基本理论进行概述。通过归纳马克思、恩格斯科学社会主义理论的主要内容以期明确我们进行理论创新的根基。这一节内容在本论题中起了根本性、基础性的作用。马克思、恩格斯的科学社会主义思想是从世界历史一般规律、一般原理的角度对未来社会提出的科学构想，是一种观念的存在，且其理论出发点立足于西欧发达的资本主义社会，但是现实的社会主义种子没有落到这样丰硕的沃土之中，而是落到了经济文化比较落后的俄国，使俄国诞生了体现普遍性与特殊性有机统一的列宁主义。第二节通过对列宁的科学社会主义思想的归纳，理解这一思想对马克思、恩格斯思想的继承性与超越性，能够在 19 世纪经典理论与 20 世纪新鲜实践的区别与联系中生动地展现出理论发展的时代化、具体化逻辑，这一基本原则构成了科学社会主义思想在中国传播和发展的根基。第三节重点研究科学社会主义在中国的发展，其中包括科学社会主义为何能与中国实际相结合，为何能发挥出普遍的指导作用、理论随实践和历史条件的流变以及理论在实践中坚持和发展的辩证法。这是本论题对马克思主义中国化的逻辑分析，为后面章节的展开奠定了理论基础。

第二章关于毛泽东思想对科学社会主义基本理论的丰富。从这一章起，属于纵向的历史研究了。这样分阶段的历史研究对于本论题的完整性、全面性以及客观性都有重要的意义。这一章以党在新民主主义革命和社会主义革命和建设初期的奋斗征程为背景，主要研究党的第一个马克思主义中国化理论对科学社会主义丰富和发展的一些具体内容。根据笔者的思考，归纳出以下几方面的内容：①形成农村包围城市、武装夺取政权的革命道路理论，丰富和发展了无产阶级革命理论，为革命有利局面的打开提供了坚实的理论指引和可靠保障；②在革命实践中始终重视党的建设，不断推进党的建设"伟大工程"，极大丰富和完善了马克思建党学说，为马克思经典理论宝库增添了新色彩；③建立统一战线，团结一切可以团结的力量，发展了无产阶级政党的基本策略，为中国革命的胜利提供了坚实的阶级基础和群众基础；④创造性地提出了新民主主义理论，正确区分了中国革命所处的不同阶段，深刻认识到了中国社会的性质、主要矛盾以及前途命运，丰富发展并创新了无产阶级革命理论，为新民主主义革命的胜利提供了理论武装；⑤创造性地提出了人民民主专政理论，明确了新民主主义革命胜利后所要建立的社会制度和国家性质，拓展了无产阶级专政的内涵，为新生的共和国提供了理论武装；⑥创造性地形成了对生产资料私有制的社会主义改造理论，创造性地发展了科学社会主义关于生产资料所有制改造理论；⑦形成了初步探索适合中国国情的社会主义建设道路的理论成果，以具有开创性的、内容丰富、涵盖多领域的思想观点增添了宝贵的理论财富。仅仅归纳出以上7方面内容并不是本论题的创新点，笔者认为本论题最核心之处是要将这7方面的内容与科学社会主义基本理论相联系，具体说明每一方面的理论如何丰富和发展科学社会主义基本理论的，这样才能真正具有说服力。

第三章对中国特色社会主义理论体系具体如何丰富和发展基本理论进行研究。党的十一届三中全会后，百年党史进入新时期，党在兴国历程中，从新的实践和时代特征出发，形成了内涵丰富、思想鲜明的理论体系，实现了理论创新的新的飞跃。这一时期，党的理论的进一步深化体现：①以中国社会主义初级阶段理论丰富和发展了科学社会主义关于社会主义发展阶段的理论；②提出了全新的社会主义本质观，进一步发展了科学社会主义关于未来社会本质的思想；③提出了对内改革和对外开放的理论，对改革所涉及的各领域的基本问题进行了创造性回答；④立足中国实际擘画了中国式现代化战略布局；⑤确立并完善了社会主义市场经济体制理论，以独创性的理论和实践丰富了科学社会主义关于未来社会经济运行机制的理论；⑥提出了社会主义初级阶段的基本经济制度理论，立足中国实际探索了生产资料公有制和具体实现形式问题和非公有制经济的发展问题，丰富和发展了科学社会主义关于生产资料所有制的理论；⑦提出了以"三个代表"重要思想为主要内容的执政党建设理论，回答了治党治国的根本性问题，拓展了党的先锋队性质和先进性要求，进一步发展了科学社会主义党建学说；⑧确立了以人为本全面协调可持续的发展观，对新形势下关乎发展的重大问题进行了科学回答，拓展了党的发展思想；⑨形成了系统的构建社会主义和谐社会理论，拓展和完善了我们事业之总体布局；⑩首次明确提出社会主义核心价值观，丰富和发展了科学社会主义基本价值等。

第四章关于习近平新时代中国特色社会主义思想的发展性和原创性。进入 21 世纪第二个十年，国内外形势深刻变化，各种深层次矛盾不断凸显。为了顺应新时代发展要求，以习近平同志为核心的党中央，紧密结合新的时代条件和实践要求，直面当代中国改革发展中的理论与实践难题，坚持实践基础上的理论创新，系统回答了一系列亟待解决的重要的时代课题，创立了体现新时代发展的新思想。这一新思想对科学社会主义基本理论的发展主要集中在以下一些重大思想理论观点之中：①全面深化对中国特色社会主义的认识；②提出了全面建成社会主义现代化强国的全新战略思考，明确提出指导中国特色社会主义现代化发展的最新理论成果，多方面丰富发展了科学社会主义基本理论；③在全面深化改革的实践中创造性地形成了社会主义国家治理现代化理论；④在开辟加强党的全面领导和全面从严治党理论新境界中作出了重要的原创性贡献；⑤提出了人类命运共同体的思想，将自由人联合体立足当下发展为人类命运共同体思想；⑥创立了习近平生态文明思想等。

第五章关于中国共产党百年来丰富和发展科学社会主义的理论贡献和基本经验。这一章是本书论题的升华，正是基于中国共产党敢于并善于在不同历史时期不断进行理论创新、汲取宝贵历史经验的先进性特质，我们党不断发展壮大、不断实现新胜利。科学社会主义在与中国的双向互动中，实现了改变中国和以中国经验丰富发展科学社会主义理论的双重目标。纵观党的百年理论创新历程，可以从中总结出对未来继续推进马克思主义中国化有推动作用和借鉴意义的宝贵历史经验。除了总结历史经验，本论题还对党的百年理论创新的理论贡献进行了横向的归纳。这对从宏观上理解党的理论创新有重要意义。

（三）研究方法

本论题的研究以马克思主义作为总的指导思想，在思考和论述的全过程始终坚持辩证思维和大历史思维，十分注重对科学方法的运用。

1. 逻辑与历史相统一的方法

本书的论述始终以历史进程为依托，既在研究科学社会主义创立和发展时坚持这一思路，也在中国共产党百年马克思主义中国化进程中贯彻了这一逻辑基础。因此，对于历史跨度长、理论论述众多的科学社会主义基本理论，需要运用逻辑分析的方法进行关联性整合，力求抓住重点，力求理论化、系统化；对于跨越百年的党的理论创新历史，也需要进行合乎逻辑的归纳与概括，这样才能分析出党对经典理论具体是如何丰富和发展的，才能达成本论题的研究目标。任何离开具体历史背景的逻辑概括都将陷于空洞和抽象，因此，本论题十分注意将历史与逻辑相结合，这既是本论题自始至终的研究方法，也可以说是本论题的创新之处。

2. 整体性、系统化分析方法

本书在研究科学社会主义基本理论时，是将其放在广义的马克思主义语境下进行分析的。因此，本论题本质上是属于研究中国共产党百年来马克思主义中国化的历史进程和宝贵经验的理论范畴。这样的研究方法很好地实现了研究的全面性，能更加充分地说明中国共产党在哪些方面丰富和发展了科学社会主义理论。此外，中国共产党作为长期治国理政的马克思主义政党，其领导和执政实践的全面性、系统性，要求理论创新也体现党所领导的实践的这一特性。社会主义社会是全面发展的社会，社会主义理论必须是全面系统地反映社会发展进程和要求的理论。因此，本书坚持整体性和系统化的研究方法，虽是保证本论题研究全面性、系统性的需要，但归根到底是由本论题研究对象的性质决定的。

3. 比较研究的方法

本论题的研究目标在于全面贯通马克思主义基本原理与马克思主义中国化，贯通中共党史、新中国史、改革开放史和社会主义发展史，这样就需要基于时代特征和历史文化等方面的差异进行理论上的比较。本论题内涵比较丰富的章节集中体现在第一章，例如，空想社会主义与科学社会主义的比较、科学社会主义理论创立的背景与中国实际情况的比较等，其余各章节也都有具体理论之间的比较，只有这样才能说明哪些是坚持的，哪些是发展的，才能更加清楚科学社会主义历史流变的必然性和必要性，这样才能真正与马克思主义本土化时代化的要求对接起来，才能更加具有理论上的说服力。理论上不彻底，就难以服人，要很好应对国内外对中国特色社会主义理论的质疑，进行比较研究必不可少。

4. 理论联系实际的方法

研究中国共产党对科学社会主义理论的丰富和发展，必须紧密联系马克思所处的历史社会情况，又密切结合当代中国的实践需要和现实发展。今天我们时代的变化和我国发展的广度深度都远远超出以往各个时代，要求我们在实践上大胆探索，以问题导向和创新思维对待基本理论和一般原理。因此，本论题希望能够以更加宽广的视野和更加长远的眼光，思考未来发展的一些重点问题，为推进马克思主义中国化时代化作出一些理论上的贡献。

5. 坚持大历史观和正确党史观相结合的方法

总结中国共产党百年理论创新和基本经验必须坚持具体的历史的、客观的全面的、联系的和发展的观点来理解和研究党的历史，这样才能把握党的历史发展的主题主线、主流本质。本论题在写作的过程中始终坚持以大历史观和正确党史观为指导，在全面系统总结党对科学社会主义基本理论的丰富和发展的基础上，力求深刻把握历史发展规律和大势，从中找到开创未来的理论密码。

四、研究创新点、难点与不足之处

从宏观上看，本论题的研究在方法和内容上具有创新之处，但由于笔者的理论抽象能力的局限，在研究过程中深感对于有的问题的展开存在困难，也清醒地意识到本论题的研究存在一些不足之处。

（一）研究创新点

笔者认为本论题的创新之处有两方面：一方面，本论题在研究和论述时充分运用了逻辑与历史相统一、整体性和系统化分析方法、比较研究的方法及理论联系实际的方法，这些方法的运用保证了本论题能够在理论上透彻地说明中国共产党如何丰富和发展科学社会主义理论、丰富和发展哪些基本理论以及为什么要对这些基本理论进行丰富和发展的基本问题。例如，在分析为什么要对某些科学社会主义基本理论进行丰富和发展时，笔者运用历史与逻辑相统一和比较的方法，指出了科学社会主义理论随实践、历史条件的流变而变化的三种基本情形：①经典作家们在根本立场和方法这一最深层面所阐述的思想观点在历史流变中仍具有普遍适用性。这种情形决定了现实的社会主义运动和本土化的社会主义建设必须坚持的内容。②他们在所处的时代提出的具体的、特殊性的观点在当时是正确的，但随着时间的推移、空间的转移以及具体条件的移易，或多或少已经不合时宜或不是当下的主要矛盾了。这种情形是现实的社会主义运动和本土化的社会主义建设要进行创造性发展的内容。③他们囿于时代限制，没有机会和条件对未来社会主义的某些问题进行充分的论述，这种情形是现实的社会主义运动和本土化的社会主义建设的无产阶级政党进行理论创新的内容。而所谓中国共产党人对科学社会主义基本理论的丰富和发展，主要是针对上述后两种情形。这两种情形都要求领导社会主义实践的后继者立足国情特征，结合实践提出的新要求、新问题，为发展科学社会主义作出一系列原创性贡献。

另一方面，本论题在内容上具有创新之处。其一，归纳出党在各个历史阶段丰富和发展科学社会主义基本理论的具体内容并从历史和理论上对党的理论创新进行分析，并比较了党的理论创新与经典作家所提出的基本理论的区别与联系。2021年恰逢一个特殊历史节点，理论界围绕马克思主义中国化的历史进程和理论贡献及其宝贵经验进行了积极的理论研究，形成了较为热烈的研究局面。由于期刊篇幅限制，这些从百年跨度上研究中国共产党对科学社会主义理论贡献的文章要么仅归纳出丰富和发展的具体理论观点并作出简要阐述，没有就创新性理论观点和科学社会主义基本理论进行更为深入的比较研究，具体指明创新性理论观点的哪些方面丰富和发展了科学社会主义的哪个理论；要么是从宏观上、总体上把握党丰富和发展科学社会主义的理论贡献，这种研究思路以贯穿百年党史的历史经验为内容，具有很强的概括性，但缺点是没有很好地体现丰富和发展之处。本书在学术界现有研究成果的基础之上，吸收现有理论成果优点的基础上，既归纳出党在各个历史阶段丰富和发展科学社会主义基本理论的具体内容，对这些内容的背景、内涵及特点进行历史和理论分析，又明确比较了党的理论创新与科学社会主义基本理论的区别与联系，这样更为全面地展现了中国共产党百年来始终与时俱进，始终重视思想建党、理论强党的自信与自觉。

其二，立足党的百年理论创新归纳出其中蕴藏的宝贵经验。宝贵经验作为理性思维的一种最高运用，能够在深层次、本质上揭示事物的根本属性，并能够以规律形式使其不断重复。本论题在历史进程和分理论研究之后，得出了党的理论创新背后深层次的理论经验。笔者认为这些经验是中国共产党百年理论创新积累的宝贵财富，而笔者从自己的理论研究中所得出的七点经验总结，是笔者对这一理论问题理解深度的一种体现，不同研究者基于自己的研究视角得出自己对党的理论创新的经验总结是这类研究的重要创新之处。

其三，提出了党的百年理论创新的历史意义。归纳历史意义对于总结过去、把握规律、展望未来、坚定信心、指导实践的意义重大。党的十九届六中全会就"中国共产党百年奋斗的历史意义"进行了说明，为我们党在新时代新征程新事业的发展和推进中提供了具有规律性、普遍指导性的思想引导。本书在对历史进程的具体梳理中，提出了中国共产党百年来丰富和发展科学社会主义基本理论的历史意义，这是笔者基于党百年奋斗和马克思主义中国化历史经验基础上得出的理论总结。

（二）研究难点

基于这一论题对归纳概括能力和理论功底要求之高，笔者在研究过程中认为有以下两方面的研究难点。第一，如何全面深刻地总结归纳习近平新时代中国特色社会主义思想的原创性贡献是笔者认为的理论难点之一。本论题的历史跨度很大，其中涉及的理论很多，如何将历史与逻辑很好地结合，既有全面性又抓住重点，需要很强的历史功底和概括能力。例如，要清楚阐明党在新民主主义革命时期理论是如何丰富和发展的，就需要首先对这个历史时期有清晰、全面的把握，也要对毛泽东思想的理论体系有较为系统的了解，这两方面相结合才有可能找到党在这一时期的哪些理论对科学社会主义基本理论有何种丰富和发展。特别是党的十八大以来，面对局面相交织的新形势新挑战，如何全面深刻地总结习近平的科学社会主义观及其原创性理论贡献，如何将时代特征与科学社会主义的理论背景相衔接，得出习近平新时代中国特色社会主义思想对科学社会主义经典基本理论的丰富和发展的内容，是对笔者的挑战之处。根据现有理论研究成果和党的十九届六中全会决议，笔者现归纳出 6 个主要方面的创新之处，并希望随着研究的继续深入不断丰富和完善。第二，较为全面地归纳党的理论创新的宝贵经验是笔者在研究时认为较为困难之处。归纳宝贵经验需要有贯通马克思主义基本理论和马克思主义中国化的双重理论功底，并且需要具有较为深刻的理性思维能力。笔者在这一章写作的过程中，力图通过大量阅读文献、大量搜集关于经验总结的研究成果，以期在前人的基础上得出有说服力的理论概括。

（三）不足之处

由于理论功底的局限性，笔者认为，本论题在如何继续推进马克思主义中国化时代化这一重要的理论和实践问题上还有进一步深入探索的空间，需要随着理论研究的深入，不断更新习近平新时代中国特色社会主义思想对科学社会主义原创性贡献归纳的逻辑性，以此使本论题的现实意义和理论价值更加凸显。其次，笔者还应该在国外理论界对我们党理论创新的理解和态度的认识方面进行更多的文献检索和阅读，这样能够更加深刻地理解这一论题的政治意义，更加全面地掌握这一问题的研究情况。

第一章

关于科学社会主义理论的概述

　　所谓科学社会主义的基本理论或经典科学社会主义思想包括马克思、恩格斯等经典作家在哲学和政治经济学基础上研究人类社会，特别是资本主义社会而得出的关于其替代物，即社会主义这一新型社会的产生、发展、建设、前途等方面的基本结论，这构成了马克思主义的核心内容。本书就是从广义的角度对经典理论进行把握的。科学社会主义是关于社会主义社会产生及其发展的一般规律的研究，它是指与资本主义相对立的思潮、社会运动和社会制度的总称，它作为资本主义的替代物、创新物，是在克服这一缺陷性社会制度和其内在矛盾的基础上所产生出的高于且优于资本主义的新型社会制度。到 19 世纪 40 年代，空想社会主义的理论已不再随社会的发展而进步了，这就必然要求产生一种更具有科学性、更能代表无产阶级利益的理论——科学社会主义理论。马克思、恩格斯立足于资本主义的发展现实，以唯物史观和剩余价值学说为理论基础，沿着理论创新、批判谬误、创建政党的基本路径创立了这一理论，实现了社会主义学说的重大超越性变革。就其主要的理论内容而言，马克思、恩格斯提出的基本理论主要包含了社会主义的历史必然性理论；阶级和阶级斗争理论；关于社会主义的实现途径理论即无产阶级革命理论、无产阶级政党学说、无产阶级专政和国家学说；关于社会主义发展阶段理论；关于未来社会本质及其基本特征的理论；关于社会主义改革的思想；关于科学社会主义基本理念的思想等。这些理论基本上涵盖了他们对未来社会产生之原因、产生之现实条件、产生后所追求的理想状态及这一状态要想实现的制度安排等全面的、系统的、理论化特质明显的内容，这些理论是坚持和发展科学社会主义必须掌握清楚和理解透彻的基本观点。

　　随着科学社会主义思想的传播和发展，这一科学理论与俄国实际、具体特点、实践要求相结合形成了列宁主义，其成为马克思、恩格斯创立的经典理论之第一根正宗枝干，以鲜活的帝国主义时代的实践得出了关于社会主义的一些新认识和新发展，实现了对他们思想的丰富、充实和创造性发展，可以说列宁主义实现了对 19 世纪科学社会主义经典理论和传统社会主义观的继承、超越和升华。

随着俄国十月革命一声炮响。马克思列宁主义传到了中国，为在黑暗中苦苦求索的中国先进分子，提供了一条救亡图存的新路，逐步形成了科学社会主义在中国的发展历程。科学社会主义与中国实际相结合有着深刻的客观必然性，它满足了中国社会和中国人民的客观需要，在很大程度上，为处在黑暗中的中国带来了新的希望。同时，这一理论不是一成不变的教条，作为具有普遍指导意义的科学真理，它只有同各国的具体实践相结合才能发挥出有效的指导作用。一百年来，中国共产党人根据这一经典理论历史流变的可能性与现实性，以中国化的理论内容使这一经典理论宝库进一步充实、丰盈，将许多体现时代特征和中国实际的新内容新观点上升为新理论，这些内容将使科学社会主义经典理论在今天的实践中更加熠熠生辉、焕发新生。

第一节　马克思恩格斯的科学社会主义思想

马克思、恩格斯创立的科学社会主义基本上涵盖了他们对未来社会产生之原因、产生之现实条件、产生后所追求的理想状态及这一状态要想实现的制度安排等全面的、系统的、理论化特质明显的内容，这些理论内容实际上回答了三个基本问题：为什么新的社会主义社会必然产生？这个社会要经过什么方式或路径而产生？这一社会产生后是什么样子的？围绕着这三个基本问题，形成了一系列关于社会主义具有普遍性、一般性的理论，这些基本原理作为扎根世界和历史和现实的普遍真理，普遍适用于整个由资本主义向共产主义过渡的大历史时代，对指导社会主义运动、建立社会主义制度有着普遍意义和基础性作用。

一、社会主义取代资本主义的历史必然性理论

深入考察和研究具有内在缺陷的资本主义制度后，马克思、恩格斯得出

了关于社会主义必然产生的基本结论，体现着马克思主义和科学社会主义的鲜明阶级立场和政治性，是整个科学社会主义理论中的核心问题，也是他们一生最大的理论贡献之一。对于社会主义历史必然性这一基本理论，我们需要重点把握以下几方面。

第一，以"两大发现"揭示和论证的"两个必然"的结论。马克思、恩格斯与以往空想社会主义者的根本不同之处在于，他们的理论基于科学的、现实的基础之上。自此之后，社会主义和共产主义不再被看作某个天才人物从头脑中偶然产生的关于永恒真理的玄想，而是被看成社会发展的必然结果，是两个历史地产生的阶级之间不可避免地进行着不可调和的阶级斗争的必然结果，这就从根本上将其与空想社会主义区别开来了。① 因此，无论空想社会主义对资本主义的批判多么入情入理，它都不能成为证据，而顶多只能是象征。由于"两个发现"被科学地提出并用来分析社会制度，才得出了新社会制度产生的历史必然性的科学结论。正是基于此，学者石镇平认为，将"两个发现"看作手段，将"两个必然"看作目的，正是在"两个发现"的基础上科学论证了"两个必然"，科学社会主义才颠扑不破。② 因此，对社会主义历史必然性的理论要坚持两点论和重点论的统一，既不能只注重手段，将马克思主义和科学社会主义当作纯学术看待，从而忽视目的及其阶级归宿，也不能只空谈目的，忽视其理论根基，从而缺乏说服力和现实性。必须坚持以"两大发现"为根本理论支柱的"两个必然"结论，科学准确地把握社会主义历史必然性问题，这是一切共产党人坚定社会主义、共产主义信念，站稳工人阶级立场的最基本原理。

第二，社会主义制度产生的客观必然性在于生产力的社会性质，而资本主义存在的与生产力的社会性质不相容的内在矛盾使"两个必然"成为人类社会发展不可阻挡的历史潮流。社会主义制度之所以是一种历史必然趋势，具有客观必然性，它从资本主义中不可避免地产生出来。因为生产发展到资本主义时期其社会化特征显著地表露出来，这种生产的社会化使得无论是产品还是生产资料，都不再是某一个工人独立生产或独自拥有的，各个生产单

① 马克思在 1874 年指出，科学社会主义只是为了与空想社会主义相对立才使用的。参见马克思恩格斯文集：第 3 卷 [M]. 北京：人民出版社，2009：407.

② 石镇平. 论科学社会主义基本原则的内在逻辑 [J]. 马克思主义研究，2020（5）.

位、整个国民经济日益联结为一个整体，它在客观上要求不能再由个人独自占有生产资料了，而是要求经济活动符合参与生产者的整体利益。但是，这一客观要求在资本主义制度下无法实现，资本主义的逻辑是生产资料个人独自占有、以追逐剩余价值的唯一目的进行生产，这就使资本主义为自己埋下了走向灭亡的祸根。而要解决这一不可调和的矛盾，以革命推翻这样的私有制、建立起公有制或社会所有制才是解决这一矛盾的现实路径。

第三，无论资本主义如何进行新陈代谢、自我更新、制度优化，只要其基本矛盾依然存在，资本主义灭亡的命运就是不可避免的。在资本主义制度的框架内，猛烈增长的生产力对资本主义生产方式的冲击和反作用，要求资本家将这种生产力当作社会生产力看待。于是，为了维护这一阶级的独占性统治地位，他们对保障其独占性实现的生产关系进行了一系列修补，如成立股份公司、垄断组织抑或进行股份制、联合制等经济管理方式的变革等，这些调整措施会在一定程度上暂时适应生产力的发展。但从本质上讲，这些调整和变化不会根本改变资本主义的性质，没有也不会消除生产力的资本属性和资本家对工人的经济剥削。① 对工人阶级而言，个人生活条件方面的福利和待遇多一些，不可能使他们雇佣工人的属性从根本上发生变化，更不会因此就使资本家减轻或消除对他们的剥削，无产者要想改变被奴役的现实，必须砸碎身上的锁链，必须起来推翻资本主义雇佣劳动制度，推翻资产阶级政治统治。

第四，社会主义取代资本主义是充满长期性与曲折性的过程。马克思在《〈政治经济学批判〉序言》中明确提出"两个绝不会"的思想，即任何社会中的旧制度在它能够容纳的全部生产力发挥出来以前决不会消失于历史长河中，未来的新型的社会制度在它的物质存在条件尚未具备或尚未足够成熟的情况下不可能产生出来。这一思想补充说明了新社会形态取代旧社会形态是有条件的，不可能轻而易举地实现，也进一步印证了资本主义生产力与生产关系的矛盾必然决定资本主义的灭亡，这一过程是不可逆转的。因此，应当从整体上认识"两个必然"与"两个绝不会"的关系②，既要坚定理想信念，

---

① 马克思曾指出："问题本身并不在于资本主义生产的自然规律所引起的社会对抗的发展程度的高低。问题在于这些规律本身，在于这些以铁的必然性发生作用并且正在实现的趋势。"参见马克思恩格斯全集：第 23 卷［M］. 北京：人民出版社，1972：8.

② 王伟光. 当代中国坚持和发展科学社会主义的三大基本问题［J］. 马克思主义研究，2014（8）.

朝共产主义方向努力奋斗，又要认识到这一过程的长期性、曲折性和复杂性，正确看待与处理同资本主义的关系，既要加强学习互鉴与合作交流，又不能忘记二者的对立性，要以积极的态度应对风险和挑战的发生。

二、阶级和阶级斗争理论

阶级和阶级斗争是阶级社会中历史地、客观地存在着的符合社会发展规律的进步现象，是认识阶级社会的纷繁复杂社会现象的指导性线索。列宁对阶级观点和阶级分析方法十分重视，他认为，这是我们整个理论中一种根本的和主要的东西，没有它，也就没有马克思主义。[①] 由此可见，这一理论内容的核心地位和重要作用，没有它就使人们在复杂的社会生活中看不到问题的本质和发展的规律，分不清是非，找不到前进的方向。对于阶级和阶级斗争理论，必须抓住以下重点内容。

第一，关于阶级的产生和实质。阶级的产生和存在仅同社会生产发展的一定历史阶段相联系。从它的产生来看，它首先是一个历史范畴；其次，它与生产力发展相联系，社会总劳动所能生产的产品还很有限，不足以满足社会基本需要，这样阶级就将必然存在下去。若要达到消灭阶级的条件，只有等到大工业足够发展以使生产力极大提高。由此可见，阶级本质上是一个经济范畴，它是由人们在社会经济结构中依据所处地位差异而导致的能接触到、可支配生产资料的多少不同、所能在其中缔结的关系因之不同而自然而然地产生和划分出来的差异也相对稳定的社会集团。以上两点对于理解阶级和阶级斗争至关重要，因为只有明确阶级存在的历史性和经济根源，才能正确认识阶级和阶级斗争的客观性，即它是不以人的意志为转移的客观事实。正是阶级和阶级斗争现实存在着，才在逻辑上形成了正确反映它的理论。正是因为阶级斗争理论是对客观事实的反映，马克思、恩格斯在 19 世纪 70 年代得知"苏黎世三人团"妄图主张阶级调和思想时，发出了严肃的反对，公开表明不与不承认、不贯彻阶级斗争的人为伍。[②] 此外，在马克思看来，阶级还是一个广泛的社会范畴，因为一个阶级一旦形成就会相应地产生不同的政治面貌、思想观念、生活方式。任何阶级——无论是资产阶级还是无产阶级，都

---

① 列宁选集：第 4 卷 [M]. 北京：人民出版社，2012：481.
② 马克思恩格斯文集：第 3 卷 [M]. 北京：人民出版社，2009：484.

有从经济到政治上形成阶级的过程，也就是从经济关系中自发产生出一个"自在阶级"到形成一个有科学理论武装、谋求社会性权利和自身解放的"自为阶级"的过程。①

第二，关于阶级斗争的根源与作用。所谓阶级斗争就是经济利益根本冲突的一部分人反对另一部分人的斗争，如奴隶制条件下奴隶主阶级与奴隶阶级、农奴制条件下的地主阶级与农民阶级、资本主义条件下的资本家阶级与无产者阶级的斗争。可以说，自原始社会解体以来阶级斗争就贯穿于这一历史过程中，而阶级斗争发生于不同的经济基础之上，由不同历史发展阶段的物质生产方式和交换方式决定，根源于不同阶级之间利益的根本对立，因而它也是具体的历史的客观的社会现象，它是阶级社会发展的动力源。正是由于阶级斗争的客观存在，社会形态的"新陈代谢"才能实现，以更高更优的社会主义社会形态取代旧的资本主义社会形态；才能说明建立无产阶级政党的必然性，实现无产阶级政党保证社会革命胜利和最终消灭阶级的历史任务；才能说明建立无产阶级专政的必要性，以在阶级斗争中捍卫和保护无产阶级革命成果，全面改造旧社会、培育社会新人；才能最终推动社会由阶级社会向无阶级社会过渡。这便是阶级斗争理论的重大意义，也由此可以看出阶级斗争理论贯穿于整个马克思主义理论体系之中，是指导无产阶级革命的锐利武器。

第三，关于无产阶级与资产阶级之间的阶级斗争。现代资本主义发展造成了社会主体的分裂，产生了两大根本对立的阶级。资产阶级起初是近代资产阶级革命的领导者，后因促进了社会生产力的极大发展而战胜封建阶级成为国家的统治阶级和独占一切生活资料和生产资料的社会主人，使得资产阶级逐渐由革命阶级走向保守甚至反动。与资产阶级相反，无产阶级随大工业的产生而产生，代表着先进生产力的发展要求，有着严密组织性与纪律性，并由于其生活于社会底层"一无所有"而具有彻底的革命精神，成为推翻旧社会、建立新社会的领导阶级。劳资的利益截然对立且在根本上不可调和，无产阶级只有从根本上推翻资本主义雇佣劳动制度，实现经济解放，才能成为国家、社会和自身的主人。由于阶级斗争根本上是围绕着国家政权而展开，

---

① 李崇富. 马克思主义经典作家关于阶级和阶级斗争、无产阶级革命和无产阶级专政的基本观点研究 [M]. 北京：人民出版社，2017：005.

以全面革命为最高表现，因而，无产阶级革命成为无产阶级与资产阶级斗争的最高形式。

三、无产阶级革命理论

由于阶级利益根本对立，无产阶级要完成历史使命必然要通过推翻资产阶级的无产阶级革命。所谓无产阶级革命，就是无产阶级通过无产阶级政党领导劳动人民推翻资本主义制度并建立社会主义制度的革命。马克思、恩格斯在创立的科学世界观的基础上分析人类社会基本矛盾及其运动规律后，对新型社会主义能够产生的革命问题进行了深刻思考，形成了一系列回答其中基本问题的理论观点。

第一，关于无产阶级革命的经济根源与历史必然性。革命是阶级斗争的激烈表现，它从来不是偶然发生的，而是一定具有理论必然性和合乎历史走向及其内在规律的社会现象。无产阶级革命的发生发展则基于资本主义这个现存社会内部生产力与生产关系的激烈冲突，这就直接导致了对立阶级之间矛盾的尖锐化，从而使其必然爆发。当生产资料的集中和劳动的社会化达到与这个社会根本不相容的地步且这种矛盾又无法在制度框架内寻求根本解决时，当无产阶级再不推翻这一压迫人、奴役人的旧政权就无法继续生存下去时，这个旧社会的外壳就必然要被炸毁了，无产阶级就必然要起来改变不能生存下去的旧状态，以新的生存空间而取代现在的悲惨境地，这是不以人的意志为转移的客观必然，解决旧社会矛盾的根本手段，是建立新社会形态的强大动力和杠杆。

第二，关于无产阶级革命的条件、性质和意义所在。虽说无产阶级革命根源于社会内部生产力与生产关系间的矛盾，但是革命毕竟是政治的最高行动，它的爆发是社会多方面因素综合作用的结果。当一个社会的生产力在其生产关系框架内发展时，当生产力和生产方式没有达到激烈的矛盾和冲突的程度时，革命不会发生。[①] 除此之外，无产阶级革命也需要成熟的无产阶级

---

① 马克思曾在《1848 年至 1850 年的法兰西阶级斗争》中这样讨论革命的客观形势问题："在这种普遍繁荣的情况下，既在资产阶级社会的生产力正在以整个资产阶级关系范围内所能达到的速度蓬勃发展的时候，也就谈不到什么真正的革命。只有在现代生产力和资产阶级生产方式这两个要素相互矛盾的时候，这种革命才有可能……新的革命，只有在新的危机之后才可能发生。"参见马克思恩格斯文集：第 2 卷 [M]．北京：人民出版社，2009：176.

政党领导，广大劳动群众组织力、战斗力和觉悟性的提高等主观条件的发展，非此不足以形成推翻反动势力的强大革命力量。就其性质而言，无产阶级领导的社会主义革命，一方面，是最深刻、最彻底、最伟大的社会革命，它以政权为根本对象和直接目标，为了要真正建立起他们自己的政治统治，建设没有剥削压迫、没有阶级差别和阶级对立、能够实现每个人自由全面发展的新社会，这是与以往一切社会革命的根本不同之处；另一方面，它是占社会中绝大多数的人的运动，通过这样的暴力革命能够达到最多数人的解放和幸福，是能够使人们广泛受益的革命运动，因此无产阶级革命具有很大的进步意义。

第三，关于无产阶级革命的方式。取得政权是各类革命的根本目的和最终归宿。因此，无产阶级革命的首要步骤是取得工人阶级的政治统治，此外工人阶级要铲除全部旧的压迫机器以新的无产阶级国家政权来代替它。要实现这样的目的可以有暴力与和平两种基本路径和方式，具体选择哪种形式，要由不同时期、各个国家斗争的实际情况而灵活决定。不过，一般而言，二者之间的斗争一般以暴力革命的方式完成，资产阶级决不会轻易将其根本利益和国家政权拱手让人。所以，马克思将暴力作为每一个孕育着新社会的助产婆，认为要建立起劳动的统治，必须采取暴力。但是，以和平方式夺取政权的可能性也是存在的，若能以和平方式达到目的，暴力就既不明智也不可取。特别是在资本主义和平时期，尚未形成革命形势和革命危机时，无产阶级革命必须合理利用合法斗争的手段锻炼和发展自己，同时保持清醒的政治头脑，不对"议会道路"寄予不切实际的幻想。

第四，关于无产阶级革命的彻底性。无产阶级要实现彻底的解放不能止步于取得政权，这不是终点，无产阶级要在继续推进社会主义建设事业的过程中将革命发展彻底。他们明确指出，只有不断革命将其推向彻底才能使我们的利益和任务得以实现。因此，无产阶级要继续通过阶级专政，达到消灭私有制、消灭阶级及其一切不平等不合理的社会关系的状态，从而建立起一个回归于人、有益于人的新社会。① 这一表现无产阶级革命彻底性的不断革

---

① 马克思、恩格斯在《中央委员会告共产主义者同盟书》中明确指出："我们的利益和我们的任务却是不断革命……对我们来说，问题不在于改变私有制，而在于消灭私有制，不在于掩盖阶级对立，而在于消灭阶级，不在于改良现存社会，而在于建立新社会。"参见马克思恩格斯文集：第2卷［J］. 北京：人民出版社，2009：192.

命论也成为第一国际的宗旨，即支持不断革命直到人类社会的最后形式——共产主义得到实现为止。

第五，关于无产阶级革命的世界性。马克思、恩格斯认为，无产阶级要能够实现自己的革命目的和建设任务，需要具备的首要前途即多个文明国家的联合斗争与共同胜利，它不可能是一种地域性、孤立性、狭隘性的社会活动和现象，难以在一个单独的国家完成任务。因为世界市场形成后，生产力和生产关系都越出了单一国家的范围，资本越出国界后，使得国际上的资产阶级有了联合起来的共同利益和继续结成同盟的共同愿望，因而国际无产阶级要想达成目标也必须基于共同的利益的一致性而联合起来、共同斗争。面对国际资产阶级的联合镇压，全世界无产阶级和人民必然要在革命斗争中联合起来，以争取无产阶级革命的共同和最终的胜利，因此，无产阶级的解放只能是国际的事业。

四、无产阶级政党学说

社会主义的实现需要社会主体的主观能动性加以配合，来推动实现社会发展的必然性。无产阶级是打碎旧世界、建立新世界的主体力量，而这一历史使命想要真正达成必须有一个有能力发挥引领作用的无产阶级政党——共产党。科学社会主义理论有着对共产党领导主要观点和基本原则的系统规定。具体来说，应当有如下内容。

第一，关于建立共产党的必要性和必然性。所谓共产党建立的必然性，是指无产阶级与资产阶级的阶级斗争发展到一定阶段必然要求建立一个自觉的阶级政党。共产党的产生是资本主义制度下工人运动走向发展联合的产物。资本主义社会建立在私有制基础之上，这种占有方式与社会大生产不相容，由此产生了无产阶级与资产阶级之间的尖锐对立，这表明资本主义制度无法容纳自身快速发展的生产力，必然要为更高的社会制度所取代。而无产阶级承担了这一历史使命，这要求他们必须建立起与旧的代表少数人利益的、腐朽寄生性的政党根本不同的相对立的政党。一方面，只有在共产党的领导下组织起来，作为一个阶级行动，才能团结为一股更强大、更坚固、更有力的力量，从而克服自发性，实现进入无阶级社会的这一最高追求和伟大历史使命。① 另一方面，在形形色色的思潮和思想观点影响下，只有在具备能力辨别正误、思想先进的政党的科学领导下，无产阶级才能彻底摆脱和克服其负面影响，保证无产阶级运动的正确方向，因为无产阶级政党有着科学理论的指导，能够发挥先进战士的组织作用和引领作用；无产阶级政党还十分注重教育工人，以便工人阶级能够掌握反对资产阶级的有力武器。若没有这种最高的阶级的联合，工人阶级就不会有觉醒，就难以形成改造社会的力量。

第二，关于共产党的阶级性与独特性。共产党的先进性首先取决于共产党的阶级性，共产党领导的无产阶级运动的性质是使最大多数人能够获得利益的运动，他们始终是代表着无产阶级这个整体的，在这一点上它与其他无产阶级政党没有什么区别。过去一切剥削阶级运动只是服从并服务于少数人发家致富、巩固阶级统治的条件，而共产党没有任何同整个阶级利益不同的其他方面的私利，他们不提出任何特殊的规则或纲领为自己谋取任何什么东西。但同时，共产党又不是一般无产阶级政党，而是由无产阶级中的优秀分子组成的先进政党。共产党同一般无产阶级政党相比，有自己独特的性质，这表现在一方面这个政党强调整个阶级的、不以民族而划分的共同利益，另一方面就运动的发展过程而言，他们在运动的各个不同的发展阶段上，都能立足运动的长远利益而推进工作，将其引向深入。这就决定了共产党人具有无产阶级国际主义和为共产主义彻底斗争的精神，有能力在无产阶级运动中始终代表运动的未来。②

第三，关于共产党领导的纲领问题。共产党人是最低纲领和最终目标的统一论者。共产党以夺取政权为最低目标或最近目的。之后，再以无产阶级专政夺取资产阶级全部资本，同时大力发展社会生产力，消灭私有制和与之相联系的传统观念，建立共产主义的新社会制度，即自由人联合体。无论是最近目的还是最终目标的实现，都离不开共产党的领导，尤其是无产阶级政党能够以其先进性放眼未来，放眼最终目标的实现上。因此，从策略性上讲，无产阶级政党可以暂时团结其他政党并利用他们实现一些短期目标，但这种团结合作的原则和底线是要保证党的无产阶级性质不变质。随着无产阶级运

---

① 马克思恩格斯选集：第 3 卷 [M]．北京：人民出版社，2012：173 - 174．
② 马克思恩格斯文集：第 2 卷 [M]．北京：人民出版社，2009：65．

动的深入发展，马克思、恩格斯日益认识到，无产阶级要实现自身解放，就必须与其他革命阶级及社会力量结成广泛的联盟，特别工农联盟。没有建立工农联盟的巴黎公社以失败告终，这更加坚定了他们联合农民和小资产者共同反对资产阶级的决心。

第四，关于共产党领导权问题。共产党首先必须在斗争中保持自身独立性，而不能一再降低自身的地位，跟随在其他政党和派别的身后，甘愿充当尾巴，而应该努力设法建立独立工人政党组织，组织上保持独立，思想上与其他政党划清界限。其次，共产党要与工人阶级建立密切联系，在工人协会中建立自己的支部。[①] 并且，共产党要在革命中联合农民，以工农联盟壮大自身力量，否则民主革命只能变成孤鸿哀鸣，归于失败。除此之外，无产阶级领导还表现在党同外围组织的关系上，如建立接受同盟领导的比较广泛的联合会，利用这类组织影响其他各种团体。

第五，关于无产阶级政党的组织原则和群众观点。无产阶级政党坚持民主制原则，其中包括：党的原则性、章程性的内容或者重大的决定都要经过最高权力机关讨论通过；党的代表大会实行年会制；党的领导人由民主选举产生，随时可以撤换；无产阶级政党允许党员持有不同政治观点，不允许对提出批评意见者采取极端措施。在无产阶级政党与群众的关系上，要公开亮出自己的路线、纲领、方针、政策，积极争取广大人民群众的支持，共产党要积极传播共产主义原则并促进其实现。

五、无产阶级专政理论与国家学说

无产阶级专政是无产阶级及其政党掌握、维护和运用国家政权，镇压剥削阶级反抗，通过在人民内部实行广泛的民主，来团结和带领全体劳动人民，用以改造旧社会、建设和维护社会主义新社会的有力武器，是解放最终得以实现的根本途径和根本保证，它是十分重要的基本理论，是验证"是否真正是马克思主义者"的试金石。对于无产阶级专政的理解和把握，时刻不能离开以下几点。

第一，关于实行无产阶级专政的历史必然性。一方面，无产者起来反抗

---

① 马克思恩格斯选集：第 1 卷 [M]. 北京：人民出版社，2009：369.

资产者的斗争胜利，夺取了政权后，要巩固其政治权力必然进一步以专政使其得以实现，这是无产阶级新生政权能够长久存在、实现其最终目标的根本，具有举足轻重的理论和实践意义。无产阶级与资产阶级之间进行最坚决、最革命的阶级斗争是为了能够实现无产阶级对资产阶级进行"政治统治"，开创和发展社会主义制度，最终实现共产主义的最高目标。因此，无产阶级要完成劳动解放的历史使命，就必须实行革命专政，以消灭剥削制度及其存在的社会环境、社会条件。一旦在革命中已经夺取和执掌国家政权的无产阶级放弃了专政或削弱了它，那么已取得的成果、已经夺取的权力就不会长久地存在下去，就将前功尽弃、拱手让人了。另一方面，在大历史过渡时期，无产阶级专政是无产阶级管理国家的基本方式。马克思在《哥达纲领批判》中明确将无产阶级专政与革命转变时期的国家政权相联系。这是因为此时新生政权还需要凭借强大的国家机器与敌对阶级进行抗衡，旧的社会组织还没有消失，无产阶级就必须采取和保有实施暴力的手段来消灭或改造这种与不发达的生产关系相伴生的、使阶级和阶级差别仍存在的条件，以无产阶级专政作为维护无产阶级和劳动人民利益的政治保障和政治手段。

第二，关于无产阶级专政的实质。此时的专政的政治实质是两个对立阶级之间争夺统治权的问题。无产阶级专政虽有以暴力镇压反抗的一面，但是，它与其他阶级专政根本不同，无产阶级专政是由无产阶级执掌国家政权，是多数人镇压极少数剥削阶级的反抗，并且它能把镇压少数剥削者的反抗同在广大人民内部充分发扬民主结合起来。因此，这种专政是对人民内部实行民主和对敌实行专政的有机统一，其实质主要不在于暴力，而在于它产生了一种更高类型的社会劳动组织。实行无产阶级专政与发展人民民主绝不是对立的，只有在反对敌对势力的破坏活动时，才依法使用适度的暴力强制。更进一步来讲，实行无产阶级专政有着"两位一体"的任务：一是领导全体劳动群众镇压资产阶级反抗；二是组织建设社会主义新社会以逐步向无产阶级社会过渡。后一任务则更加困难更加艰辛，需要长期而坚韧地不懈奋斗。因此，无论是马克思、恩格斯还是列宁，都强调要"尽可能快地增加生产力的总量""创造新的更高的劳动生产率"的重要性，这是由社会形态发生质变依赖的经济必然性所决定的。

第三，关于无产阶级专政的国家形式及阶级、国家消亡的原理。马克思、恩格斯认为，在取代资本主义社会的未来社会中，"民主共和国甚至是无产阶级专政的特殊形式"①，但具体采用何种国体形式，需要各国基于国情实事求是地加以探索。这便是社会主义实现形态的民族性与科学社会主义本质的高度融合与辩证法。这种有民主色彩的专政和国家的存在有着其特殊的历史使命，即要通过这种专政达到消灭一切阶级和阶级差别，这样作为阶级统治工具的国家也将"自行消亡"②。随着生产资料变为国家财产，对立和差别成为历史，这就使作为国家的国家失去了存在的意义和根源。当然，马克思主义经典作家所说的"消灭阶级"是在生产力高度发达的基础上逐步消灭一切私有制和阶级，使其不再具备复辟和产生的条件，建成完全的社会主义社会。这里需要对国家消亡问题作出更具体的说明。列宁曾以图表的方式梳理了国家及其消亡问题：

	资产阶级需要国家	Ⅰ——在资本主义社会是原来意义上的
国家	无产阶级需要国家	Ⅱ——过渡（无产阶级专政）：过渡型的国家（不是原来意义上的国家）
	不需要国家，国家消亡	Ⅲ——共产主义社会：国家消亡

国家及其消亡问题图

他结合马克思的基本观点，指出他们所指出的第一阶段即社会主义社会，还需保留一个"没有资产阶级的资产阶级国家"，即这个国家既不是资产阶级专政的国家，也不是无产阶级专政的国家，而是不具有政治职能和阶级压迫工具的只具有社会管理职能的国家，也就对"未来共产主义社会的国家制度"进行了更加具体的解读和区分，使国家消亡问题更加具有现实性。

六、社会主义发展阶段理论

马克思、恩格斯依据对一般规律和发展趋势及"最顽强的事实"的科学分析，鲜明地指出了未来社会发展的阶段性，即可以根据经济发展程度的不

---

① 马克思恩格斯文集：第 4 卷［M］. 北京：人民出版社，2009：443.

② 恩格斯指出："无产阶级将取得国家政权，并且首先把生产资料变为国家财产。但是这样一来，它就消灭了作为无产阶级的自身，消灭了一切阶级差别和阶级对立，也消灭了作为国家的国家。"参见马克思恩格斯文集：第 3 卷［M］. 北京：人民出版社，2009：561.

同将未来社会区分为不同的发展阶段，将其看作一个随之完善和发展的过程。科学社会主义的社会主义发展阶段学说对如何从资本主义社会过渡到共产主义社会以及未来社会的发展变化等问题作出了理论上的论证和预想，从而为人们科学认识未来社会主义—共产主义社会提供了坚实的理论基础，是科学社会主义十分重要的基本理论。

第一，关于从资本主义社会向共产主义社会的过渡。马克思、恩格斯认为，无论是对私有制的社会主义改造，还是建设一个新型的共产主义社会，都需要一个漫长、复杂的历史过程。这是因为要废除私有制必须具备高度发展的生产力这一不可或缺的实际前提，只有创造了能够实行财产公有所必需的大量生产资料后，逐步改造现存社会，才能完全废除私有制，否则无法真正铲除旧社会遗留的陈腐污秽。《共产主义原理》中有着十分清楚的理论阐述。对于建设一个高于且优于资本主义社会的新社会更是如此，它不仅需要与改造私有制相适应的经济关系和社会关系的变革，还需要"经过一系列将环境和人都加以改造的过程"，全面改造人及人的思想观念和文化传统，培育出抛掉自己身上一切陈旧肮脏东西、能够担负起建设社会主义新社会任务的一代新人。关于从资本主义社会向共产主义社会过渡的思想是马克思首先于《哥达纲领批判》[①] 提出的。这一思想首次在理论上明确了过渡时期与无产阶级专政的密切联系，很好地解决了过渡时期的国家问题。

第二，关于"未来社会"自身的发展过程。马克思、恩格斯在其著作中，没有十分严格地使用社会主义和共产主义的名称，但都是从研究未来社会的角度加以使用的。关于未来社会发展阶段学说，在《资本论》中已有所酝酿。[②] 马克思在深入研究未来社会生产方式和分配方式变化的基础上，已经看到了未来社会的发展呈现出由经济发展程度不同而异的不同阶段，他首先提出了这一阶段学说，将共产主义社会划分为第一阶段和高级阶段这两个成熟度存在差异的阶段，它们是同一社会形态的两个不同发展阶段，有着一些共同的特征（如社会所有制、阶级和阶级差别已消灭、实行自由人联合体、社会公正平等实现、商品货币经济不存在了等），又有着成熟程度上（主要

---

① 马克思明确指出："在资本主义社会和共产主义社会之间，有一个从前者到后者的革命转变时期。同这个时期相适应的也有一个政治上的过渡时期，这个时期的国家只能是无产阶级的革命专政。"参见马克思恩格斯选集：第 3 卷［M］. 北京：人民出版社，2012：203.

② 王怀超，秦刚. 科学社会主义基本理论［M］. 北京：中共中央党校出版社，2017：76.

是社会生产力发展水平）的根本区别。未来社会发展阶段学说的确立在明确指出"共产主义社会不是一成不变的"的同时，也对后人根据实践研究社会主义发展阶段问题提供了重要的理论依据。

七、关于未来社会本质及其基本特征的理论

本质，是指事物成为自身并区别于其他事物的固有的规定性和内部联系。特征是从属于本质的属性，是本质的外化表现。有什么样的本质，就会展现什么样的特征；有什么样的特征也体现着与此相联系的本质。[①] 社会主义的本质揭示了社会主义的根本属性，而社会主义的基本特征则描绘了社会主义的大致图景。马克思、恩格斯在创立科学社会主义理论和领导国际共产主义运动的实践中，对未来社会的本质和特征进行过深刻的思考和较为系统的论述。具体来说，马克思、恩格斯关于未来社会的思想包含以下内容。

第一，马克思、恩格斯将实现人的自由全面发展作为未来社会的最终目标和基本原则。马克思、恩格斯创立的科学社会主义学说是关于无产阶级如何实现最终目标的系统化的理论，对这一最终目标的追求构成了未来社会的根本属性之所在，这是未来联合体的原则性规定[②]，其实质就是使人摆脱资本主义私有制条件下的"非人"状态，从被压迫的一切社会关系下挣脱出来，成为自由之人。可以说，这是他们思想的一贯主题，也是他们所创立学说的根本价值追求和理论彼岸。值得注意的是，马克思、恩格斯关于人的自由全面发展这一思想有其特点。首先，马克思、恩格斯从"现实的人"的现实需要及其所构成的社会关系出发，借助科学实践观，研究了人的自由全面发展的现实路径与条件，这就与一切唯心史观和空想社会主义者划清界限。其次，马克思、恩格斯找到了实现人的自由全面发展的现实力量——无产阶级。这与一切拒斥或无视无产阶级历史作用的理论截然不同。再次，马克思、恩格斯关于人的自由全面发展思想解决了"每个人"和"一切人"之间的矛盾，扬弃了人道主义形式上的虚假性，体现了"任何解放都是使人的世界的各种关系回归于人自身"[③] 的人本关怀。最后，马克思、恩格斯关于人的自

① 许耀桐. 马克思恩格斯社会主义特征理论再认识 [J]. 科学社会主义, 2019 (3).
② 他们认为未来新社会是"以每一个个人的全面而自由发展为基本原则的社会形式"。参见马克思恩格斯选集：第 2 卷 [M]. 北京：人民出版社，2012：267.
③ 马克思恩格斯文集：第 1 卷 [M]. 北京：人民出版社，2009：46.

由全面发展思想从个体发展与社会发展的辩证关系出发，揭示了未来社会既是每个人的自由个性全面发展的社会，也是人的社会关系全面发展的社会。"自由人联合体"是唯一能实现人的自由个性和全面发展的形式。

第二，他们在其发展阶段理论的基础上概述了未来社会的基本特征。马克思、恩格斯认为人类解放的实现是一个过程，他们多次表达过这样的思想，即"共产主义现已不再意味着凭空设想一种尽可能完善的社会理想"①，共产主义有着实际的实现手段和实际的目标，是一个现实的、历史性的运动过程。② 有文章指出，"社会主义本质、特征、模式是从一般到特殊、从抽象到具体排列的三个不同层次的概念，社会主义特征是社会主义本质的表现。"③ 有专家也指出："在实际运用中，本质和特征虽有差别但很难分开，如根本特征有时就是指本质。"④ 笔者同意这种观点，根据马克思主义哲学对本质的规定可知，"事物的质是事物所固有的规定性，但一事物的质又要通过同其他事物或人的关系表现出来，并形成事物的属性"⑤。因此，作为一种新型的社会制度，未来社会与资本主义社会之间具有决定意义的根本差别，也属于马克思、恩格斯关于未来社会本质思想的重要内容，是马克思、恩格斯运用科学抽象法对"什么是社会主义"的科学回答。这里需要十分注意的是，对未来社会基本特征的理解不能简单化、抽象化，必须与马克思对未来社会发展阶段的认识联系起来，将其看作相对的、有一定存在条件和范围的认识。实现人类解放最终目标是一个过程，可以分为若干发展阶段，每个阶段有自身的层次、程度和水平，这是发展过程性与阶段性的辩证法。马克思将无产阶级获得政治统治权后的社会发展分为三个阶段，其中第一阶段和高级阶段在经济上成熟程度不同。结合马克思、恩格斯的经典著作，共产主义第一阶段的基本特征有：①比资本主义更高更优的社会生产力和更快发展的生产率；②社会占有生产资料，私有制不复存在；③实行"等量劳动领取等量产品"的按劳分配原则；④阶级和阶级差别不复存在；⑤国家正在消亡还未完全消亡；⑥无商品货币关系，实行产品经济。这些基本特征是马克思、

---

① 马克思恩格斯选集：第 4 卷［M］. 北京：人民出版社，2012：203.
② 马克思恩格斯全集：第 3 卷［M］. 北京：人民出版社，1960：236.
③ 贾建芳. 关于社会主义本质的观点综述［J］. 党校科研信息，1994（6）.
④ 赵家祥. 邓小平对社会主义本质理论的贡献［J］. 观察与思考，2016（1）.
⑤ 陈先达，杨耕. 马克思主义哲学原理［M］. 5 版. 北京：中国人民大学出版社，2019：128.

恩格斯从理论上对发达的、成熟的社会主义形态所作出的科学预测，是一切国家进入发达的社会主义社会所应具有的共性。到高级阶段，社会生产力将进一步发展，财富和产品都极大丰富和充足；劳动将成为人们的第一需要，实行"按需分配"的原则；工农差别、城乡差别、体脑差别这三大差别不复存在；国家完全消亡，由"自由人联合体"代之；个人成为自由全面发展之新人；等等。

第三，反对规定和描绘未来社会的细枝末节。无论是对未来社会基本原则和根本目标的科学论证，还是对未来社会不同阶段基本特征的概述，马克思、恩格斯都只是在宏观意义上说明超越资本主义的新社会的一般原则，他们拒绝为未来社会设计具体的模式，这是马克思、恩格斯高于一切空想社会主义者之处，也是科学社会主义能够经久不衰、能够持续焕发出勃勃生机之点。一方面，他们坚持从"最顽强的事实出发"研究未来社会，他们认为他们提出的原理只是对现存的阶级斗争、历史运动的表述。另一方面，他们是最彻底的发展论者，他们从不把自己关于共产主义社会的认识当作定论，他们坚持他们的理论不能被当作教条看待，必须联系阶段和发展过程来理解，运用时则要充分考虑当时的历史条件，将时空特点纳入考量范畴。科学的方法论构成了马克思、恩格斯关于未来社会本质思想的重要内容，离开这一科学的方法论，难以深刻把握科学社会主义的根本内容。

八、关于社会主义改革的思想

马克思、恩格斯始终以审慎的态度对待未来社会主义的发展问题，对于未来社会发展趋势和特征的认识，他们坚持从辩证唯物主义和历史唯物主义的世界观和方法论出发，坚持将社会主义社会看作一种始终处于变化之中的东西，应当经常进行调整和改革、更新，这实际上从理论上指出了社会主义制度下仍需继续调整改革的这一必然要求。马克思曾在《资本论》第一卷第一版序言中表达过，现在的社会是一个经常处于变化过程中的有机体。不仅如此，恩格斯在致德国人奥托·伯尼克的回信中进一步指出，对待社会主义社会也应像其他一切社会制度一样，看到它的动态发展性，而不把它当作一种一成不变、尽善尽美的东西。这是马克思、恩格斯对未来社会改革问题的核心观点。由于他们生活的年代社会主义尚未成为现实，他们对社会主义社会改革的理论也囿于时代局限，无法充分展开。

九、关于科学社会主义的基本理念的思想

马克思、恩格斯在提出关于未来社会的理论设想的同时，他们的思想中也蕴含着更为深层的、更具稳定性的内在价值理念，这些基本理念也是他们的科学社会主义思想中的十分值得思考和重视的理论内容。

第一，共产主义的根本价值追求。科学社会主义作为无产阶级和人类解放的科学理论，其最终目标和最高价值追求是实现人的解放，向没有压迫剥削、人人平等自由的共产主义社会迈进。他们认为，未来新社会与存在阶级对立的旧社会根本不同，在未来社会中，人摆脱了自然经济条件下的"人的依赖关系"和商品经济条件下"物的依赖关系"，实现了充分发展自身潜能的"自由个性"，人能够以主人抑或主体的身份活动于社会之中。此时，人的这种自由全面发展不仅是就个体自身而言的，更是就人的社会关系而言的。更确切地说，未来社会每一个个人都有全面而自由发展的条件和权利，社会的发展不再剥夺一部分人的权益，这种以共产主义形态为特征的社会是实现这一理想的社会土壤。

第二，为大多数人谋利益的根本属性和立场。无产阶级和劳动群众的利益是他们理论的根本立场，人民性是其中最为鲜明的理论特征和实践禀赋。无论是理论建构还是实践运动，只有始终将最大多数人纳入视野范围，才能说这个运动和理论是真正马克思主义的。这是其能够跨越国度、跨越时代、在今天仍为全世界人们所向往、所称道的根源所在。无产阶级运动是能够使绝大多数人实现其利益和权益的独立的运动，共产党是使最绝大多数人利益得以实现的政治保障，她始终将人民群众看作历史和国家的主体，以创造者的地位和身份肯定人民的历史地位和作用，这就从深层次说明了科学社会主义的根本性立场是人民立场，这是科学社会主义具有强大感召力的根源所在。

第三，实事求是的根本观点和基本方法。科学社会主义是极其尊重历史事实、时空特点、发展过程以及具体条件的，这正是这一理论科学性、真理性能够得到保障的原因。此外，辩证唯物主义世界观和方法论对时间、地点、条件的强调，唯物史观对社会存在的高扬，都使这一理论务求注重现实、尊重实际。因此，科学社会主义学说内在要求，一切从事实出发来

研究社会主义，并且将对未来社会主义社会的认识放在具体的历史条件下，以联系和发展的观点加以考察。

第四，敢于斗争的革命性精神。科学社会主义有着敢于斗争的重要特征和理论品格。马克思主义是在批判旧世界的过程中发现新世界的，是在同谬误的斗争中无限接近真理的。这一理论是革命性的理论，他们始终将"改造世界"作为理论的最终归宿，因而科学社会主义不仅是一种思潮，不仅是书本上的内容，更是有着深远历史背景的运动，是现实性的、革命性的存在。这种革命性同样体现在马克思的一生之中，他为了将其理论变为现实一生都在与谬误斗争，与机会主义斗争、与反革命斗争，斗争已经融入他的生命之中，更深深地体现于他的理论构想之中。科学社会主义的革命性要求担负着全人类解放使命的无产阶级政党以自我革命精神永葆其先进性、战斗力、纯洁性，共产党人没有任何特殊利益，始终是为最广大人民谋利益的政党，因而他们能够在整个运动中始终代表运动的未来，以自我革命精神推动社会主义事业向前发展，为最终建立共产主义社会创造条件。

综上这些理论观点，实际上基本涵盖了"无产阶级解放的条件"，回答了无产阶级如何谋求解放、如何才能够承担起变革资本主义社会、实现社会主义的历史使命的基本问题，这些关于社会主义产生、发展的一般原理是扎根世界、历史和现实的普遍真理，普遍适用于整个由资本主义向共产主义过渡的大历史时代，对指导社会主义运动、建立社会主义制度有着普遍意义和基础性作用。对在此基础上的理论创新和历史流变来说，是理论之源、理论之根、理论之魂。

第二节　列宁的科学社会主义思想

马克思、恩格斯的经典理论在其传播发展的过程中形成了它的第一根正宗支流，这就是俄国革命和建设时期在实践中诞生的列宁主义。列宁主义是科学社会主义本土化和时代化的第一次实践，它在发展的过程中以鲜活的实践和深刻的思索得出了关于社会主义的新认识，这些新认识实现了对 19 世纪经典理论和传统社会主义观的传续与超越，从理论到实践都对马克思、恩格斯经典理论作出了不朽的、彪炳史册的贡献。

一、列宁科学社会主义思想中的继承性思想

列宁科学社会主义思想在总体上表现出一种对传统理论的继承性特点，这种继承性集中表现在他在十月革命前写成的著作和形成的思想之中，此时列宁的社会主义思想，基本上还没有越出马克思、恩格斯所提出的理论框架。

第一，列宁继承他们的建党思想并将其与俄国工人运动的现实需要和帝国主义时代特征相结合，使俄国诞生出新型无产阶级政党——布尔什维克党，并系统阐述了新型无产阶级政党原则，为党的建设奠定了组织和思想基础。

第二，列宁继承了马克思、恩格斯对资本主义与社会主义关系的基本观点，并根据世界历史发展的一般规律和资本主义的新发展状况，深入地阐发了资本主义发展到垄断阶段的新特点、实质与发展规律，并详细阐发了其帝国主义理论，科学地揭示了资本主义在帝国主义阶段的垄断、颓朽的本质充分暴露了出来，由此使资本主义固有的种种矛盾更加激化，从而必然导致无产阶级革命的爆发，使社会主义必然代替资本主义。

第三，列宁继承并发展了马克思主义的国家观，他的《国家与革命》一书在批判第二国际机会主义歪曲马克思主义国家学说的同时，捍卫和发展了无产阶级革命和无产阶级专政理论。他明确地将第一阶段和高级阶段分别称为社会主义和共产主义，在密切联系又有所区别的意义上区分这两个发展阶段，明确指出社会主义社会还存在着国家，直到共产主义社会国家才会完全消亡。他对国家概念的理解有所深化，认为国家不仅具有政治统治职能（即马克思、恩格斯严格意义上的作为阶级统治工具的国家），还具有公共管理职能，在社会主义社会国家的政治统治职能不复存在了，但是还需要其继续发挥社会管理职能，以保证社会能够实行按劳分配。

第四，列宁在研究未来社会的方法和价值目标的确定上坚持了马克思、恩格斯的基本观点，以唯物史观和现实社会主义运动为出发点，科学地、历史地、具体地、审慎地看待未来社会的发展问题。他认为在分析任何一个社会问题，要把问题提到一定历史范围之内，但他始终坚定地认为未来社会的最终目的是消灭阶级、消灭剥削，实现无产阶级和全人类的自由全面发展。

第五，列宁总体上坚持了马克思、恩格斯对未来社会基本特征的看法。他认为未来社会在经济结构方面将实行社会所有制，在经济运行机制上将消

灭商品生产和市场交换，社会主义社会实行按劳分配，共产主义阶段才能实行按需分配，这时社会将成为一个劳动平等和报酬平等的管理处、大工厂，等等。

二、列宁科学社会主义思想中的超越性思想

植根于十月革命后的新鲜实践，列宁在对社会主义的理解上实现了巨大飞跃，提出了新的具有超越性的科学社会主义思想，这种超越性主要表现在他对社会主义社会实现路径和社会主义建设具体道路的思考这两大方面，特别是经过十月革命后的 7 年探索，列宁晚年著作的很多内容都体现出了对社会主义基本观念的创新和超越。

（一）在社会主义的实现路径上

一方面，列宁的"一国胜利论"实现了对马克思、恩格斯"共同胜利论"的超越，这一超越之所以能够实现是基于列宁对帝国主义时代极度失调和不平衡规律的科学把握，这些失调失衡使得帝国主义链条上将不可避免地出现一些"薄弱环节"，使得社会主义革命在这些薄弱环节上能够率先突围，而当时历史条件下的俄国就是帝国主义链条上的薄弱环节，这一思想为十月革命提供了重要的理论支撑，为落后国家的革命提供了科学有效的指导，极大地丰富和发展了科学社会主义革命理论。

另一方面，列宁的"新经济政策"实现了对如何向社会主义过渡这一理论和现实问题的具体化，社会主义率先在经济文化落后的俄国诞生后，亟须依据俄国特殊的历史起点和小农经济为主的国情以及与之相联系的前资本主义的不发达的生产力和不完善的生产关系来思考向真正的社会主义社会过渡的问题。由于缺少社会主义建设的实践经验，列宁起初遵循马克思、恩格斯的一般理论模式，寄希望于可以通过"战时共产主义"的办法和一些严格的举措直接过渡到共产主义，但现实证明这对落后的小农国家来说是走不通的，列宁果断转化思路，走出了一条通过国家资本主义等中间环节的，有计划地利用商品货币关系、市场经济体制的，间接、渐进过渡的现实的道路。事实证明，这一立足现实生产力水平和生产关系条件的新经济政策取得了明显成效，为资本主义未充分发展的经济文化落后国家探索出了从资本主义社会关

系实现过渡的具体过渡路径①，这一思想填补了经济文化落后国家如何向社会主义过渡的理论空白。列宁的新经济政策之所以能够提出并取得了良好的效果，是因为他对社会主义的理论思考始终建立在俄国国情的基础之上，将马克思主义的一般原理、一般规律与俄国具体实践紧密地结合起来。

（二）在社会主义建设的观点上

列宁思想的变化在于以下几方面。

第一，列宁对社会主义的工作重心和实质的理解发生了变化。列宁原本认为"政治同经济相比不能不占首位"②，但是在无产阶级取得国家政权后，经过长期的实践探索，列宁认为要及时把工作重心转移到经济建设上，社会主义社会的根本任务在于发展生产力，建立起能够提供坚实物质基础的大工业，社会主义的实质在于搞市场经济和文化革命。

第二，列宁在社会主义建设过程中对资本主义的认识上发生了新的变化。起初列宁继承了马克思、恩格斯对两种对立的制度之间关系的看法，更多地从斗争性、对立面上看待二者的关系，但随着新经济政策的实施，列宁开始更加全面地看待社会主义与资本主义之间关系的二重性，开始认识到必须善于利用资本主义发达的文明成果、资金、科技与管理，现实的社会主义不仅是资本主义的对立面和批判者，更是其成果的继承者和发展者。

第三，在对待农民的态度和农业改造道路上，列宁起初认为经商农民区别于种地农民，他们作为小商品生产者在复活着资本主义，因而将其作为此时社会发展中的主要矛盾之一，要同他们做斗争，以最终消灭工农（经商部分）之间的差异。但是随着社会主义实践的深入，列宁逐渐认识到千百万从事小商品生产的小农，是社会中的普遍和基本的主体，他们有着分工上的二重性，这一二重性（劳作和经营）是他们具有的不能割裂的本质。因而，他认为新经济政策的基础和实质在于：以工人阶级领导的国家发展和壮大工农联盟以发展商业。列宁在最后的著作中提出通过合作制和多种形式逐步引导农民走农业集体化道路，而非暴力和强迫。

第四，列宁进一步发展了商品经济的思想。随着国家在新的政策举措指

---

① 列宁选集：第4卷 [M]. 北京：人民出版社，2012：510.
② 列宁选集：第4卷 [M]. 北京：人民出版社，2012：407.

引下良性发展，列宁进一步认识到在社会中发挥商品货币价值的重要性。对此，他提出要将发展商业作为党的重要任务，作为建立社会主义经济关系的基础；国有企业按照商业原则实行经济核算；党员干部要熟悉和尊重商业；等等。

第五，列宁提出了文化建设的思想并首创出了"无产阶级文化"的科学概念，他认为只有建立高度发展的文化和科学才能真正建立起社会主义的国家，否则工人还将站在旧世界的污泥里，但是文化建设不能机械地采取意识形态灌输的方式，而要发展国民教育，将科学与启蒙相结合，等等。

第三节　科学社会主义思想在中国的发展

十月革命的一声炮响，使马克思列宁主义开启了在中国的传播和发展历程。在与中国工人运动相结合的过程中，马克思主义思想广泛传播并与中国现实需要成功对接，在这一思想的指引下，产生了中国共产党，她一经成立就坚持以符合历史潮流、代表人类未来的科学理论为行动指南。中国共产党不仅将科学社会主义理论作为具有普遍性的指导思想，而且坚持在实践运用中不断对其发展和创新，形成了中国化的马克思主义思想，使它在与各国的现实需要相结合的过程中，迸发出强大的生命力和真理光芒，真真正正地实现了对经典理论具有划时代意义的飞跃。

一、科学社会主义同中国工人运动相结合——中国共产党的创立

中国共产党的成立是近代中国历史发展的必然产物。学者陈晋将这种必然性称为"建立中国共产党和选择马克思主义的大势"，其中主要包括：五四运动提供了认识世界和社会现象的新视角，起了思想启蒙和解放的作用，使当时的先进分子可以从流行的各种理论思潮中选择一种可行性理论来救中国；十月革命使人们看到了世界上还有一种新的道路，能够救国家于水火之中；第一次世界大战后，西方国家萧条不堪，巴黎和会上中国合法权益被生生无视，使人们更加看清了西方列强的丑恶实质。这一总结既全面地概括和刻画了中国共产党创建前的历史背景，又深刻地揭示了马克思主义在中国传播的历史条件，也充分证明了在历史呼唤中，能够真正担负起救亡图存的、有着先进理论武装的

先进政党的坚强领导。

具体说来，俄国十月革命的胜利给中国人民提供了看待和解决中国现状的新思路，使他们越发认识到要打破封建社会上千年来的严密枷锁，非进行一场彻底的社会改造不可。而正在此时，中国社会内部正在发生深刻变化，民族资本主义在第一次世界大战期间迎来了短暂的春天，这样工人的力量在民族工业的发展中极大增强了。五四运动前，产业工人人数已达 200 万，已然是一支新兴的社会力量了。五四运动爆发后，他们具备了以独立姿态发挥作用的政治影响力，使运动突破了狭小的范围，成为群众广泛参加的彻底反帝反封建的爱国运动。五四运动后，中国先进分子继续推动马克思主义的广泛传播，促进科学理论同工人运动的结合，为中国共产党的创建提供了良好的思想和组织条件。随着建党条件的逐步成熟，建立无产阶级工人政党的任务被提上日程。马克思主义和科学社会主义为中国提供了不竭的精神力量，它对人类未来社会的美好生活的描绘超越了资本主义世界，令无数先进分子为之心驰神往、不懈追求。这个信仰和主义还科学地揭示了社会发展的客观规律和一般趋势，以其科学性闪耀着真理的光芒，赋予了中国共产党引领社会变革、推进正义事业的坚定力量。在这一正确理论的指引下，中国革命事业定将与历次其他社会阶级领导的革命根本不同，定将引领着中国革命事业乘风破浪、澎湃向前！

二、科学社会主义与中国实际相结合的客观必然性

作为直接产生于 19 世纪中叶西欧社会文化环境中的科学理论，科学社会主义直到 20 世纪初经俄国人的介绍才传入我国。因此，以科学社会主义指导中国实践时，必须考虑这一理论是否能够实现本土化、民族化，与中国过去形成的历史文化传统、现在的矛盾特征和未来的发展方向等问题相结合，简单说就是将马克思主义和科学社会主义变为具有中华民族形式、民族气派和民族风格的理论形态，这才能在实际中真正发挥指导作用。科学社会主义与中国实际相结合具有客观必然性，它能够指导社会主义运动和实践取得成果，也能使自身在此过程中得到不断的验证、发展和创新。

第一，科学社会主义是关于整个世界的主义、是关于整个历史大时代的

主义，它具有普遍的指导意义和适用性①，这样的理论具有把握基本规律、揭示一般原理、预测发展趋向的功能和指引正确方向、把航定位的作用。②马克思对资本主义生产方式内在矛盾的揭示，说明了未来新社会产生的客观必然性，这一必然性只要在雇佣劳动制和固有矛盾还存在和发展的条件下，就仍然会以"铁的必然性"发生作用，只要工人阶级还处于被剥削、被压迫的社会境地中，只要工人阶级还没有完全实现劳动解放和全人类解放，那么科学社会主义的真理性就仍然是无可置疑的，其基本原理也就不会因之过时。

第二，科学社会主义之所以能够在中国得到广泛的传播，与中国的客观需要有着十分紧密的关系。理论能满足这个国家需要才能生根发芽，否则其难以拥有广泛的市场。中国在鸦片战争后，曾经历过一段在黑暗中苦苦探寻救亡之路的过程，在此期间西方资产阶级的各种政治理论都曾被当作"救世良方"引进和试用过，但屡屡失败，最终都化为历史的泡影。第一次世界大战后，特别是巴黎和会我们外交的失败，更使得先进的中国人看清了列强联合欺压我们的现实和本质，就这样，西方所谓的救国方案在中国人心中的信誉瞬间荡然无存了。从这时起中国人开始认识到"先生"老是侵略"学生"，阻挠我们真正站起来的根源。正是十月革命为我们提供了新视角、新工具来观察社会，进行思考。可以说，科学社会主义在中国的发展是名副其实的历史的选择、人民的选择，是万千仁人志士经过反复比较，且对照中国现实情况而得出的正确认识、正确选择。

第三，科学社会主义之所以能够在中国得到广泛的传播，还直接取决于中国的特殊国情和文化环境。近代中国在顽固腐朽的封建主义和外国列强残酷掠夺的双重作用下，逐渐沦为半殖民地半封建社会。半殖民地半封建社会的社会性质导致了列强横行、军阀混战、民不聊生的社会现实，毛泽东曾在分析《中国的红色政权为什么能存在》时，对半殖民地的国情深刻地剖析道，各派军阀的矛盾实质上是帝国主义矛盾和斗争在中国的反映，因此帝国主义分裂中国的企图不打消，分裂和斗争就将存在下去。③ 半殖民地加之封建主义压迫的深重以及经济文化的落后，就决定了资产阶级的共和国方案，

① 李崇富. 论科学地理解科学社会主义 [J]. 江西社会科学, 2007 (5).
② 康晓强. 习近平关于科学社会主义重要论述的原创性贡献 [J]. 马克思主义研究, 2021 (1).
③ 毛泽东选集: 第1卷 [M]. 北京: 人民出版社, 1991: 47-48.

只能在国外实行，在中国走不通。中国被压迫之国家的地位决定了，我们唯一的路异于西方的人民共和国。于是，中国人民在马克思列宁主义的理论指导下，建立了中国共产党，组织和领导人民找到了走向富强复兴和谐的社会主义发展道路，创造了举世瞩目的奇迹。

三、科学社会主义的生命力在于实践中的发展创新

科学社会主义绝不能被当作戒律和法条，它是具有普遍指导意义的科学真理，它只有及时地同各国的具体实践相结合才能发挥出有效的指导作用。实践性是这一理论的特性之所在。毛泽东曾明确提出，应以研究我们自己的实际问题为主，不能静止地、孤立地看待和运用这一理论。为此，要有目的地进行研究，使其与中国实际运动结合统一起来。对于如何科学对待科学社会主义，我国理论界已达成共识，就是必须实现经典科学社会主义理论与活生生的崭新的社会主义实践、具体内生性的社会主义制度的融合互动。对中国而言，必须使科学社会主义切合中国实际，必须实现中国化，并使之在指导我国社会主义建设中不断得到发展和创新，即在实践和发展中实现对其坚持和发展的动态把握和辩证统一。一方面，必须坚持其中的基本原理和原则，抛弃了它们，就谈不上社会主义国家了，就走到邪路上去了，便会危险重重。其次，即使对基本理论也不能僵化地、死板教条地坚持，而是立足于实践运用和发展创新地坚持，否则理论将脱离实际，不再具有能够解决实际问题的现实性了，那样社会主义事业也将停滞不前。只有基于时间、空间、条件的不断变迁推进基本理论的与时俱进，才能激发其活力、生命力和吸引力。因此，坚持以我们的实际问题和正在做的事情为中心，使当代中国马克思主义彰显出鲜明的实践性和时代性，以民族特色展示普遍真理的魅力所在。

具体原因，一方面，马克思主义和科学社会主义作为普遍真理与其表现形式之间是普遍与特殊、抽象与具体、内容与形式的辩证统一关系。毛泽东指出，马克思列宁主义的普遍真理是创立者根据他们所生活的时代之实际创造出来的理论，是他们从真实的历史和革命实际中升华归纳出来的总结论。[①]作为一种关于经济运动的总规律和普遍真理，它抛开了各种具体的、复杂的

---

① 毛泽东选集：第 3 卷 [M]. 北京：人民出版社，1991：814.

因素和环节，是各个国家都适用的一般理论、基本原理。若以这些跳过中间环节的一般规律来指导具有特殊性、复杂性、多样性的实践和现实的社会主义，必然产生理论上困惑，甚至在实践中碰壁。现实中的矛盾各不相同，要解决矛盾，关键是找到适合特殊矛盾性质和状况的特殊方法，唯有如此才能区别出个别事物。因此，必须按照中国的特点去应用科学社会主义原理。因为事物的性质要通过同其他事物的关系表现出来，要确定和把握事物的性质为何，应当把事物具备的客观属性与人对其实践需要结合起来，"否则很多研究就没有对象了"①，也就不真实有效了。对此，学者李崇富将辩证地对待科学社会主义的问题进一步具体化，提出要处理好科学社会主义精神实质的同一性与形态模式多样性的关系、真理的普遍性和各国实践特殊性的关系、科学社会主义理论体系的相对稳定性和理论内容变动性的关系②等内容，这样的分析更清楚地说明了理论与理论的运用之间的辩证性，更有助于深化对科学社会主义与各国实践相结合的认识和理解。

另一方面，世界社会主义的历史和实践证明，只有把经典理论和一般原则本土化，才能有效指导本国的建设实践。这是社会主义在当代的运动中表现出的重要发展规律和突出特征，中国共产党首先发现和把握住了这一规律并开了这一先河，实现了重大的发展和理论飞跃。在此之前，社会主义运动呈现统一性的发展模式，无论是马克思、恩格斯对世界历史理论的探究，还是他们对"全世界无产者，联合起来"的希冀和呼吁，都体现了他们对社会主义运动的整体性、统一性的理解。但是，随着科学社会主义由理论变为现实，社会主义运动和社会主义建设越来越要求根据具体实际来进行理解和推进，特别是根据苏联、东欧社会主义运动在 20 世纪末失败的经验教训更可知：简单照搬他国模式经验、盲目移植他国做法，只能是死路一条。社会主义的民族化应当成为社会主义在当代发展的一条规律性的认识。③ 因此，社会主义革命和建设不能迷信或局限于找到或建立一样的道路、一致的制度、相似的路径，而是一定要将基本理论和一般性内容具体化为有自身特色的社

---

① 毛泽东文集：第 7 卷［M］．北京：人民出版社，1999：81．

② 李崇富．论科学地理解科学社会主义［J］．江西社会科学，2007（5）．

③ 孙力，翟桂萍．习近平新时代中国特色社会主义思想对科学社会主义理论的重大贡献［J］．思想理论教育，2019（3）；康晓强．习近平关于科学社会主义重要论述的原创性贡献［J］．马克思主义研究，2021（1）．

会主义理论即必须以普遍原则为指导并在这个过程中把握准本国发展和建设的特殊规律以后，才能够真正形成指导本国社会主义事业成功的思想。这一规律正是中国共产党人百年来坚持将科学社会主义中国化，坚持以符合中国实际的理论创新发展科学社会主义理论的具体展现。

四、中国共产党百年征程形成了丰富和发展科学社会主义理论的三次历史性飞跃

一百年来，中国共产党把科学社会主义运用到中国，逐渐形成了中国化的马克思主义理论形态，这些中国化的马克思主义理论可以说很大程度上为科学社会主义理论宝库增砖添瓦、增光添彩，把以往的科学认识提高到了一个更新更高的水平，特别是其中包含着很多独创性理论贡献。其中，毛泽东思想实现了对马克思主义经典理论创新的首次里程碑式的飞跃；中国特色社会主义理论体系则基于对新的实践和时代要求的深刻理解，实现了党的理论创新的深化和升华；习近平新时代中国特色社会主义思想更是如此，它深深扎根于中国社会，以新时代为背景，实现了理论发展的重大跃升，作出了中国共产党对重大问题的时代化的新回答。总的来说，中国共产党之所以能够在百年间带领人民推动事业发展，取得振奋人心的巨变，根本原因就是党的指导思想既一贯坚持了作为科学指南的马克思主义理论，又不断将其与我们事业的具体要求、具体实际相结合，以一个又一个的创新性理论成果，引导党的事业兴旺发达，彰显着科学社会主义的蓬勃生机和真理光芒。

在这里，首先要明确的是，科学社会主义随实践、历史条件的发展有三种不同的演进方式①：第一种情形是根本立场、观点和方法层面的演进，这方面的基本原理和基本原则仍具有普遍适用性，是需要久久不忘、久久坚守的。如关于人的全面解放和自由发展的根本价值追求、以人民为本位的根本立场、辩证唯物主义和历史唯物主义的世界观方法论等，这种情形决定了现实的社会主义运动和本土化的社会主义建设必须坚持的内容，我们党对这一层次的理论的坚守是很清晰的，例如，对人的全面发展的强调、对共同富裕

---

① 孙代尧. 源远流长：科学社会主义与中国特色社会主义理论体系源流关系研究 [M]. 北京：中国人民大学出版社，2019：15－17；康晓强. 习近平关于科学社会主义重要论述的原创性贡献 [J]. 马克思主义研究，2021（1）.

问题的逐步推进和不懈努力等。第二种情形是科学社会主义创始人立足他们所处的时代提出的具体的、特殊性的理论构想的层面，这些内容是符合他们所处时代的，但随着时间、空间转换或条件移易，在我们的国家和事业中可能已经不合时宜了或已经不是当下的主要矛盾了。这种情形要求现实的社会主义运动和本土化的社会主义建设根据科学社会主义的根本立场、观点、方法对具体结论进行创造性发展，这一层次是我们党理论创新和丰富发展的主体部分，一代代中国共产党人对经典理论的发展和丰富都基于不同历史时期的突出特征和现实要求而与时俱进着，社会主义本质论的逐步深化，发展阶段的明晰化、具体化都是这一层面发展的生动体现。第三种情形是科学社会主义创始人囿于时代限制，科学社会主义的创始人没有机会和条件对未来社会主义的某些问题进行充分的论述，这种情形就需要当今领导社会主义运动和本土化的社会主义建设的无产阶级政党基于现实情势、时代主题、社会环境对基本理论进行创新的部分，作出原创性贡献，例如，我们党对社会主义市场经济体制理论的探索和体制的完善和发展，如对国家治理理论的确立和发展等。这一层面的理论创造是党理论自觉、理论自信更为显著的体现。

　　所谓中国共产党人对科学社会主义基本理论的丰富发展与创新创造，主要是针对上述后两种情形。要么随着世界格局结构深刻变化和中国发展现实的加速变革，产生了大量深刻复杂的现实问题或事关社会主义发展的重大时代性课题，而这些问题和课题，是科学社会主义创始人囿于特定的时间、空间和社会条件，难以予以明晰阐析和具体展开的，这就亟须有新的理论内容予以正确破解或科学回应；要么在中国这样一个经济文化落后、社会主义建设尚且"不够格"的基本国情条件下建设社会主义的现实与科学社会主义的理论设想相比，有很大差别，因而没有通用律条、定律与模板，这就要求领导中国特色社会主义实践的后继者，立足中国国情特征，结合实践提出的新要求、新问题，联系中国历史文化传统等，为发展科学社会主义作出一系列原创性贡献。一百年来，一代代中国共产党人正是在科学分析时代、观察时代、引领时代的进程中，将科学社会主义基本理论与中国实际、历史文化传统和时代特征紧密结合起来，不断将中国化的、原创性的理论观点注入科学社会主义理论宝库之中，使其更加熠熠生辉、光芒四射。

第二章

毛泽东思想对科学社会主义
理论的丰富和发展

新民主主义革命艰苦卓绝、磨难重重、千难万险的 28 年是中国共产党百年奋斗征程的起始阶段。毛泽东是领导这一事业的伟大开拓者。建党初期，由于党的领导层对半殖民地半封建社会的基本国情和马克思列宁主义的基本理论缺乏深刻的理解和认识，加之党在组织上不独立，作为共产国际的一个支部，凡属重大决策须经过共产国际的批准或认可等方面的原因，党的路线和方针政策的制定上存在着教条主义和照抄照搬的倾向，严重阻碍了革命形势的发展。以毛泽东同志为主要代表的中国共产党人，坚持从中国具体实际和实践出发，以马克思列宁主义之"矢"射中国革命之"的"，坚持实事求是的科学态度，形成了作为第一个理论创新重大飞跃的毛泽东思想。中华人民共和国的成立，标志着我国社会主义革命和建设阶段的开始。这一时期，中国共产党继续坚持理论创新和实践发展，又在很多方面实现了认识的深化。在系统地回答了半殖民地半封建大国的革命问题后，毛泽东又继续着眼于对社会主义建设的艰辛探索和理论思考，积累了符合中国落后生产力实际的重要的社会主义建设经验，并以创造性的内容丰富和拓展了马克思主义理论宝库。中国共产党在社会主义革命和建设初期所取得的伟大历史贡献，使中华民族较为平顺地完成了深刻程度前所未有的社会变革，奠定国家发展的有力根基及可靠保障。中国共产党在这一时期对科学社会主义基本理论的探索和创造性发展，充分说明了中国共产党是坚定的马克思主义执政党，她能够在新的历史条件和形势下，用新的思想观点认识，继承和发展马克思列宁主义，能够将马克思主义的普遍原理与中国的建设实际相结合，建设美好的新世界。

毛泽东思想中最突出地体现其理论深化的原创性贡献主要有：①在开辟革

命新道路的过程中，形成了关于中国革命新道路之科学认识，实现了无产阶级革命理论的具体化中国化，很大程度上促使我们朝胜利进军；②在革命实践中始终重视党的建设，不断推进党的建设"伟大工程"，极大丰富和完善了无产阶级政党学说，为科学社会主义理论宝库增添了新色彩；③建立统一战线，团结一切可以团结的力量，发展了无产阶级政党的基本策略；④创造性地提出了新民主主义理论，正确区分了中国革命所处的不同阶段，深刻认识到了中国社会的性质、主要矛盾以及前途命运，丰富发展并创新了无产阶级革命理论，为新民主主义革命的胜利提供了理论武装；⑤创造性地提出了人民民主专政理论，明确了新民主主义革命胜利后所要建立的社会制度和国家性质，拓展了无产阶级专政的内涵，为新生的共和国提供了理论武装；⑥创造性地开展了对生产资料私有制的社会主义改造，基本上确立起了社会主义制度，以符合中国经济社会实际的举措和方式较为平稳地完成了中国有史以来最为广泛深刻的社会变革，创造性地发展了科学社会主义关于生产资料所有制改造理论；⑦初步形成了探索适合中国国情的社会主义建设道路的理论成果等。这些理论贡献深刻体现了我们党拒绝教条化对待经典理论和苏联经验。

认真学习和深刻领悟毛泽东思想中体现了党对科学社会主义丰富和发展的思想观点，有助于我们深刻理解百年大党不断发展壮大并在艰难困苦的条件下领导中国革命和建设走向胜利的根本经验——马克思主义与中国实际相结合，从而坚持理论创新、增强理论自信。

第一节　形成关于中国革命新道路的理论

大革命失败后，全党开始为中国革命的新道路进行探索。多次攻打大城市失败后，毛泽东打破城市中心论的束缚，率领秋收起义队伍上井冈山，创建农村根据地、进行工农武装割据斗争，从实践中证实了中国革命需要沿着一条独特的革命新道路，方能将中国革命引向光辉彼岸，在理论上提出了引领中国革命从多次失败走向胜利的关于革命新道路的思想。这条道路之所以正确，就在于它立足中国实际，创造性地运用和发展科学社会主义中关于无产阶级革命理论，找到了敌我力量悬殊、半殖民地半封建社会中，推进中国革命事业的新道路，给中国革命带来了光明。

一、毛泽东开辟出中国革命的新道路

毛泽东在实践和理论两方面均作出了卓越的贡献。在理论上，毛泽东坚持"看事情必须看到它的实质"，并运用科学的分析方法"去察看引起中国革命高潮的各种矛盾"①，逐步对中国革命道路问题作出理论概括，将中国革命引向成功。

（一）创建农村革命根据地的实践

大革命的失败使尚处于幼年的党深刻地认识到，只有通过革命的武装才能战胜强大的反革命力量，才能夺取革命的胜利和改变民族命运。为此，中共中央在汉口召开紧急会议（八七会议），确立了武装起义和开展土地革命的总方针，为当时正处于思想混乱和组织涣散中的党指出了新路。从南昌起义打响武装反抗第一枪到1928年年底的多次起义（如广州起义、海陆丰起义、琼崖起义等），大多沿袭俄国十月革命道路的经验，通过攻打中心城市来取得革命胜利，但是这些起义的相继失败说明了中国革命若想通过城市起义或占领国民党新军阀武装强劲的大城市是根本不可能成功的。此时可以说，只有毛泽东领导的井冈山革命根据地的创建和斗争代表着中国革命的正确方向。

毛泽东在八七会议后被派到湖南领导秋收暴动，在中心城市攻打不下受挫后，毛泽东毅然放弃原计划，率队伍退到浏阳文家市集中，召开紧急会议，决定到敌人统治力量薄弱的农村和山区落脚，这次转移开启了党的工作重心由城市向农村的转变，成为中国革命史上的重要转折点。三湾改编后，毛泽东率领部队南下，到达井冈山，利用井冈山良好的群众基础、已有的农民武装力量、险要的地理条件、较为便利的农业经济及远离国民党统治中心等条件，建立了井冈山根据地。1927年10月，毛泽东抓住国民党新军阀之间的斗争，乘敌人兵力空虚之机，积极向外发展，于11月建立起茶陵县工农兵政权，这是湘赣边界第一个红色政权。1928年1月，工农革命军占领遂川县城；2月中旬，打破江西国民党军队的第一次"进剿"。至此井冈山根据地基本上

---

① 毛泽东选集：第1卷［M］. 北京：人民出版社，1991：100.

成形了。① 到了4月，朱德、陈毅带着起义余部到井冈山地区的宁冈砻市与毛泽东会师，成立工农红军第四军。此后毛泽东、朱德连续打退了湘赣国民党军队的第二、三、四次"进剿"，极大拓展了根据地的范围，龙源口战斗胜利后，井冈山革命根据地发展到全盛。毛泽东此后下山转战赣南闽西，创建了中央苏区。在国民党反动派残酷的反"围剿"斗争中，逐渐取得在根据地建设的时期关于中国革命如何走向胜利的科学认识。

（二）形成农村包围城市、武装夺取政权的思想

1928年秋冬之际，毛泽东认为，有必要对一年中的成功和失败，经验和教训进行回顾总结，于是在对分析中国红色政权的存在的分析中，提出了"工农武装割据"的思想。"工农武装割据"思想是中国革命新道路思想基础和前提。之所以说"工农武装割据"思想只是农村包围城市道路理论的基础，是由于这两者在本质上有着重大区别。一方面，农村包围城市的道路理论实质上体现了党将整个工作重心转移到农村去，而并非在局部地区实施工农武装割据即可；另一方面，农村包围城市的道路理论要求将小块红色政权与全国革命胜利的形势相联系。由此可知，农村包围城市的革命道路理论只能随革命形势的不断发展而得以逐步确立。

到了1930年，红色政权发展形势喜人：有300多个县都有我们的根据地了，数量约十几块，特别是1929年1月起红四军主力转战赣南，4月便利用蒋桂战争的有利时机建立起赣南根据地，后进入闽西，建立了闽西根据地，极大鼓舞了红军游击战争和各地根据地建设。此时的有利形势使毛泽东看到了小块红色政权与全国革命胜利之间的递进关系。于是，他在批评党内右倾悲观情绪的思想的同时，更彻底地批判了"城市中心论"，深刻阐述了建立和发展红色政权的必要性。他分析了中国政治形势能够走向高潮并在全国形成燎原之势的原因，认为半殖民地农民斗争促成了红军和红色政权及游击队的发展，并将进一步带来全国革命高潮。此时作为红四军前敌委员会书记的毛泽东还提出农村工作是第一步，表明此时党对领导的红军和根据地斗争积累起了一些经验，能够据此作出科学概括了，这标志着革命新道路思想的初

---

① 中共中央党史研究室. 中国共产党的九十年［M］. 北京：中共党史出版社、党建读物出版社，2016：112.

步形成。

在 1930 年到 1939 年的十年间，人民军队和党员人数迅猛增长，农村革命根据地人数在十年中极大增加，已超过 1 亿人。此时农村包围城市的条件已经由于人数优势渐趋凸显，全国胜利也发展为一种可能。毛泽东总结此前积累的经验教训，形成了系统化、全面化的革命新道路理论，阐发了半殖民地半封建国家无法利用罢工等合法途径组织工人的现实，因而中国必须走与俄国相反的道路。由此可见，毛泽东对中国革命新道路的探索，无论是在实际中还是在理论总结上，都没有教条式地理解和运用马克思列宁主义，没有单纯照搬共产国际的指示，而是以非凡的智慧将调查研究中国实际与学习马克思列宁主义相结合，才成功地为中国革命找到了一条走向光明的可行性之路。

二、中国革命新道路理论的主要内容

中国革命新道路理论是指走以农村为中心的"工农武装割据"的道路，以此夺取全国政权。这一理论是党立足中国特殊国情进行实事求是探索的理论成果，使党积蓄了强大的革命力量。具体来说，这一理论的主要内容如下。

（一）中国国情和中国革命的特点决定了革命的工作中心在农村

毛泽东在对中国内忧外患的形势进行分析时，多次指出中国半殖民地半封建的社会性质，决定了中国革命具有其他国家所不具有的特殊性。毛泽东甚至在分析中国的红色政权为什么能够存在时，将由中国半殖民地性质所决定的这一现象称为世界各国从来没有发生的奇事，因此，他认为，我们要认识到半殖民地半封建条件下进行中国革命战争的特殊规律，不能仅局限于对普遍规律的总结，这样才能指导战争走向胜利。中国革命战争的主要特点有：第一，中国作为经过了一次革命的洗礼的发展不平衡的半殖民地国家，形成进行游击战争、发展红色政权和建立革命根据地的机遇。因为政治经济发展不平衡使得中国多种异质性经济成分并存，不同性质的区域并存，使革命能够在不依赖城市的交往自给自足的农村生存下来；作为被数个帝国主义间接支配的半殖民地国家，其统治集团内部是不统一的，白色政权之间不断进行着分裂和战争；作为一个大国，中国有着广阔的回旋余地；中国经过一次民主革命洗礼后，有了党的领导、群众的支持和红军力量。第二，敌人强大。中国红军的敌人国民党反动派是夺取了政权的相对稳定的党，其军队是现代军队，无论是武器还是物资都远较红军实力雄厚，军队数量多，控制着中国重要的枢纽。第三，红军弱小。因此，我们建立的政权是分散于山地和农村的孤立的政权，革命根据地流动不定且没有外界援助。这两方面决定了中国红军不能很快发展和快速战胜敌人，因而战争是持久的且应依托农村、依靠农民阶级的力量来推翻反动统治。第四，中国共产党的领导和土地革命。这一条件使得根据地虽小但有强大的政治影响力和战斗力，能与国民党反动派军队相抗衡。第四方面的特点是由第一个特点产生的，是国情的特殊性决定了道路选择的必要性和必然性。更确切地说，正是中国半殖民地的性质决定了中国统治阶级的长期混战、中国农民起义的极端重要性、建立工农民主联盟的正确性、红军和游击战争及小块红色政权存在和发展的合理性。可见，在半殖民地半封建的国家，农村是国民党反动派忽视且统治薄弱的地区，敌我力量的悬殊对比和统治集团内部的重重矛盾使红军上山建立根据地，通过小块红色政权积蓄革命力量的思路成为与实际相符的正确思想。从此，中国革命找到了立足点，开始了在农村建立巩固的革命根据地，发动农民、组织农民、武装农民的工作。

（二）"工农武装割据"是农村包围城市道路的重要途径

所谓工农武装割据，就是在党的领导下将武装斗争、建立农村根据地和土地革命统一起来，这是我们党在革命前期的屡次失败的实践中总结出的重要经验。从总体来说，武装斗争是我们进行斗争的主要形式，进行武装斗争才能有割据的形成；土地革命是民主革命的重要内容，是割据政权的首要任务；根据地建设是武装斗争和武装割据的战略基地和重要依托。

具体来说，首先，关于武装斗争，武装的革命是由我们面对的敌人之特点而决定采用的手段，离开了武装斗争，党的领导地位就必然会被取消掉，没有党的领导，中国革命就只能在黑暗中继续徘徊，中国的局面就将更加不堪。而要建立武装割据的红色政权，以正式红军存在且具备一定的武装力量为依托。红军的主要成分是武装起来的农民，他们已经由雇佣制转变为人民的军队，他们既是中国军队的主要来源，也是中国革命的主要依靠力量，依托敌人力量相对薄弱的广大农村和依靠广大农民阶级为主要成分的红军力量，就能不断发展和扩大武装割据的局面，形成更加巩固的革命根据地。

其次，关于土地革命，要建立工农武装割据的红色政权必须正确处理好农民和土地问题，这是由中国革命特点所决定的重要工作任务。土地是农民最珍视、最看重的东西，是农民的命根子，对农民来说只有获得土地，才能掌握自身命运，才能激发起他们的生产和战斗的积极性，从这一方面来说，土地问题甚至可以看作中国革命的根本问题。随着红军和农村革命根据地的建立和发展，中国共产党为实现农民对土地的迫切愿望，在农村进行了消灭封建土地所有制，实现"耕者有其田"的伟大社会变革。实践证明，只有中国共产党才能最坚决地领导贫苦农民，推翻几千年的封建土地制度，这促使广大农民阶级迅速看清了两个政党之间的立场和优劣，坚定了他们拥护中国共产党领导的信念，极大地激发了根据地人民的革命积极性，极大解放了农村生产力，奠定了红色政权的坚实群众基础。

最后，关于根据地建设问题，党在农村根据地不仅进行了武装斗争和土地革命的工作，还积极开展了根据地政治建设、司法建设、经济建设、文化教育建设和党的自身建设。党在根据地建设的实践中，一方面培养了自身的执政能力和一大批领导力量，另一方面密切了党群关系，巩固了根据地的群众基础，使得党领导下的根据地展现出了勃勃生机。

（三）农村包围城市最后夺取全国政权

"工农武装割据"思想与农村包围城市道路理论之间既有区别又有联系，二者之间最根本的区别在于工农武装割据思想尚且着眼于巩固和发展小块红色政权，此时党还没有把工作重心都转移到农村，形势的发展也没有使党将小块红色政权上的武装割据与夺取全国政权联系在一起；但是随着红军和根据地的发展，毛泽东进一步认识到小块红色政权与全国胜利之间的关系。毛泽东在《中国革命和中国共产党》中，将工农武装割据与农村包围城市，以及最后夺取全国政权联系起来，提出我们党现时着重农村根据地上的工作也不能放弃城市和其他工作，这样革命也是无法成功的，因为一方面根据地会失去依托，另一方面与我们的最终目的相违背，革命的最后目的是夺取作为敌人主要根据地的城市，没有城市工作很难达到这一目的。

三、中国革命新道路理论是无产阶级革命理论的具体化

中国革命新道路理论以中国革命的实际较为具体地发展了科学社会主义关于无产阶级革命的思想。马克思、恩格斯认为，暴力革命是无产阶级斗争的一般形式，但是各个国家具体要采取何种方式到达消灭阶级差别的历史使命则取决于身处于各个国家的无产阶级及其政党。俄国十月革命的胜利为国际共产主义运动提供了一个可借鉴的方案或者更确切地说是一个经典的范式，那就是首先通过占领中心城市的武装暴动、以中心城市为依托将革命推向农村，最后取得全国的胜利。但是，由于中国半殖民地半封建的社会性质，加上大革命失败后所发动的城市起义屡遭失败和敌我力量悬殊的客观现实，一再表明俄国革命的道路不适合中国国情。资产阶级各国的无产阶级政党由于有民主制度可以利用且无外部压迫，可以经过长期合法斗争，教育工人，积累力量，最终推翻资本主义，且他们一般来说采取的基本路径也是先占城市后取乡村。中国则不同，中国半殖民地半封建的特点，在内部没有民主制度可用，在外部没有民族独立可言，因此党在这里只能是走相反的道路。因为中心城市中有强大的帝国主义及其同盟军，党只能着眼长期斗争形势的发展把落后的农村建设成先进的且各方面都巩固的根据地以反抗凶恶的敌人。综上可知，毛泽东对待马克思列宁主义的态度是极其科学的，没有离开中国特点空洞地、抽象地理解经典理论，这样马克思主义在中国就具体化了。创建农村革命根据地的实践和中国革命新道路思想的形成是毛泽东的伟大创举，它创造性地、十分具体地深化了对无产阶级革命理论的认识，它进一步充实了经典作家的理论宝库，使中国革命焕发出了新的生机。

第二节　毛泽东党的建设思想对无产阶级政党学说的丰富

毛泽东在领导新民主主义革命胜利的伟大奋斗中，不断推进马克思主义无产阶级政党学说中国化并结合中国共产党建设的伟大实践和实际特点，成功地解决了在无产阶级人数少、农民和其他小资产阶级占大多数的国家中，永葆党的无产阶级性质不变色的重大理论和现实问题，形成了毛泽东党建思

想。这在党建学说史上发挥着承上启下的重要作用，它既上承科学社会主义党建学说，为无产阶级政党学说增添了许多原创性的理论贡献，也为后来中国共产党关于党的建设的新理论新思想奠定了坚实的理论基础和方法指引。

一、毛泽东在民主革命时期对党的建设的探索

毛泽东是我们党关于党的建设理论的首创者，他在清醒分析中国异常特殊的国情和阶级特征的基础上，解决了建党初期（主要是1921年建党到1929年古田会议之前）没有解决的重大理论和现实问题。在领导新民主主义革命的过程中，毛泽东逐渐加深了对中国革命特点和党的建设的规律性认识，逐步形成了系统的、完整的党建学说。

对于党的建设历史分期往往是从古田会议算起到全民族抗战爆发为一个阶段，这主要是针对古田会议对党的建设理论和实践的重要性而言的。毛泽东主持起草的古田会议决议是首次提出思想建党的第一个纲领性文件，从中国国情和中国共产党党情出发，找到了针对我们党出现问题的系统化的解决思路，明确回答了我们要建设一个什么样的党的问题。这一科学回答对党的发展壮大有里程碑式的意义。

当时在农村游击战争的环境中的红军主要以农民和小资产阶级出身的人为主体，他们在严酷的战争环境中日益表现出与无产阶级思想相背离的错误思想，这种情况引起了毛泽东的关注，早在井冈山时期，他就注意到"无产阶级思想领导"的迫切性和重要性。这些不利的思想倾向在红四军第七次、第八次党代表大会期间尤为突出。对此，中央九月来信针对红四军党内的这些情况作出指示，提出"只有加强无产阶级意识的领导，才可以使之减少农民意识"；要坚决以斗争态度肃清红军中的错误观念；毛泽东仍为前委书记等。根据"九月来信"指示，古田会议对纠正党内错误思想十分重视，明确提出要用无产阶级思想加强党和军队建设，通过加强党内教育和思想领导纠正非无产阶级意识。除此之外，古田会议决议还对党的组织建设、作风建设提出了具体要求，例如，明确提出"党的组织路线"的概念，针对党员质量不佳、组织涣散的情况，提出要加强基层党组织建设、提出明确的入党条件、厉行集中指导下的民主生活会等；针对作风建设初步提出了党的"三大作风"的思想。古田会议决议的原则起初虽是针对红四军的问题而提出的，但

其确定的原则有利于从思想、组织、作风上保持党的无产阶级性质，很快在其他红军中推行。到 1935 年遵义会议后，这些党建原则成为全党共识，这一时期，就是毛泽东党建思想的初步形成时期。

　　全民族抗战开始后，党员人数迅速增长，这使得我们党成为被广大群众热烈拥护的大党，为完成抗战初期的政治任务提供了强大的组织保障。但是此时，党内也出现了一些新问题：新党员缺乏党史知识和马克思主义理论教育；党内混入大量非无产阶级思想和少数敌对分子、投机分子。为此，从1939 年 8 月起，中共中央决定不再大量发展党员而将组织工作的重心放在党员教育培训和提升党性修养方面。是年 10 月，毛泽东明确提出了党的建设的总目标和总任务，并将其提高到"伟大的工程"的高度，此时我们开始将数量与质量紧密结合，把党的三方面的建设融为一体，使党的建设的目标和内容更为明确全面。① 党的建设伟大工程提出后，各地迅速开展相关组织工作以推进这一伟大工程的建设。在抗战转入相持阶段后，中共中央针对党的组织和思想方面存在的问题，决定进行一场普遍的马克思主义思想教育的整风运动，以进一步深化党员干部的理论认识，并且更加重要的是要以此彻底地解决党的思想路线问题，清除"左"倾错误的影响，随后以高中级领导干部为重点的整风运动在全党普遍展开，提倡反对主观主义、宗派主义、党八股来引导全党干部以科学的立场、观点和方法分析问题。在整风运动中。全党确立起了实事求是的思想路线，使得深入实际、调查研究成为党的一项重要的工作制度。扩大的六届七中全会的召开，使得广大党员干部对党史上的重大历史是非问题有了正确的、科学的、统一的认识，标志着整风运动的胜利结束。这场整风运动是马克思主义党建史上的伟大创造，它以整风运动的形式统一了全党的思想认识，提升了全党的凝聚力、战斗力、向心力。在全党整风的基础上，中国共产党召开了党的七大，正式将毛泽东思想确立为指导思想。此外，党的七大还将党在长期奋斗中形成的优良作风概括为三大作风，将党的群众路线作为党根本的政治和组织路线。这些思想极大推进了党的建设事业，为正确执行党的路线方针政策提供了根本保证。因此，这一时期可谓毛泽东完整的党建学说正式形成时期，党的建设已经积累起了丰富的经验。

---

　　① 石仲泉. 毛泽东与民主革命时期党的建设法宝的伟大奠基［J］. 毛泽东邓小平理论研究，2020（11）.

解放战争时期，毛泽东党建思想又有了进一步的发展。例如，在推进土地改革的过程中整顿农村党组织；进一步阐述党的领导的原理，提出了一系列改进工作方法的制度措施；提出"两个务必"告诫全党保持清醒头脑清正廉洁等。这些新发展表明党的建设这一伟大工程的内涵正随着中国革命实践的发展而进一步拓展，表明党的建设思想将随着中国共产党事业的推进而不断丰富，党的建设理论将持续与时俱进。

总之，毛泽东高度重视党的建设问题并随着革命形势和党情的变化，使其日益系统化、完备化，形成了具有中国特色的党的建设学说。

二、毛泽东在民主革命时期党建思想的主要内容

邓小平曾说："毛泽东同志对于建立一个什么样的党，党的指导思想是什么，党的作风是什么，都有完整的一套。"[①] 具体来说，毛泽东的党建思想主要涉及以下内容。

（一）提出中国共产党对中国革命的领导思想

毛泽东深刻总结了中国革命前期放弃领导权付出惨痛代价的经验教训，分析了党在中国革命中的地位和作用。毛泽东认为，需要建立一个革命的党，方能成功领导中国革命事业。除了中国共产党，其他政党无法担负领导民主主义革命和社会主义革命彻底地完成的使命。这是因为在半殖民地的中国，只有中国共产党才是各社会阶层中最具有包容性、最不局限于自身利益的、最有长远眼光和严格的组织纪律性的先进政党，在这样的政党的领导下，能够克服农民和小资产阶级的保守、自私和狭隘，克服无端的破坏性，克服民族资产阶级的两面性。因此，没有中国共产党的坚强领导就不可能有中国革命的成功推进；没有党的建设这一"伟大的工程"就没有巩固的、有战斗力的、有先进性的党，就没有强有力的对中国革命的领导权。可见，党的领导与党的建设联系紧密、相辅相成，是毛泽东党建思想中不可或缺的两方面。

（二）着重从思想上建设党

着重从思想上建设党是这一思想的鲜明特色。我们的党是在农民和小资

---

① 邓小平文选：第 2 卷［M］．北京：人民出版社，1993：44．

产阶级占大多数的农村环境中创立和领导革命斗争的，为了保证党的战斗力和先进性，必须首先从思想上建党，克服各种非无产阶级思想的影响，加强对无产阶级的思想领导和思想教育。井冈山时期，毛泽东就已经认识到进行无产阶级思想教育的极端紧迫性，他认为纠正党内错误思想要靠党内思想教育和党内批评，肃清非无产阶级思想对红军的影响才能保证革命任务的顺利完成。在《古田会议决议案》中，毛泽东从主客观两方面的因素出发，深入地分析了红四军内部非无产阶级思想存在和发展的原因。他认为，从客观上看，不正确思想源自党的组织构成，这是由中国国情和革命客观条件决定的、不可轻易改变的事实；但是，从主观上讲，党的领导机关对于出现的问题缺乏正确认识和措施，使得这些错误思想进一步发展了。为此，必须着重从思想上肃清这些错误思想，保证党在认识和行动上的团结统一。其次，针对党内教条主义、经验主义盛行的现象，需要对广大党员干部深入地推进马克思主义理论学习，使全党以马克思主义立场、观点和方法分析问题。全党通过延安整风，树立起了正确科学的思想路线，克服了"左"倾教条主义对党的错误领导。党的七大正式确立了着重从思想上建党是"毛泽东党建思想"的重要内容之一。

（三）紧密地结合党的政治路线推进党的建设

　　紧密地根据党的政治路线推进党的建设是中国共产党总结革命斗争的经验而提出的科学论断，也是毛泽东党建思想中十分强调之点。政治路线正确，党的建设就能在正确轨道上顺利前行；反之，党的建设也必然受到负面影响，使党的组织受到侵害和损失。政治路线的指引，如航标指引着党各项事业的顺利前行。对于党的政治路线，毛泽东认为，它实际上同党对统一战线问题、武装斗争问题密切相关着的，这些问题是党的政治路线的主要部分。① 统一战线涉及党对资产阶级和其他阶级的领导问题，这一问题之所以关键，是由中国革命的性质和半殖民地国情决定的。中国共产党正是通过对中国资产阶级二重性的分析，通过正确处理与中国资产阶级既联合又斗争的复杂关系发展和成熟起来。中国共产党的武装斗争是在无产阶级领导之下的农民战争，统一战线和

---

　　① 毛泽东选集：第 2 卷 ［M］. 北京：人民出版社，1991：605.

党的建设与武装斗争这一形式关系紧密。通过毛泽东党建思想中的这一内容和特点，可以更加清晰地理解之所以毛泽东将统一战线、武装斗争和党的建设作为中国革命的三个基本问题和主要法宝，并且为何将党的建设作为主体法宝来统帅两翼法宝（武装斗争和统一战线）。

（四）实现民主集中制原则的中国化

党的组织建设直接关涉党的战斗力，关乎革命斗争的胜利。井冈山时期的"支部建在连上"，抗日战争时期在游击队中建立党支部的方法，都极大巩固了党的组织力量，便于党的领导作用切实有效发挥。我们党是以民主集中制为原则建立的无产阶级先锋队组织。毛泽东在领导土地革命战争时就高度重视在党内、军内、根据地人民内部发扬民主，调动积极性，并针对党内出现的问题，强调要将民主和集中相统一，既反对过分集中而导致的"家长制"弊端，也反对极端民主化而导致的效率低下和组织涣散，这样民主集中制就有了更为深刻的双重内涵，体现了这一理论鲜明的中国特性，使得民主集中制具有了辩证属性。

（五）高度重视党的作风建设

毛泽东首次提出"党风"概念并论述了党的作风在党的建设中的重要性，这是整个马克思主义党建学说史上的首创。他首次在党的七大上把党的优良作风概括为三大作风；在西柏坡时期，他进一步提出坚持"两个务必"的思想，深化了党的作风建设的内涵。他警示党员干部不要"在糖弹面前要打败仗"。加强党的作风建设，既是中国共产党对自身建设的历史经验进行总结而得出的正确结论，也是保持党的先进性的重要法宝。毛泽东对党风的强调，为共产党人永葆本色树立起一块醒目的警示牌。

三、毛泽东党的建设思想完善和发展了无产阶级政党学说

毛泽东党建思想是马克思党建学说与中国共产党建设实践、中国特殊的国情和党情相结合的产物，这一思想在马克思主义党的建设理论发展史上，占据重要地位，起了开拓性的作用。

毛泽东党建思想在理论上极大拓展了科学社会主义理论宝库的内容。马

克思、恩格斯首次阐释了关于无产阶级政党的基本原则，如关于建立共产党的必要性和必然性、共产党的阶级性与独特性、共产党的纲领问题、共产党领导权问题等。列宁的新型无产阶级政党学说则是立足俄国实际提出的领导俄国革命和建设事业的党的学说。关于党的建设的经典理论只能为我们提供一般性指导，不能指望通过背诵或照搬或移植它们来解决我们党自己的建设问题。毛泽东很早就认识到这一点，他根据中国特殊的历史条件，把党建理论创造性地运用于中国共产党建设的实践中，从多方面丰富和发展了这一一般性的党建学说，如将党的建设细化为思想方面、组织方面、作风方面的建设；如在党的建设中抓住关键性的思想建设问题；又如，将党的建设与党的主要任务紧密结合起来；等等。这些都是具有中国特色的、符合实际需要、体现原创性的重要内容。

毛泽东党建思想在实践上体现了马克思主义和科学社会主义时代化、民族化、大众化的特点。毛泽东在深入总结中国共产党自身建设经验的基础上，科学运用马克思主义的辩证思维方式和历史观点，以此找到了我国革命和党的建设的特点和规律，将一系列被实践检验了的正确理论观点和实践经验及时总结上升为系统的党建理论，这一过程使马克思主义党建学说具体化、时代化为与中国革命相关联的党建思想。在理论的具体表达上，毛泽东党建思想也独具中国风格和民族气派，他把科学社会主义党建理论与中华民族和中国老百姓习惯的思维方式、文化性格和语言风格相结合来加以表述和宣传，形成了为老百姓喜闻乐见且通俗易懂的语言表达。例如，干部选拔时，他强调"任人唯贤"；强调作风建设时，他提出"两袖清风""戒骄戒躁"。

第三节　创造性地丰富和发展了统一战线思想

毛泽东的统一战线理论是从狭义的层面即从无产阶级政党策略和无产阶级与其他阶级团结合作的层面理解这一问题的。统一战线的理论和实践在新民主主义革命事业中发挥了极其重要的作用，成为中国革命走向胜利的重要法宝之一，为后来新型政党关系、阶层关系的健康发展均奠定了良好的、坚实的基础。毛泽东统一战线的思想继承和发展了科学社会主义阶级分析方法和统一战线理论，立足中国革命的形势和中国共产党在斗争所处的不同阶段的具体任务和要求，围绕党的中心工作，适时调整统一战线工作的具体政策和策略，形成了中国化的统一战线思想，体现了以毛泽东同志为代表的中国共产党人在革命事业中，坚持将马克思主义、科学社会主义基本理论与中国具体实际相结合的理论担当和自觉。

一、毛泽东统一战线思想的历史发展

毛泽东作为真正的马克思主义者十分明确地指出，党领导革命所采取何种策略取决于革命形势的变化。这一思想结合毛泽东在《〈共产党人〉发刊词》中所提出的，同资产阶级联合又斗争是政治路线的重要内容可知，中国共产党在革命年代，需要随革命形势变化的重要策略和领导方式，很大程度上就是关于统一战线的策略和领导方式，这是由中国革命力量对比和历史任务等客观方面决定的。纵观新民主主义革命时期的统一战线发展史，可以更加清晰地看到这种依革命形势发展而发生的联合对象、范围、原则和策略等的差异，但从本质上讲，它们都是无产阶级领导反帝反封建的统一战线。

（一）在第一次国共合作中形成国民革命联合战线

1922 年 7 月 16 日，党的二大作出了建立统一战线的决议并指出，为了实现反帝反军阀的革命目标，必须组成联合全国一切革命党派，组织民主的联合战线，根本改变了党的一大时"不准与其他政党建立任何关系"的态度。在经历了京汉铁路大罢工失败后，年轻的中国共产党进一步认识到：在半殖民地半封建的条件下，工人阶级人数少、力量不够，即使他们有一定的革命性，但是要想真正取得革命胜利，必须联合其他社会阶级、阶层，结成最广泛的统一战线。因此，我们党开始采取积极步骤联合孙中山领导的国民党，推动建立国共合作。党的三大确立了以党员的个人身份加入其中的方针，极大地加快了国共合作的步伐，到国民党一大召开后，民主联合战线就正式形成了，这极大推动了北伐战争的胜利发展，基本上推翻北洋军阀的统治，这是党的统战史上的一大成就。但最终国民党右派叛变革命，发生了"四一二"和"七一五"反革命政变，使得统一战线分裂。这一时期，放弃党在统一战线中的领导权成为重大的历史教训。

（二）在土地革命战争中形成工农民主统一战线

大革命的失败使得反帝反封建的统一战线分崩离析，大资产阶级、小资产阶级都出现了对统一战线一定程度的背离。党领导的工农运动则由于残酷镇压处于低潮之中。面对暗淡的革命形势，毛泽东灵活运用统一战线策略，使工农联盟得到空前巩固，他的许多重要论著中都深刻阐述了巩固工农民主统一战线所采取的方法，这些团结与斗争统一的方法使得社会重新呈现出一派繁荣盛景。虽然与此前相比，工农民主统一战线与此前相比联合的阶级范围变窄了，但实际上以工农联盟为基础的统一战线为中国革命打下了坚实的群众基础和武装支持，扩大了中国共产党在群众心目中的影响力，因为以国民党反动派为代表的资产阶级上层勾结地主阶级结成反动同盟，站在团结的反面，不得人心。例如，1929 年 7 月，闽西党的第一次代表大会提出"抽多补少"的原则后，对土地进行分田；1930 年 2 月，毛泽东作出指示，将土地分给农民后，农民拥有对土地的所有权，而非再归政府掌握。根据地的土地革命实践给农民带去了真正的实惠，加上在根据地实行的各方面民主建设，使得党的群众基础和力量不断巩固。

九一八事变后，摆在党面前的首要问题是如何化解民族危机和如何正确处理国内阶级之间的关系，而此时出现的抗日救亡热潮也说明了中华民族斗争和阶级斗争正在进入一个新阶段，但是由于"左"倾错误思想在党中央占据上风，以王明为代表的中共中央未能适应形势发展需要提出切合中国实际的举措，而是继续推行冒险主义和关门主义的方针。如他们无视中间派要求抗日而产生的积极变化，无视国民党内部正在发生的分化，仍将中间势力作为最主要的危险而加以打击；没有适时高举抗日民族统一战线的旗帜，仍强调与国民党政权的对立性等，破坏了统一战线的进一步发展。

"左"倾主义的错误思想和路线推行到红军和根据地中，造成了红军第五次反"围剿"的失败，红军损失惨重，红军主力被迫踏上长征之路。所幸在 1935 年长征途中，中共中央召开了遵义会议，遵义会议后，党的统一战线政策开始转变为全民族抗日统一战线，而西安事变的和平解决，则进一步推动了抗日民族统一战线的形成。

（三）抗日战争时期的抗日民族统一战线

卢沟桥事变爆发后，全民族抗战的征程开启。中国共产党立即号召全国同胞团结起来，共同抵抗外来侵略，以国共两党第二次合作为基础的抗日民族统一战线正式形成。此举受到了全国人民的热烈欢迎，召唤着全体中华儿女携手奋勇抗击日本侵略者。在抗战的过程中，中国共产党始终坚持全面抗战的路线，即人民战争路线将革命力量深深扎根于人民群众之中，充分动员和依靠群众争取抗战的胜利。1937年8月，中共中央于陕北洛川召开政治局扩大会议，正式提出了要在统一战线中坚持党的领导权和独立自主的原则等正确方针。王明回国后提出了很多危害统一战线良性发展的主张，如否认党在抗战中的领导权、独立自主原则等右倾错误观点。1938年9月至11月，党的扩大的六届六中全会召开，毛泽东批评了王明的右倾错误，强调了党在统一战线中的独立自主是既统一又独立的。这次会议正确分析了抗日战争形势，对党的领导进行了战略性规划，进一步巩固了全党的思想和步调，对抗日民族统一战线的发展意义重大。抗日战争时期，中国革命又迎来了一次更大范围的四个阶级的统一战线，并在战略相持阶段前表现出各方面欣欣向荣的趋势。

但是，进入战略相持阶段后，大资产阶级中的一部分投降了敌人，另一部分出于想早日结束抗战的私心，进行了一系列投降、分裂、倒退活动。中国共产党为扩大抗日民族统一战线，针锋相对地提出了又联合又斗争的政策和"发展进步势力，争取中间势力，孤立顽固势力"的总方针，这都使得国民党统治集团不得不坚持抗战，挽救了濒危的国内时局，极大提高了中国共产党在全国的政治影响力。面对日军的疯狂进攻和国民党顽固派的经济封锁，1941年至1942年成为中国共产党敌后抗战最困难的时期，党在根据地采取了有力措施克服困难、巩固统一战线。如建立了"三三制"政权，团结赞成抗日和民主的阶级、阶层；实行减租减息、交租交息政策，把坚持统一战线和解决农民问题恰当地结合起来；实行以兼顾为基本思想的工商政策，争取和团结进步势力和中间力量等，由此奠定了坚实的阶级和群众基础。这样毛泽东的统一战线思想就基本形成了。

（四）解放战争时期的人民民主统一战线

每个中国人都迫切希望抗战胜利后和平民主地建设新中国，但国民党反动统治集团企图继续维持抗战前的"一党专政"和大地主大资产阶级专政的半殖民地半封建国家，他们依仗美国强大的经济和军事势力，积极准备反人民的国内战争。而此时的中国共产党为了能够建立一个新民主主义的新中国和人民民主统一战线而进行着不懈努力。1945 年 8 月 25 日至 10 月 10 日，重庆谈判后，国民党政府表面承认了和平建国的基本方针和中国共产党的合法地位，但是，他们仍然没有放弃用战争消灭人民革命力量的图谋，1946 年 1 月国共两党共同发布了"停战协定"。1946 年 6 月，国民党当局悍然撕毁达成的协议，全面发起进攻，导致第二次国共合作彻底破裂。

与国民党一党专政、镇压各民主党派、坚持一党训政不同，中国共产党与各民主党派合作加强，在国统区逐步形成了第二条战线。中国共产党壮大人民革命力量，与各个阶层人民一道，尽可能扩大统一战线的范围，大力发展民族工商业，将垄断资本收归新民主主义国家所有。所有这些举措都满足了广大人民群众的利益诉求，为解放战争走向起了积极作用，实际上使民族统一战线真正扩大了。此后，各民主党派对此积极响应党的号召，公开表示愿与中共共商建国大计。此时中国共产党人团结各界人士使得反蒋联盟和人民民主统一战线更加巩固、更加广泛，从而使得毛泽东统一战线理论和实践都更加丰满充实。

二、毛泽东统一战线思想的主要内容

毛泽东根据当时社会的主要矛盾和国内外局势的深刻变化，在高举团结的旗帜的同时对敌人进行坚决的斗争，形成了对新民主主义革命发展至关重要的统一战线思想。从毛泽东统一战线思想的理论贡献来看，有以下几方面的特点和原则对革命的顺利推进十分重要。

（一）毛泽东统一战线思想的根基在于对中国社会科学的阶级分析

毛泽东的统一战线思想的形成和发展，基于对中国不同社会阶级的科学分析之上。早在 1925 年，毛泽东就明确提出了分清敌友是革命的首要问题。

这一思想随着革命的发展不断深化，并被实践证明了基于经济地位的阶级分析而形成的统一战线思想的正确性和科学性。在《中国革命和中国共产党》一文中，毛泽东进一步从中国革命的动力的角度丰富了其初期的各阶级分析的内容。具体来说，地主阶级是封建制度的人格化，压迫和剥削农民阶级，是革命的对象，阻碍中国社会进步，抗日战争已经证明了大部分地主的反革命性，但是应该看到有许多中小地主出身的开明绅士还有革命积极性，对于他们应当团结。其次，资产阶级有买办性的和民族资产阶级的区别。其中，买办性大资产阶级历来都是革命的对象，他们是为帝国主义服务的走狗，分属不同的帝国主义国家之下，对于亲日派大资产阶级要坚决打击他们，对于欧美派大资产阶级要用又联合又斗争的两面政策，应对其一面抗日一面反共反人民的两面性；民族资产阶级由于受内外双重压迫，可以作为革命的力量之一，但是他们在经济上没有完全切断与反动势力的联系，带有极强的软弱性，他们不能担当革命的领导者，但可以是较好的同盟者，需采取慎重的态度对待他们。再次，除农民以外的小资产阶级主要包括小本生意人、手工业者等，他们是较为牢靠的同盟者，对这一阶级需要争取、保护并合理进行引导。农民阶级是中国经济的主要力量，在其内部有着富农、中农、贫农的分化，其中，富农虽带有半封建性，但其自己劳动也能参与到反帝斗争中去，所以不宜过早采取消灭的政策，中农受剥削无权益的特点使得他们是无产阶级的可靠同盟者，他们的态度对革命胜负至关重要，贫农占比最多，是革命最广大的动力和主力军，无产阶级要与这些阶级结成巩固的联盟以取得革命胜利。最后，中国无产阶级具有自身的优点，如深受"三座大山"压迫有革命的彻底性、有共产党的领导富有觉悟、从破产农民中出身便于结成工农联盟，但是也有"人数少、年龄轻、文化低"的缺点。作为中国革命的领导阶级，无产阶级必须认识到要与其他阶级结成统一战线才能取得革命的成功。正是基于对中国社会各阶级在经济上和政治态度两方面的分析中，毛泽东找到了共产党组织统一战线的这一重要法宝，并在科学的分析中找到了依革命形势变化而采取的不同政策，从而为革命的胜利提供了十足的动力。

（二）将坚持中国共产党的领导作为首要原则

毛泽东统战思想的首要原则就是强调要坚持党在其中的领导地位，因为如果缺乏坚强的领导和积极推进，统一战线是不可能建立和巩固的，这样就不能发挥它在革命中团结各社会阶级的作用，更加不能使革命取得胜利。无论是土地革命战争还是抗日战争和解放战争，若中国共产党放弃对统战工作的领导权，那就如同将中国革命的前途和命运交予他人之手一般，难以推动革命事业取得最后的胜利，因为在这个问题上中国共产党在大革命后期已经深深吃到了放弃领导权的苦头，也由此深深认识到只有在统一战线中坚持独立自主的原则，才能牢牢把握正确的政治方向，才能始终加强和巩固党的领导并卓有成效地开展工作。对于统战工作中的领导权问题，毛泽东曾讲过，我们在统一战线中保持独立自主和独立性，这才能有真正的合作，否则统一战线必然会丧失，合作将不复存在。① 同时，这种以斗争求团结，要以党的正确政策积极地推动工作，说服教育和影响其他政党和人民群众。正是在这一思想的指导下，中国共产党与其他党派团体建立起了健康可持续的关系，共同构筑了使人民脱离黑暗社会的苦海和使国家摆脱分裂的共同政治思想基础，从而谱写了团结合作的新篇章。

（三）在坚持原则性和灵活性的统一中探索统线工作的具体策略

毛泽东认为，无产阶级在统一战线中对自己的纲领、路线要有最起码的原则性，这一信念必须坚定；同时，我们要有为了实现这一原则的灵活性，这就需要始终在统一战线中坚持正确的工作策略，运用又团结又斗争、又团结又批评、有理有利有节的方法。纵观毛泽东统战思想的历史发展，可以清晰地看出毛泽东将这种战术的灵活性与中国革命所处的环境、形势、任务要求等方面有机地结合在一起，根据实际需要调整统一战线工作中的具体策略。例如，在土地革命战争时期，中国共产党在根据地没收地主阶级的土地，使得农民在土地改革中得到了实惠，推动了农村革命根据地的巩固和扩大，巩固了工农民主联合战线。但是，到了抗日战争时期，根据当时的形势，我们党必须积极争取中间势力，而这些中间势力惧怕土地革

---

① 毛泽东曾在《统一战线中的独立自主问题》中这样讲："用长期合作支持长期战争，就是说使阶级斗争服从于今天抗日的民族斗争，这是统一战线的根本原则。在此原则下，保存党派和阶级的独立性，保存统一战线中的独立自主；不是因合作和统一而牺牲党派和阶级的必要权利，而是相反，坚持党派和阶级的一定限度的权利；这才有利于合作，也才有所谓合作。否则就是将合作变成了混一，必然牺牲统一战线。"参见毛泽东选集：第2卷 ［M］. 北京：人民出版社，1991：538－539.

命，为了争取这部分人支持我们，就需要我们有充分的力量，尊重他们的利益，同顽固派坚决斗争。为此，中国共产党根据战略相持阶段极其困难的形势，在根据地停止了没收地主土地的政策，而以减租减息政策代替，这就兼顾了两方面的利益，团结了更多的革命力量。这样的例子还有很多，都是以毛泽东为代表的中国共产党人在复杂局势中灵活应对的智慧所在。

（四）将调动一切积极因素作为贯穿统一战线的主题

统一战线本质上讲就是联合一切可以联合的力量，使我们方面人多势众，敌人方面人少势寡。因此，可以说大团结大联合就是统一战线工作最鲜明的主题之一。毛泽东曾在不同时期均表达过"团结一切可以团结的力量"这一观点。他在《中国社会各阶级的分析》中指出了我们真正的朋友是哪些阶级；对动摇不定的中产阶级做了区分。此后，毛泽东在《湖南农民运动考察报告》《井冈山的斗争》等文章中进一步表达了巩固、扩大工农联盟的思想。在抗日战争时期，毛泽东更是提出动员一切力量，愿与全国其他党派携手团结，建立由"一切抗日的工、农、兵、学、商"组成的统一战线，待到革命胜利后将造成"各革命阶级在无产阶级领导之下的统一战线的专政"之局面。① 到解放战争时期，毛泽东强调容纳愿意推动革命事业的人们，扩大人民民主统一战线和人民革命阵营，将革命进行到底，建立一个没有压迫的新中国。毛泽东在全国胜利的前夕，将党同党外人士长期合作的政策正式确立下来。此后，"团结一切可以团结的力量、调动一切可以调动的积极因素"成为中国共产党统一战线工作的主线，深深贯穿于中国共产党领导中国革命、建设的伟大实践之中。

三、创造性地丰富和发展了科学社会主义阶级分析方法和统一战线思想

阶级分析方法是科学社会主义理论中的根本方法和帮助我们抓住问题本质的根本依据，是解锁阶级社会复杂问题的一把金钥匙。马克思、恩格斯揭示了阶级与阶级斗争的实质、根源、历史作用等方面的基本理论，毛泽东则立足中国半殖民地半封建的社会性质，深入分析了中国社会各阶级的基本情

---

① 毛泽东选集：第 2 卷［M］．北京：人民出版社，1991：648．

况，并在此基础上提出了建立统一战线的必要性和必然性。他对中国社会各阶级的分析是在坚持马克思主义阶级分析方法的基础上，运用它来分析解决中国现实问题的典范，使得科学社会主义的阶级与阶级斗争原理有了与中国国情相结合的运用与表达，这一过程丰富了科学社会主义阶级与阶级斗争原理的具体内容。

除此之外，毛泽东统一战线思想还深受马克思、恩格斯统一战线理论的影响，并为他们统战理论的充实与完善作出了积极贡献，以对中国社会中不同阶级地位与作用的分析推动了统战思想的具体化。随着无产阶级运动的深入发展，他们日益认识到必须与其他革命阶级及社会力量结成广泛的联盟，以此使无产阶级及其政党完成解放的历史使命。但是，结成联盟还需要注意对领导权的争取，否则丧失独立性就意味着结盟将沦为涣散和混同。此外，还必须加强国家间、国际无产阶级的亲密合作与团结。马克思、恩格斯的这一思想实际上成为毛泽东提出的与各革命阶级联合起来共同斗争、建立广泛的统一战线思想的理论基础。毛泽东统一战线思想丰富了科学社会主义统战思想的具体内容，如依据对中国社会各阶级的分析强调统一战线的必要性与重要性，强调斗争中中国共产党的领导权与独立自主原则，又要立足中国实际和斗争需要，提出了关于新民主主义革命中统一战线的策略和方针，创造了中国化的统一战线新形式。这样的例子比比皆是，例如，有理有力有节的斗争原则的提出就具有鲜明的中国风格和中国智慧。

第四节　创造性地提出新民主主义理论

1939 年年底至 1940 年年初，毛泽东在揭露了国民党顽固派"一个主义、一个政党、一个领袖"的理论骗局，批驳了与新民主主义相悖的错误观点时，首次阐释了对"中国向何处去"问题的理论看法，形成了完整系统的新民主主义理论，以此全面地声明了中国共产党的立场和观点，为中国革命的发展指明了光明前途。这一理论的提出，可以说是我们党理论创新中具有标志性的里程碑，它从中国国情出发进行了独创性的理论创造，填补了马克思主义革命理论中的"空白"，为经济落后、资本主义很不发达、封建的政治经济关系占统治地位的半殖民地半封建国家，如何进入现代化，找到了一条崭新的道路。① 新民主主义理论的系统阐发，标志着毛泽东思想趋于成熟，这个理论极大地从思想上武装着中国共产党人，在实践上鼓舞着全体人民。

一、新民主主义理论的提出

中国共产党在经过北伐战争、土地革命战争和抗日战争的磨砺和考验后，已经积累起正反两方面丰富的经验，已是一个政治上成熟的政党，具备了系统地回答有关中国革命和未来建设的相关重大理论问题的能力。同时，在全民族抗战爆发后，我们党积极促成抗日民族统一战线，这一方面使得中国共产党从原来受封锁的狭小天地中走了出来，成为能够公开走到全国政治舞台活动的全国性大党；另一方面也使中国共产党的影响力日益增长，引起越来越多人的关注，他们都渴望能够看到中国共产党对时局及中国革命的前途命运的主张。自抗战进入相持阶段后，国民党顽固派畏惧中国共产党政治影响力和军事实力的增强，在军事上多次制造反共摩擦，在理论上一味宣扬独裁色彩严重的理论观点，大肆鼓吹"共产主义不适合中国国情"，甚至要求共产党"取消"马克思主义，这导致妥协与反共的声浪一时甚嚣尘上。此外，一批与中国实际不相符合并错误解读中国革命前途的谬论层出不穷。中国向何处去的问题，尖锐地摆在每一个中国人面前。这样的历史背景要求中国共产党必须对此系统地表明自己的立场和观点，在理论和实践上更好地领导中国革命向前推进。② 1939 年年底至 1940 年年初，毛泽东先后发表了一系列重要著作，清晰表达了共产党人对中国革命和中国前途的根本立场和理论主张。

实际上，中国共产党自成立以来就对中国革命和社会性质问题进行了不懈的探索，但中国共产党此时对于领导中国革命尚未有足够的经验，政治上和理论上尚且处在幼年期，导致对于很多问题的认识只是初步的、粗浅的，例如，对革命的方法、内容、顺序先后等问题都没有确切的认识。因此，可以说中国共产党并不是一开始就自觉认识到走新民主主义革命道路解决中国问题，而是在实践中，经历了严重的挫折和失败后，才逐步探索出这一理论和道路的。虽然党的二大就明确提出了反帝反封建的纲领，党的四大就强调

---

① 刘林元. 中国共产党是如何实现马克思主义中国化的——以新民主主义革命为例 [J]. 山东社会科学，2017 (11).

② 罗平汉. 新民主主义理论是如何提出来的 [N]. 学习时报，2020－10－26.

无产阶级在民主革命中的领导地位，在党的六大上就重申中国革命现阶段性质尚处于民权革命阶段，也认识到必须由无产阶级把握住对革命的领导权，但是，中国共产党对中国革命的规律性认识只能是在党积累了足够的革命经验并开始思考如何将丰富的革命经验上升为理论之后。在领导中国革命的早期历程中，中国共产党先后出现了陈独秀的"二次革命论"这一右倾机会主义①和主张"一次革命"的"左"倾冒险主义②，在总结革命正反经验的基础上，才达到提出新民主主义的理论高度。在这个过程中，照抄马克思、恩格斯的"本本"，照搬苏俄经验的做法从来没有取得任何成功，反倒阻碍了中国革命的发展。而毛泽东准确把握了中国半殖民地半封建社会的国情特点，创造性地填补了科学社会主义基本理论中无产阶级革命理论的空白，很好地指导了抗日战争和中国革命事业，也为世界上其他遭受双重压迫的落后国家提供了经过新民主主义革命实现过渡的可行性。

二、新民主主义理论的主要内容

新民主主义理论的理论内容和对科学社会主义作出的原创性贡献，主要表现在以下几方面。

（一）揭示了新民主主义革命最基本的历史特点

毛泽东对新民主主义革命最基本的历史特点的阐释包括：第一，毛泽东对中国革命的分析首先是基于中国社会的性质而展开的。他认为，只有认清我们的社会性质，才能真正了解中国革命，才能把握准其中的规律。自鸦片战争以来，中国逐步由完全的封建社会一步步沦为半殖民地半封建社会。这一社会性质决定了近代中国的主要矛盾，决定了在这些矛盾的基础上发生和发展起来的中国革命的基本特点。第二，中国革命的敌人或对象包括国内的

---

　　①　所谓"二次革命论"，是指以党的第一任总书记陈独秀为主要代表的，主张中国要进行二次革命的观点。第一次完成由资产阶级领导的资产阶级民主革命，共产党在民主革命中只是帮助国民党完成反帝反封建的任务，所以共产党要放弃革命的领导权；待到资本主义充分发展后，共产党再领导无产阶级进行社会主义革命，推翻资产阶级政权，建立社会主义制度。

　　②　所谓"左"倾盲动主义的"一次革命论"，是指主张把民主革命与社会主义革命结合起来，一次完成两次革命任务，效仿十月革命，一步进入社会主义的观点。毛泽东认为，要么"一次革命论"者，实质是不要革命论也；要么是迷惑于政治革命和社会革命的差别里，但无论如何，一次革命论是妨害革命的，是不符合中国实际的。

地主阶级和西方企图蚕食我们的列强，二者相互勾结，使得我们面对的敌人力量很大、势力很广又极其复杂，他们就这样一起压迫着中国人民，阻碍着中国社会的发展进步。中国革命的任务就是打击这内部和外部的敌人，特别是要打倒压迫中国最深重的帝国主义。在理解中国革命的任务上，毛泽东特别指出，要将民族革命和民主革命这两个相互关联又相互区别的任务联系在一起，反对将二者截然对立的观点。① 第三，关于革命的动力问题，即不同阶级阶层对我们革命采取的立场、态度、作用。对此，毛泽东立足对中国社会各阶级的具体分析，得出了农民、城市小资产阶级、民族资产阶级分别是何种程度的同盟军的科学认识。第四，无论是从中国社会的特殊性质出发，还是从上述中国革命的基本问题出发，都可以对中国革命的性质和步骤有一个清晰的了解。从本质上讲，由其革命的特殊的任务所支配，革命必须分两个阶段进行，首先必须变革半殖民地半封建的社会形态，变中国为独立的民主主义社会，其次再推动革命向前发展进入社会主义社会。现时的这种资产阶级民主革命是新民主主义革命。它与一般资产阶级民主革命的根本区别在于其前途根本不同；它与社会主义革命的区别在于其包容性更强，能够容纳更多不同的社会阶级在内。在完成第一阶段的任务后，中国共产党将继续担负起将革命转变为社会主义革命的历史任务，领导中国民主主义革命和社会主义革命这两个处于不同阶段的伟大革命彻底完成。

（二）宣告了新民主主义社会的基本形态

新民主主义理论还包括对新民主主义社会基本形态的阐释。从国家构成和政权构成来看，新民主主义共和国现今存在过的国家政权形式都有很大的不同，它是一种新民主主义共和国的社会形态，它是由几个阶级联合起来专政，共同管理国家。这不同于苏联的一个阶级专政，也不同于欧美资产阶级掌握政权的国家类型。这是一定历史条件下必要的过渡性的国家形式。就政权构成的形式而言，必须以适当形式的政权机关，保证各革命阶级在国家中的地位，以有利于革命斗争的发展需要，而这种组织形式即民主集中制。就内部经济关系看，它要将大的资本主义经济体如银行、商

---

① 毛泽东指出，中国革命是"对外推翻帝国主义压迫的民族革命和对内推翻封建地主阶级压迫的民主革命"。参见毛泽东选集：第2卷［M］．北京：人民出版社，1991：637.

业、工业等都收归国有，使私有资本不能操纵国计民生，但针对中国经济尚且十分落后的现实，不禁止非垄断性的资本主义之存在；要没收地主的土地，根除封建制度存在发展的社会土壤，走"耕者有其田"和"平均地权"之路。这就决定了新民主主义社会与欧美资本主义社会和封建旧社会的根本不同，决不允许"少数人所得而私"。新民主主义共和国的经济和政治决定了文化形态也有着崭新的特点，由于中国无产阶级和中国共产党登上了中国政治舞台，它们能够向落后文化发出猛攻，形成了一种无产阶级领导的新文化形式。

以上就是新民主主义的共和国，就是我们所期盼和为之不懈奋斗的新中国。无论是从其命名还是从其内容来看，毛泽东提出的这一思想都具有极强的原创性。

（三）批驳了与新民主主义相悖的错误观点

抗战进入相持阶段，毛泽东还针对一些错误观点进行了驳斥和理论阐释。他首先着重驳斥了"资产阶级专政论"，说明了无论国内外环境都不允许中国走欧美资本主义老路的现实；也驳斥了"左"倾空谈主义的观点，明确提出"一次革命论"不是中国现阶段的现实，不能离开当前的实际条件，空谈什么"毕其功于一役"，揭露了在抗战中动摇不定的资本家妄图将民族利益出卖给敌人、想从根本上消灭任何革命为投降日寇准备舆论的本质；还驳斥了顽固派坚持"一个主义"，妄图实现资产阶级专制主义的实质，并明确提出，我们共产党人的共产主义不能"收起"，相反"一个主义"的这种反民权主义的作风，应该早些"收起"。在此基础上，毛泽东进一步阐释了共产主义前途与三民主义的区别与联系，明确指出虽然二者在民主革命的阶段任务基本相同，但是共产主义无论是广度还是深度都较三民主义更加广泛深刻，国民党顽固派叫嚣的"收起""取消"马克思主义，根本目的是想保留和实行他们的"一党专政"。总而言之，毛泽东对以上各种错误思想的批驳，进一步证明了这一理论与民族需要和当下中国实际的匹配性、准确性，它是对中国前途命运进行最正确的理性分析后得出的结论。

三、新民主主义理论创造性地更新了无产阶级革命理论和国家学说的内容

中国共产党从中国实际出发对经典作家的革命理论进行了符合国情的创造，这种创造并不是凭空捏造，而是以毛泽东同志为代表的中国共产党人，把马克思主义基本原理与中国具体实际结合起来而得出的正确结论，是中国共产党人把科学社会主义精神实质与中国实践结合的产物。

具体而言，一方面，新民主主义革命理论创造性地发展了科学社会主义的无产阶级革命理论，填补了半殖民地半封建社会进行无产阶级革命的理论空白。经典马克思主义作家的著作中论证最充分的是在生产力高度发达后，通过无产阶级政党领导的暴力革命取代以私人占有为核心的资本主义制度。但对经济落后、资本主义欠发达、封建的政治经济关系占统治地位、阶级状况尚未达到只有两大阶级存在和对立的落后国家，如何实现社会主义、进入现代国家行列的问题，是不要中间环节而直接过渡过去，还是照旧即先经过一个资本主义阶段，等生产力发达后再进行下一步，或是经过其他别的阶段再过渡，他们都没有说明。同时，无论是提法还是内容都是马克思、恩格斯经典著作中没有论及的，属于一个经典著作中的理论空白。新民主主义革命理论创造了半殖民地半封建国家如何过渡的新思路、新道路，为受封建主义和殖民主义压迫剥削的民族指明了一条实现民族独立和解放的现实之路。但是，值得注意的是，虽然马克思主义的经典著作中没有这样的思想内容和概念，但我们党提出这一理论确实受到了十月革命的启发，是我们用马克思主义的宇宙观观察中国命运而得出解决中国问题的理论和实践成果，是以马克思主义的基本原理为思想理论依据的。

另一方面，新民主主义社会理论创造性地发展了科学社会主义的无产阶级国家学说，丰富了半殖民地半封建国家走向社会主义的具体过程。根据马克思、恩格斯的设想，无产阶级夺取政权后建立的是无产阶级专政的国家，无产阶级国家的建立，是因为经由一个资本主义社会后，阶级和阶级对立就简单化了，社会变为鲜明的两极即形成了两大直接对立的社会阵营。随着无产阶级革命的胜利，就可以建立起只需要无产阶级领导的社会主义国家。但是，在半殖民地半封建的社会属性使得阶级结构无法演化为简单、单纯的

"两大阵营"之间的分立。① 因此，新民主主义的共和国无论是在政治、经济上，还是在文化上，都要兼顾中国社会各个愿意为中国抗战事业作出贡献的阶级和阶层的利益，"有饭大家吃"。在政治上，实行各革命阶级联合专政的国体，团结一切可以团结的力量，坚持统一战线，实行长期合作；在经济上，走"节制资本"和"平均地权"之路，尚不禁止不操纵国计民生的资产阶级的发展；在文化上，强调民族的科学的大众的文化。此后，再在中国共产党的领导下进行第二阶段的社会革命。可见，这一新民主主义的社会理论也是将马克思主义普遍真理与中国具体实际相结合的一个创造性发展，是立足并最贴近中国实际的理论创造。

第五节　以人民民主专政理论发展了无产阶级专政和国家学说

以毛泽东同志为主要代表的中国共产党人，立足我国阶级状况和形势要求对新中国国家政权性质问题作出了深刻的理论概括，创立了人民民主专政理论。这是中国特色十分鲜明的重大理论创新，它为无产阶级专政和国家学说注入了新鲜的思想内容。具体来说，它系统阐明了新政权由谁领导、由谁参与等具有"国体"意义的重大问题的理论。对这一理论的系统阐释是毛泽东在 1949 年 6 月 30 日发表的《论人民民主专政》一文中完成的。毛泽东在科学总结历史经验的基础上，深刻阐释了新中国所要建立的何种国家的政治主张。这一理论阐释深刻体现了党对新民主主义革命的日益深刻的规律性认识，体现了中国共产党立足中国文化土壤、中国革命现实需要，创造性地发展无产阶级专政理论的理论担当，为新中国的成立和发展提供了科学指引。

一、人民民主专政理论的发展历程

脱胎于无产阶级专政学说的人民民主专政理论，是我们立足于中国实际情况和现实需要对国家政权及其主体等问题积极探索的结果。这一理论经历了基于阶级结构和革命形势等因素变化而形成的历史演进过程，最终科学地回答了关于新中国向何处去、新中国政权建设的重大历史问题。

① 孙应帅. 中国共产党 100 年来对科学社会主义理论的原创性贡献［J］. 人民论坛·学术前沿，2021（6）.

（一）人民民主专政理论经历的历史发展

作为中国共产党对新民主主义革命的经验总结和对政权问题的根本结论，人民民主专政理论的形成与中国社会主要矛盾、阶级关系以及革命形势的发展变化紧密联系在一起。更确切地说，在人民民主专政这一政权组织形式确立之前，中国共产党立足不同时期统一战线的性质和革命形势的需要，有过从起初理论构想中的无产阶级专政到十年土地革命时期的工农民主专政，再到抗日形势下的各革命阶级联合专政，最后到确立起人民民主专政的历史嬗变。通过对这一历史嬗变的大致梳理，可以深刻地体会到这一理论继承性与创造性的有机统一。

中国共产党成立初期，在苏俄和共产国际的指导下，曾将无产阶级专政作为实现共产主义的重要途径，并于中共一大将其写入党纲，明确指出建立无产阶级专政的国家政权是中国共产党的奋斗目标。自党的二大开始，中国共产党对中国革命的认识有了初步进展，开始细化中国革命的任务，明确革命目标是"建立劳农专政的政治"，采取"建立民主主义联合战线"的策略，出现了"劳农专政""劳动专政"等提法，具化了党的无产阶级专政思想。大革命时期，中国共产党致力于组织和领导国民会议运动，希望采取合法斗争形式接手北洋军阀政权。这一时期中共中央的文献中关于政权的主张主要有"革命民主平民政权""革命民众政权""革命民众合作统治"等内容，核心就是建立平民政权实现民族独立。可见，此时中国共产党基本上还是立足于无产阶级专政思想来探索革命后国家政权的性质问题，但是伴随着对中国革命基本问题认识的深化，中国共产党对政权问题的思考也更加贴近中国革命实际需要了。

轰轰烈烈的大革命失败后，中国共产党开始重新思考中国革命的战略与策略问题，在此后的两年间发动了100多次起义，起义在城市接连失败促使毛泽东等中国共产党人转战农村，建立红色政权。这一时期，中国共产党在共产国际的指导下，以苏维埃制度为原型，提出了建立"工农民主专政"的思想即建立以工人、农民、红军及一切劳苦民众为主体的，对极少数的军阀、官僚、地主、豪绅专政的民主专政的国家。概括地讲，这一时期的政权属性是阶级关系深刻调整后迫不得已形成的具有临时过渡性质的政权形式，是国共两党领导的两种不同社会制度并存和对峙的表现。这一时期的政权概括较之党成立初期的探索而言对政权的对象、主体、性质等问题理解得更加深刻与明确了。

在中日矛盾上升为中国社会主要矛盾后，中国共产党迅速制定了抗日民族统一战线的策略，团结一切抗日的阶级阶层，扩大了统一战线的范围，并将国家称号改为"中华苏维埃人民共和国"，这一人民共和国不仅代表了工农的利益，而且容纳了其他反帝反封建的阶级，展现出了这一政权对民族资产阶级的包容性，实现了工农民主政权向更具容纳力的抗日民主政权的转变。随着形式向积极方向转变，我们党逐步实现了由"抗日反蒋"到"逼蒋抗日"再到"联蒋抗日"的策略变化，形成了团结全民族抗战的政权形式——民主共和国。毛泽东发表的《新民主主义论》一文，明确了抗战胜利后，新政权的性质是联合专政的民主共和国。总体来说，这一时期，中国共产党在政权原则性和灵活性统一问题上更加成熟，更加能够因势利导，根据国内主要矛盾和阶级关系的变化，代表人民和全民族的根本利益。[①] 主要表现在中国共产党及时根据民族整体利益的需要扩大阶级联合的范围，将民族资产阶级纳入联合的范围；及时根据战争形势和主要矛盾的变化调整民主与专政的对象上，这才使得"各革命阶级联合专政"的民主共和国更加符合中国人民和中华民族的利益。

通过以上对中国共产党政权问题的分析，不难看出，中国共产党从坚持无产阶级专政理论到逐步发展出不同时期具有差异性和特殊性的政权组织形式和理论总结，没有拘泥于对马克思主义经典作家关于无产阶级政权学说、国家学说的理论阐释，而是积极地根据中国革命的实际需要、中国社会各阶级的关系变动以及国际形势等的变化，灵活而又有原则地探索不同时期政权建设的具体路径和制度安排。这一历史过程充分贯彻了"由中国人自己决定什么东西能在我们自己土壤中生长"的原则，体现了立足于阶级分析和统一战线思想，团结起最大多数人的政权组织逻辑。

[①] 石琳琳. 新民主主义革命时期"人民民主专政"概念嬗变的历史逻辑 [J]. 理论月刊，2021（5）；杨德山，王晶晶. 百年来党的政权理论探索历程简析 [J]. 北京行政学院学报，2021（3）.

（二）人民民主专政理论的正式形成

虽然说全民族抗战时期民主政权的建设和"民主共和国"理论构想的提出，使得政权已经具备了广泛的人民政权的性质和特点，但此时国民党反动派的独裁和内战图谋迫使党不得不进行重大的战略调整，使党的中心任务再次发生深刻变化，党对于政权问题的思考和探索也进入了一个新的时期，产生了新的理论生长点和理论成果，其中关于"建立一个什么样的新中国"和"怎么样建立新中国"的问题意义重大。

党发布"五一"口号后，全国性政权形式的建设开始推进。首次从两种专政形式的比较意义上公开使用"人民民主专政"，这一词可以追溯到1948年6月。党此时明确提出，我们要建立的是人民民主专政，而非无产阶级专政。这是因为人民民主专政还没有到要推翻一般资本主义的地步，而无产阶级专政则要对资本主义采取专政措施，所要建立的是社会主义社会。可见，此时党对这种政权形式的理解还多是从新民主主义革命的角度来进行的。之后，"九月会议"第一次较为明晰地阐释了人民民主专政这一政权的阶级属性，明确了新中国的人民性。1948年12月底，毛泽东首度公开使用"人民民主专政"一词。党的七届二中全会上，他再次从国体的高度提及这一概念，并对其阶级关系问题也进行了涉及，明确了团结工人阶级农民阶级和广大的革命知识分子并同党外民主人士实行长期合作的政策。1949年6月30日，解放战争即将取得全面胜利之际，为及时向各阶级、各党派澄清即将建立的新中国的国体、任务以及内外政策等问题，驳斥反动派对新生的新型政权的污蔑和攻讦，毛泽东发表了《论人民民主专政》来系统阐述了关于这一政权建立的必然性、内涵、任务、作用等理论内容，标志着这一理论的正式成熟。1949年9月，全国政协第一届全体会议明确规定了新中国人民民主专政的国家制度，突出了政权的统一战线性质，使得我们的国家制度获得了法律保障。

二、人民民主专政理论的主要内容

人民民主专政理论的形成标志着在国家政权问题上党的认识的深化且渐趋成形。毛泽东全面系统地阐释了其丰富的理论内涵，他将马克思主义国家本质、国家职能及国家消亡学说与中国具体实际相结合进行了初步探索，对国家政权的性质、进行这一政权安排的原因以及这一政权安排的具体实现等问题进行了具体论述，使得国家制度更加深入人心，其中饱含了党和人民28年来顽强斗争所取得的经验成果与集体智慧。

（一）关于人民民主专政的阶级结构

毛泽东对新中国人民政权的阶级性质作出了深刻而鲜明的阐释，丰富和发展了马克思主义关于无产阶级专政的思想。第一，他明确指出了人民民主专政所具有的统一战线性质的实质，阐明了国家政权背后"阶级分析—统一战线—国家政权"的政治逻辑。[①] 这既是中国人民28年革命实践得出的重大的经验总结，也是确立国家政权采取何种形式的重要政治基础，是解决中国一切问题的正确方向。毛泽东多次指出，中国革命有一个广泛且巩固的革命统一战线，它是我们战胜一切敌人和克服任何困难的力量之源，也是我们联合全国其他党派团体为共同建立一个独立、自由、和平、统一、强盛的新中国而奋斗的共同政治基础。第二，他明确界定了人民政权的"人民"概念，指明了所要依靠的绝大多数人的阶级属性问题。第三，他具体分析了不同阶级在国家政权中的地位和作用，明确指出了它的基础、领导力量问题。一方面，这一政权形式的基础主要是人口占绝大多数的工农的联盟，中国革命之所以取得成功就是依靠他们的支持，这是国家政权的坚实根基；另一方面，这一政权是在工人阶级领导下建立和完善的，特别强调工人阶级的先锋队中国共产党的领导，这是得到理论和实践支撑的正确结论。工人阶级并非天生的领导阶级，经过中国共产党的教育改造方才能够担负起领导责任。第四，关于民族资产阶级，他们在现阶段还有很大的作用，必须团结他们，共同奋斗，"我们现在的方针是节制资本主义，而不是消灭资本主义"[②]，但是由于他们的阶级特性——软弱性和两面性，不能担当革命的领导者。

（二）关于人民民主专政的国家职能

毛泽东对这一国家政权的职能也进行了明确的规定，这方面的内容发展

---

① 毛泽东指出："团结工人阶级、农民阶级、城市小资产阶级和民族资产阶级，在工人阶级领导之下，结成国内的统一战线，并由此发展到建立工人阶级领导的以工农联盟为基础的人民民主专政的国家。"参见毛泽东选集：第4卷［M］. 北京：人民出版社，1991：1472.

② 毛泽东选集：第4卷［M］. 北京：人民出版社，1991：1479.

科学社会主义创新理论研究

了马克思关于国家职能的思想。他们曾提出无产阶级革命后要建立"议行合一"的政权形式，这种政权应以普选制和民主制根本改造旧的国家机器。因此，有学者将马克思、恩格斯所讲的无产阶级专政作为一种参与性民主形式，一种超越一切原有意义上的国家的社会自治。毛泽东将马克思主义与中国现实情况相结合，对马克思、恩格斯国家职能方面的论述进行了深化和发展。第一，它是新型民主与新型专政的有机统一，是一个问题的两方面。所谓新型民主，是指它以无产阶级民主的形式具有超越西方虚假民主的突出优势，不再是少数人的民主或形式上虚伪的民主了，而是人民内部实行真正的民主制度，人民有言论、集会、结社等自由权，施仁政于人民内部，使人民得以在全国范围内和全体规模上，用民主的办法自我教育、自我改造。所谓新型专政，是指人民民主专政区别于资产阶级专政凭借国家暴力机器镇压人民的性质，是指这一专政形式仅仅是对少数反动派的专政，是通过强化人民的国家机器巩固国家利益和人民利益。这种专政与独裁、暴力镇压民众、专制统治、不择手段有着根本区别。第二，具体来说，人民民主专政对反动派和反动阶级的专政不是单纯地理解为使用暴力，而是以改造为目的的劳动专政。也就是说，在这些反对阶级被推翻后，一心改造自己，也是给他们成为新人的机会。从这一意义上讲，毛泽东将此举称为对反动派的另一种"施仁政"。专政职能是民主职能得以发挥的重要保证和前提，没有强化的国家机器，人民的国家将面对内部外部敌人的威胁，建设社会主义将无从谈起。第三，人民民主专政中的民主，既在总体上指明了政权的性质，又指向一种民主制的或向人民赋权的国家职能，这一职能是基础的和主要的国家职能。这一民主无论是在内容还是在形式上都与西方的资产阶级民主制度（如代议制民主、三权分立制度等）有着根本区别，是具有中国特色的新型民主，是以人民代表大会制度为依托实现最广大人民当家作主的真实的民主制度，能够凝聚起最大多数人的共识和利益，应将民主作为主要方面，在坚持专政的同时，大力推动民主的发展。

（三）关于人民民主专政的历史使命

毛泽东继承了马克思关于国家消亡的思想，明确指出了这一政权形式的历史使命（最终目标）问题，即将人民民主专政和党的领导看作促使阶级和国家权力消亡的重要条件，是实现共产主义、走向大同社会的重要武器。马克思指出，无产阶级专政是为完成过渡的暂时性存在。毛泽东继承了这一思想，他指出，我们共产党人跟资产阶级政党不同，他们畏惧说阶级、国家、政党的消灭，而我们毫不畏惧并敢于公开承认这一观点，并通过努力的工作去创设使阶级、国家权力和政党自然归于消亡的条件，使人类进入大同境域。从这一点上说，人民民主专政有着与无产阶级专政相同的历史使命。之所以说人民民主专政能够为早日实现共产主义社会创设条件，是因为在人民民主专政的国家制度下，人民真正能够对国家和社会中的重大问题和事务有参与、决定等方面的权利，真正当家作主，这与共产主义对人的自由全面发展的要求和设想在方向上一致的，能够有效发挥人民民主专政的国家职能，推进人民民主和社会治理的发育和成熟，从而为阶级、国家和政党的消亡准备条件。

三、创造性地发展了无产阶级专政理论和国家学说

国家政权问题是革命的最根本问题。当政权问题在新中国成立前后成为党的核心问题时，毛泽东立足中国复杂国情和实际情况思考国家政权的基本理论问题，形成了马克思主义和科学社会主义中国化的新理论生长点，提出了具有独造性和中国特色的理论成果——人民民主专政理论。具体来说，这一理论创造性地发展了科学社会主义关于无产阶级专政的理论和国家学说，是我们党总结革命斗争的经验而得出的科学理论结论。

有观点认为，我国的国家政权理论与经典作家们提出的无产阶级专政理论的真正理论关系是我们的这一理论兼采了这两种理论适合我国国情的部分，还加入了中国共产党人的理论创新，因此不宜简单地比较人民民主专政和无产阶级专政的进步性，否则将会陷入原教旨主义。① 也有观点认为，这一政权形式是联合民族资产阶级的统一战线性质的政权，它所涵盖的范围很大，而不是只有无产阶级在内的较为单纯简单的政权形式，从这一意义上讲，二者之间有着显著区别。因而说人民民主专政实质上即无产阶级专政只有从特定角度（如共产党领导、工农联盟为基础、社会主义前途）去理解才是准确

---

① 程晨.全面、准确地理解人民民主专政理论——兼论人民民主专政与依法治国的关系［M］//中共党史和文献研究院.中共中央文献研究室个人课题成果集.北京：中央文献出版社，2015：1036.

的。① 还有观点认为，我们的政权实质上就是无产阶级专政，因为二者领导阶级、阶级基础、职能和最终目标都相同，但它是更加适合中国国情和革命实际的创造，具有体现我国的阶级关系、将民族资产阶级纳入人民范畴、政权具有统一战线的性质等特点，是无产阶级专政中国化的理论创造。② 虽然以上三种观点的侧重点有所不同，但都表达了人民民主专政与无产阶级专政的这种继承与创新的逻辑关系，也就是说人民民主专政理论是作为对无产阶级专政的独创性理论成果和适合中国国情的新型国家政权理论而得到广泛研究的。

通过毛泽东相关文章对这一政权形式的思考和论述，不难看出这一理论的逻辑起点是对中国社会各阶级的地位与作用的分析，进而得出我们革命的动力是包括民族资产阶级在内的联合战线，不仅有工农联盟也有工人与民族资产阶级的联盟，由此革命胜利后所要建立的新中国也应当是统一战线性质的国家政权，各民主党派组成联合政府，"有活一起干，有饭大家吃"。基于这一逻辑，我们的国家政权发展了无产阶级专政的思想。一方面，人民民主专政具有阶级上的包容性和民主主体的多元性，特别表现在它根据中国社会发育程度将民族资产阶级也纳入人民政权的范围，使民主主体更具有代表性、广泛性，而无产阶级专政则是单一的无产阶级政权，是以消灭私有制和资本主义为前提的；另一方面，从这一逻辑出发设计的人民民主专政理论，在政权职能方面也具有特殊性。由于中国社会半殖民地半封建的性质，在"三座大山"的压迫下，人民民主专政的国家政权必须具有民主的一面和专政的一面，需要强化国家机器以保护人民的国家，同时需要赋权给人民，代表人民的利益。马克思的无产阶级专政思想中关于社会自治和参与性民主的内容在那个历史条件下难以完全实现，但这些内容使得这一思想具有中国特色和独创性，为无产阶级专政理论和国家学说增添了重要的理论内涵。

同时，必须承认的是这一理论是对无产阶级专政的创新，而不是说这一理论是无源之水、无本之木。之所以这样说，首先在于，中国共产党是以马克思主义理论为根本行动指南的政党。毛泽东曾明确地说过，经典作家们给了我们以理论武器。而中国起初向西方学习资产阶级民主主义，总是不能实

---

① 刘山鹰. 立宪者毛泽东的人民民主专政理论 [J]. 华东政法大学学报，2011 (1).
② 石琳琳.《论人民民主专政》中毛泽东国家观的三重逻辑 [J]. 大连干部学刊，2021 (5).

现自己的理想，总是被西方列强侵略，经过反复比较，在先进的中国人心中"资产阶级的民主主义让位给人民民主主义"，最终中国人民找到了一条经过共产党领导的人民共和国达到社会主义和共产主义的道路。虽然我们的这一政权选择与无产阶级专政在内容上有一定区别，但这正是中国共产党人具体地运用马克思主义来分析和解决中国革命前途问题的典范和彰显。其次，与无产阶级专政立场根本一致，二者都秉持着牢固的人民立场，具有广泛的阶级基础和群众基础，并且二者的最终目标都是为了实现共产主义、实现人的解放和自由全面发展。最后，这两者都强调以工人阶级为领导阶级，以共产党为领导核心。这些内容使得二者具备理论上的同源性。可以说，人民民主专政理论既以马克思主义和科学社会主义为指导，又立足中国实际对科学社会主义经典理论进行了内涵上的扩充和视域上的升级，这就使我国发展具备了紧贴国情的坚实的理论支撑。

第六节　形成了具有中国特色的社会主义改造理论

党在社会主义革命和建设初期创造性地领导人民实现了对生产资料私有制的社会主义改造，顺利完成了向社会主义社会的过渡，基本上确立起以公有制为基础的社会主义制度，完成了中国有史以来最为广泛深刻的社会变革，在很大程度上维护了各方利益和社会整体的稳定。党在过渡时期对社会主义的改造经过了一系列审慎的历史探索过程，创造性地发展了科学社会主义过渡时期理论。

一、中国共产党对社会主义改造的历史探索

中国共产党对建国方案的最初设想是经历一个新民主主义社会阶段，在多种所有制基础上先发展生产力，经过一二十年甚至几十年的时间，待生产力有了较大发展，国家工业化的各种条件具备了，再过渡到社会主义阶段，也就是"先建设，后改造"① 的基本思路。但是，经过三年国民经济恢复，新中国的国民经济和经济结构出现了有利的新情况，使党中央认为社会主义

———————

① 韦湘燕. 关于我国社会主义改造问题的研究 [J]. 广西社会科学，2003（6）.

已在途中，于是放弃了原来的设想，并以"建设与改造同时并举"的过渡时期总路线替代之，经过谨慎思考正式提出了社会主义改造的任务。由此可知，中国共产党对生产资料的社会主义改造的探索是一个审慎的历史过程，是深刻考虑和综合分析其条件的基础上作出的重要抉择。

（一）新中国成立初期三年恢复使得国民经济全面恢复和初步发展

新中国成立后的前几年，我们面临着众多严峻的挑战。例如，人民解放战争还未完结；经济上由于国民党滥发纸币造成物价飞涨、投机盛行、通货膨胀严重；政治孤立和经济封锁；等等。对此，中共中央坚决地采取了一系列措施，卓有成效地巩固了新生的人民政权。在军事上，人民解放军继续进军，勇猛追击残敌，使得社会秩序更加稳定。在经济上，对官僚资本进行接管，使其成为国营经济的主要部分；对混乱的财政经济状况进行了强有力的干预，以"银圆大战"和"米棉之战"的方式，以政治力量稳定住了市场和物价，随后又实行了对全国财政经济工作的统一管理、统一领导，结束了财政分散和收支不平衡的局面，创造了工农业生产发展的有利形势；对私营工商业采取了扩大加工订货、大量收购、调整税收等政策，促进了民族资产阶级的发展。在政治上，党的七届三中全会制定了恢复时期的路线和纲领，特别是针对"可以提早消灭资本主义、实现社会主义"的错误观点进行澄清，明确这一阶段不要四面出击，仍采取节制资本而非挤走资本、消灭资本的政策，此时毛泽东认为，私营工业国有化和农业的社会化都是未来之事；同时进行的"五反"运动，积累了利用和限制私营工商业的经验，赢得了主动权。在国际关系上，为捍卫国家主权和领土完整，党领导了大规模的抗美援朝运动，打退了美国侵略军的进攻，提高了中国的国际威望，也为我国和平发展赢得了时间和空间。在土地问题上，新解放区土地制度改革完成，更多农民获得土地和生产资料，实行农民的土地所有制并采取保护中农、保存富农经济的政策，极大解放了农村生产力，同时，农村在土改完成后，出现了合作互助的趋向。此外，镇反运动的开展和其他领域民主改革的展开都使政权更加巩固，使形势朝着有利于党和人民的方向发展。

经过三年的努力，国民经济恢复任务提前完成，经济结构深刻变化，我国经济发展有了量与质两方面的整体提升，这就为中央提出向社会主义过渡问题提供了现实的可能和重要的依据。甚至有观点认为，党在新民主主义革命后就开始了社会主义改造，新中国成立后没收全部官僚资本，就已将资本主义主要部分消灭了，社会主义国有经济控制国家经济命脉奠定了进行社会主义改造的先决条件。①

（二）立足新形势新矛盾提出党在过渡时期的总路线

经过三年经济恢复，我国经济建设的条件更为有利，更可以在国家工业化的道路上继续前进，完成中国人民近百年来的夙愿。同时，社会生活中出现了一些新情况。在农村，一方面，土地改革完成后，农民分散的个体经营难以提高劳动生产率以满足城市和工业生产对粮食的需求，特别是1952年下半年和1953年出现了粮价上涨和收购危机。另一方面，老区农民出现大量的"中农化"，这些新中农普遍倾向于单干、个人发家致富，这种倾向使领导层担心，如果农民尝到了个人发家致富的甜头，就不想社会主义了。② 这种情况的出现促使党内领导层思考个体经济的发展方向问题。但1952年2月，毛泽东得知河北邢台已有87%农户自愿加入互助组、合作社，实现增产后，坚定了对农业实行合作化的信心，改变了他学习苏联"先机械化后合作化"的思路。

在城市，国有经济同资产阶级之间的限制与反限制斗争时起时伏，特别是"五反"运动暴露出的问题，更促使党内决定进一步思考对资本的限制问题。1952年9月24日的中央书记处会议上，毛泽东首次提出"10年到15年基本上完成社会主义"的新思路③，表明党内开始就过渡问题进行更深刻的思考了。这时的初步想法是"挤"，通过加快发展国有经济，挤占私营经济的比重，使其依赖于国家。1953年春，李维汉赴武汉、上海等地调研，向中央提交了针对资本主义工商业的报告，得到中央的高度重视，使毛泽东更加确定向社会主义过渡的思路。

经过一年多的谨慎思考和酝酿，毛泽东从过渡时期的起始点、时限和总任务等方面完整地表述了过渡时期的总路线，标志着毛泽东对我们党如何过

① 林元旦，李心华. 我国社会主义改造的历史经验再反思 [J]. 兰州大学学报（社会科学版），2014（1）.
② 萧冬连. 筚路维艰——中国社会主义路径的五次选择 [M]. 北京：社会科学文献出版社，2014：23.
③ 薄一波. 关于过渡时期总路线提出问题致田家英的信（1965年12月30日）[J]. 党的文献，2003（4）.

渡问题的思考业已成熟。同年 9 月 24 日，总路线向全国正式宣布，并在党的七届四中全会上进行了确认。党基于新形势新矛盾提出的这条过渡时期总路线，是对逐步发展社会主义因素深入思考的理论成果。按毛泽东和周恩来的想法，此时提出这一问题是要将新民主主义经济纲领具体化，即将新民主主义建设时期作为逐步过渡的时期，作为使社会主义经济成分占比逐步增长的时期，这是党的理论的重大突破，正式从理论上完成了由"先建设后过渡"到"建设即是逐步过渡"的转变，为社会主义改造的开展做好了坚实的思想理论准备。

（三）第一个五年计划的实施和社会主义工业化的起步

实现国家工业化，即使国家变为先进的工业国是我们党领导中国人民努力奋斗的伟大目标，也是毛泽东一生追求的重要目标。新中国成立之初，面对国民经济遗留下来的"烂摊子"难以进行大规模的经济建设，但是毛泽东一直高度重视国家工业化问题，并于 1951 年提出了"三年准备、十年计划经济建设"的构想。"一五"计划自 1951 年着手进行编制工作，到 1953 年元旦正式宣布将执行"一五"计划作为压倒一切的工作。在党的过渡时期总路线提出以后，国家工业化的地位和作用更加突出，国家的社会主义工业化是实现社会主义改造的物质基础，二者是"主体与两翼"的关系，能够为所有制的转变提供前提；同时，国家现有的工业基础难以担当实现工业化的重任，中国要实现工业化只有依靠国营工业。因此，国家对工业、农业和私营工商业的系统改造既十分必要又具备了条件。

党确定将优先发展重工业作为实现国家工业化的方针。一方面，纵观世界各国实现工业化的路径，不外乎就是以欧美国家为代表的优先发展轻工业，经过严酷的殖民掠夺和剥削压迫，经过几百年时间完成工业化，或是以苏联为代表的社会主义国家，从重工业入手，经过几十年时间实现工业化。根据我国的实际情况（外部封锁，内部基础差、起点低），中央果断决定优先发展重工业，快速改变国家落后的面貌。另一方面，优先发展重工业有其现实性，一是民族资本和工业企业无法担当国家工业化重任，现有基础与现实需要不相匹配，二是面对帝国主义武力威胁，国防所需的重工业能够为我国独立和发展提供坚实的保障。但优先发展不是独立发展，"一五"计划也规定了要相应地发展农、轻、邮电、交通等事业。

党的工业化发展战略坚持了自力更生为主、争取外援为辅的方针。苏联援建的 156 个骨干工程是我们重工业的发展重点，此外还援助了大量技术人才，为我国完整工业体系和国防体系的建设贡献了力量。但是，我国坚持以自力更生为主，不依赖于外援。因此，在国际形势复杂变化时，我国掌握了极大的主动权。

党在工业化过程中还提出了正确处理积累和消费的关系问题，阐明了人民当前利益与长远利益的辩证关系。像我们这样的大国，发展重工业的大量资金主要来自农业积累，就要取之于农民。据统计，"一五"计划期间，农业收入一直是中国工业化资金的重要来源。为了澄清国家建设与人民生活改善的关系，毛泽东用"大仁政和小仁政"做类比，以此说明为积累建设资金，全国人民艰苦奋斗、勤俭节约的必要性，也提出了不能积累过高挤占消费，影响建设积极性的辩证法。这样统购统销政策和工农业剪刀差的办法，在很大程度上调节着积累与消费的关系，平衡着国家工业化的群众端口。在以上方针的指导下，全国形成了热气腾腾的国家工业化建设新局面，取得了扎实的进展，为社会主义所有制改造提供了坚实的物质基础。到 1957 年年底，"一五"计划各项指标超额完成，极大地改变了工业严重落后的面貌。

（四）对农业、手工业和资本主义工商业的社会主义改造

形势发展所造就的社会主义所有制转变的有利条件基本具备后，社会主义改造就系统地展开了。

1. 在农业和手工业的改造方面

1953 年，党相继发布了关于农业生产互助合作的两个决议①，在其指导下，互助合作运动稳步开展了。第一个决议最初针对的问题是互助组的涣散现象和农民中的富农倾向，其基本思想是要重视"两种积极性（个体经济积极性和劳动互助积极性）"，在个体经济基础上实现劳动互助、增产增收，引导农民走农业集体化和社会主义化道路。到 1953 年 12 月，针对粮食收购危机，中央经过反复考量决定对粮食实行统购统销，以克服工农业矛盾，开展

---

① 1953 年相继发布了《中共中央关于农业生产互助合作的决议》和《中共中央关于发展农业生产合作的决议》。

对农业的改造，遂发布第二个决议。这一决议将兴办初级农业生产合作社作为合作化运动的重要环节，明确提出了对农业进行逐步改造的路径。在这两个决议的推动下，合作化运动发展得很快。到 1954 年年底，三种互助合作形式都有了数量上的增加，特别是初级社由 1951 年的 300 多个发展到 48 万个；参加互助合作的农户在 1954 年年底占到了全国总农户的 60.3%（1951 年年底占比为 19.2%）。并且事实证明，参加合作社在收成上优于互助组优于单干。因此，农民在增产的鼓舞下纷纷要求入社。手工业的合作化基本也是按照从供销入手，由合作小组向供销合作社到手工业生产合作社逐步改造，并且在农业的合作化推动下，也有了较大发展。

2. 在私营工商业的改造方面

一方面，对粮食的统购统销政策起了促进作用，因为限制私营粮商自主经营权后，他们只能做国家的粮食代销店，不得自销自购原料了，此后统购统销又发展到油料和棉花上，促进了对农产品私营业者的改造步骤；另一方面，以国家资本主义方式利用、限制、改造私营工商业。1953 年以前的改造方式主要以加工订货为主，从 1954 年起，开始重点发展国家与资本主义企业内部合作的形式，这一变化使得社会主义因素在私营工商业中更加凸显。实行这一形式后，很多私营企业收益明显增多，促使更多资本家要求合营。为了满足众多分散落后的中小企业的要求，中央又探索了对中小企业先按行业改组、合并后合营的全行业公私合营的办法。

自 1955 年下半年起，在"反右倾保守"的政治氛围下，我国出现了加速合作化和社会主义改造的高潮，原本预计 3 个五年计划的时间，提前到 1956 年年底即基本完成。虽然这一高潮的出现"属于实际工作中的偏差"，但是这一社会主义所有制的社会主义改造得以完成具有伟大的历史意义。

二、社会主义改造理论的基本内容

社会主义改造基本完成后，我国实现了社会制度上的历史性巨变和伟大胜利，是中国共产党团结带领人民完成和推进的"第二件大事"。在此过程中，我们创造出了一条符合中国实际情况的、带有鲜明的中国特色的改造道路，其中蕴含着宝贵的理论财富，体现了毛泽东对科学社会主义经典理论所作出的突出贡献。

（一）关于农业和手工业的社会主义改造

毛泽东在过渡时期形成的社会主义改造理论，在对农业和手工业的改造方面形成了以下经验。

第一，我国的农业合作化运动采取了"先合作化，后机械化"的改造思路。新中国成立后，我国花了近三年时间进行土地改革，在此过程中充分发挥群众路线的组织带动作用，启发了农民阶级觉悟，为农业的改造工作创造了有利条件。根据新中国成立初期确定的"先建设，后过渡"的思路，党在农村的工作没有急于消灭农村中的资本主义因素，如富农经济，也没有急于将农村的个体经济发展为集体所有制。但是，针对经济恢复时期农村出现的中农化现象，特别是东北地区的"新富农化"和山西的农业合作社问题，引发了毛泽东对于农村个体私有制改造问题的深入思考。实际上，虽然由于土地改革农民生活水平得到了改善，但由于我国人多地少的现实情况，全国农民平均每人只有 3 亩耕地，南方很多地方则更少（只有一亩或几分田），这样继续实行个体经营，与农民增收和过富裕生活的想法是冲突的。1951 年，针对山西省委提出进一步提高老区互助组比例以战胜自发性的报告，毛泽东赞同通过合作社和统一经营的方式彻底抽掉私有发生作用之条件。特别是当他在 1953 年 2 月南下经过河北邢台，得知全县入社、入组农民已占总农户的 87% 时，对农业的社会主义改造思路更加有底了。他认为，农业不先搞机械化，也能实现合作化，中国不一定仿照苏联的做法。到达武汉后，毛泽东在与武汉市委书记王任重的谈话中又提到，斯大林建议要保留富农，但我们农业生产实际上是依靠农民的互助。也就是说，毛泽东对于中国农业合作化道路的思考，首先是在新矛盾出现后根据中国农村问题的实际提出农业改造的可能性路径，再立足实践对此进行检验，以实践证明卓有成效的理论指导农业的社会主义改造工作。因此，这一思路的得出是实事求是的、审慎的、符合国情的。

第二，改造采取了由低级向高级逐步展开的方式进行。对农业的改造大体分为三个阶段：①1953 年以前试办带有社会主义萌芽性质的互助组织；②1954 年到 1955 年上半年重点办半社会主义性质的初级合作社；③1955 年下半年到 1956 年，掀起办社会主义性质的高级合作社热潮，此时生产资料由私有变为集体所有了。对手工业的改造也经历了类似的三个阶段：①1949年至1952年，重点试办有代表性的手工业合作社；②1953年春到1955年冬，全面发展手工业供销合作社；③到1956年，手工业生产合作社进入发展的高潮。党对农业和手工业采取的积极稳妥的、从初级到高级渐进式推进的过渡形式，是区别于苏联农业集体化方式的独特性创造，具有鲜明的中国特色，为马克思主义过渡时期理论增添了新的内容和新鲜经验。采取逐步过渡的步骤，能够确保他们每年增产的实现，避免了突然变化引起的种种损失。

第三，采取了自愿互利、典型示范、国家援助的原则，在生产关系剧烈变化时不但没有破坏生产力，还保护和促进了生产力的发展。在1951年9月召开的第一次农业互助合作会议上，中央明确批评了针对农业合作化问题的两种错误倾向，特别反对采取急躁态度，反对不顾农民自愿和必要的经济条件，不适当地限制农民的私有财产。对此，毛泽东从社员成分的科学分析中，得出了先从经济地位贫苦和不富裕的人们开始，对这些人按觉悟分批进行，因为大多数贫苦农民为了过上好生活，有走社会主义道路、联合起来的积极性。在这一原则方针的指导下，互助合作社的优越性在实践中先被广大贫困农民所认识到，他们积极加入农业互助合作运动，比较富裕的农民在此过程中看到自身利益不会受损且走资本主义道路的可能性全无，也能拥护这一政策。党对手工业的改造也大致采取了这样的原则和方法，实现了所有制的平稳转变。

（二）关于资本主义工商业的社会主义改造

对资本主义工商业改造的主要内容和经验有以下三方面。

第一，首先确定社会主义过渡时期私营企业的基本性质。私营企业基本性质的确定对于找到如何引导私营工商业过渡到社会主义至关重要。新中国成立后，在三年经济恢复时期，党对私营工商业进行了一系列限制和反限制的斗争，在城市工商业面临困难的时刻，党在调整私营工商业时创造了加工订货、经销代销等国家扶植形式，加深了他们与国营经济的联系，使其生产关系的性质产生变化。在粮、油、棉实行统购统销后，由于在原料方面受到国家限制，接受国家委托加工、计划订货就势在必行了。虽然这些举措本意是帮助其发展，没有将其与社会主义改造必然联系在一起，但是党在大量的调查研究和总结经验下，得出私营企业已不同程度上改变了原来的性质，变为国家资本主义企业了，他们的存在已经不仅仅是为了利润了，而是更多地与国家和人民联系在一起，带着很大社会主义性质，是对国家有利的，即使还要谋部分私利（约25%）也是允许的，这是"进攻中的部分退却"①。正是在对私营工商业调整政策的总结中，在对其公私关系进行调研中，党逐步认识到其国家资本主义性质，找到了一条对其进行社会主义改造的道路。

第二，确定出党对私营工商业的改造路径和方针。党根据资本主义工商业的双重性质及国家在过渡时期对其的需要，确定的改造道路是经过国家资本主义来实现的。具体来说，就是先把先前不受限的资本主义生产变为受国家制约的形式，最后再变为社会主义，直至最终将阶级划分消灭。② 基本完成第一步至少需要三年至五年的时间，要稳步前进，不发生振荡。所谓对资本主义工商业所采取的"利用、限制、改造"的方针，即将对私营企业的利用、限制和改造联系起来，是使独立的私人资本主义企业变为受限制的国家资本主义的过程，是使他们坚持劳资两利、放弃唯利是图本性的过程；同时，国家对待私营企业并不是采取与地主阶级和官僚大资产阶级同样的办法，而是给予他们部分让步，即采取"四马分肥"的利润分配办法，企业盈利不超过25%；全行业合营后，国家对各企业清产定股并付"定息"（约5%）。党领导的和平赎买不是一次性付清大笔赎金，而是创造了长期内允许资本家从企业分得一部分红利的办法，对其进行社会主义性质的改造。

第三，党对私营工商业的社会主义改造是逐步推进的并采取了资本家自愿的原则，没有破坏生产的发展，反而保持了市场的稳定和经济的发展。具体来说，对私营工商业的改造也采取了三个阶段：①1953年年底以前，主要采取低级国家资本主义形式，先将其纳入国家资本主义轨道；②1954年到1955年年底，有计划地实行公私合营的高级形式，国家与企业内部合作，国家处于领导地位；③全行业公私合营。可见，党对私营工商业的改造是稳步推进地、逐步地实现的。并且这个逐步实现，是在充分尊重资本家意愿的前提下进行的，毛泽东认为，实行国家资本主义要使资本家自愿参加，不能强迫，同时要给予他们工作岗位和政治地位。在这些正确的方针政策的指导下，

① 毛泽东文集：第6卷［M］．北京：人民出版社，1999：286.
② 毛泽东文集：第6卷［M］．北京：人民出版社，1999：287.

我们的私营企业实现了和平过渡，党紧紧抓住了生产和流通的中心环节，在所有制转轨的过程中，保持了稳定，实现了发展，得到了群众拥护。

三、社会主义改造理论拓展了科学社会主义关于所有制改造的理论内容

我们党把科学社会主义与中国的具体实际相结合，成功地领导了对生产资料私有制的社会主义改造，没有发生大的经济破坏和社会动荡就确立起了社会主义的基本制度，走出了一条前所未有的、符合国情的、中国色彩浓厚的改造道路，这一过程中积累的成功经验和形成的理论成果为科学社会主义理论宝库增添了新的内容。具体来说，党在过渡时期的社会主义改造理论对科学社会主义基本理论的丰富和发展主要表现在以下两方面。

第一，我国的社会主义改造在改造所有制的具体路径上具有中国特色，丰富了科学社会主义关于过渡时期所有制改造理论。马克思、恩格斯认为，无产阶级革命胜利以后可以直接向社会主义过渡，他们的过渡时期理论是基于较为发达的社会生产力而言的，并且他们所设想的这种过渡思路基本上属于"直接过渡"，对于是否经历中间环节没有具体论述，而且这种过渡是以消灭私有制、消灭阶级为最终目标的，这种消灭私有制的方式主要是对资本主义所有制进行强制性干涉直至彻底改造和消灭。[1] 而党对个体私有制和资本主义私有制的社会主义改造则有所不同。第一，根据我国各行业的实际情况采取逐步过渡的方法，而非"突进式"过渡，特别是党对私营工商业的社会主义改造创造性地探索了经过国家资本主义这一途径将其引上社会主义道路的"间接过渡"的办法，在社会主义改造整体设想上也是计划经过一个新民主主义建设阶段，等条件成熟时再实行过渡。这样的社会主义改造就在很大程度上兼顾了各方利益，维护了社会稳定。第二，党基于中国经济落后、阶级情况复杂的现实，对社会主义改造的最初估计是经过三个五年计划，"先合作化，后机械化"，有步骤、有计划、积极稳妥地推进，而非一夜之间变革私人所有制，虽然实际只用了三年左右的时间即基本完成改造工作，但这也是根据形势的有利变化和迫切需要进行调整的结果。第三，党在社会主义改造的具体步骤上，既不同于马克思、恩格斯的设想，也不同于苏联的实践，

---

① 孙应帅. 中国共产党 100 年来对科学社会主义理论的原创性贡献 [J]. 人民论坛·学术前沿，2021（6）.

而是自主地根据国家需要、企业改造条件、群众觉悟等因素，创造出由初级到高级的过渡形式，如在农业方面的互助组从初级社到高级社，在私营工商业方面从加工订货到公私合营和全行业公私合营等。以上内容，都是党立足中国实际，实事求是地探索向社会主义过渡的理论结晶，丰富了科学社会主义关于过渡时期的基本理论。

第二，党对私营工商业的改造首次实现了对私人资本主义工商业的和平赎买，这就将科学社会主义的理论构想真正付诸实践了。马克思、恩格斯曾设想可能对资本主义采取和平赎买的政策加以改造（如恩格斯在《法德农民问题》一文中曾提出，如有条件可以赎买剥夺者，若可行对我们来说最便宜不过了）。① 列宁在十月革命后提出过进行和平赎买的政策和方案轮廓，但在实践中没有充分实施。中国共产党则在实践中根据我国民族资产阶级的特征和国计民生的迫切需要，创造性地实践了对私人资本主义工商业的和平赎买政策。无论是在全行业公私合营之前还是之后，都支付给他们一定的利息，国家还给他们分配工作岗位，让他们在生产资料所有制的改造中实现自身的改造，从而拥护党的政策，成为自食其力的社会主义性质的劳动者。这一改造办法，一方面实现了在生产发展的基础上改造资本主义私有制的目标，生产资料所有制改造与国民经济发展之间实现了良性互动；另一方面通过正确的方法，如对民族资产阶级进行思想教育、采取分别对待等政策，巩固了党的群众基础和阶级基础，有助于社会主义思想的巩固和制度的全面确立。总之，党对私人资本主义工商业的和平赎买政策，在理论内容和实践方法两方面都丰富和发展了科学社会主义宝库。

第七节　初步形成了探索社会主义建设道路的理论成果

社会主义制度基本确立以后，党和国家的主要任务出现了重大转变，我们党的任务转到搞建设上。随着这一主要任务的变化以及国内、国外出现的种种新情况，"如何建设社会主义"这一全新课题就极为紧迫地摆在了全党面前。苏共二十大暴露出苏联社会主义建设中存在的不足和我们在学习苏联

---

① 马克思恩格斯选集：第 4 卷［M］. 北京：人民出版社，2012：503.

经验过程中感到的"心情不舒畅",促使党在实践中根据自身情况进行独立自主的探索。从1956年起,中国共产党在探索社会主义建设道路的征程上正式起航,到党的八大前后,取得了一系列认识成果,丰富和发展了科学社会主义基本理论,为国际共产主义运动贡献了中国经验。

一、中国共产党探索社会主义建设道路的初步理论成果

社会主义制度在我国基本建立后,在中国如何建设社会主义?社会主义的经济、政治、文化建设如何进行?成为摆在全党面前的一个崭新的历史性课题。这一时期,党和国家逐步认识到苏联经验与中国情况之间并不完全相符,于是毛泽东明确指出要独立自主地探索与我们国情相符合的具体建设之路。① 在这一过程中,以党的八大召开为标志,我们党在实践中对社会主义建设初步形成了一些有益的认识成果。

(一)《论十大关系》与中国社会主义建设根本指导思想的提出

中央决定召开八大后,为准备起草八大政治报告,刘少奇从1955年12月7日起,召集国务院各部门汇报工作,毛泽东对这种方式很认同,从1956年2月14日到4月24日,用了43天时间听取了34个部门的工作报告,提出了一些对社会主义建设有长远指导意义的思想。这些思想直接体现在《论十大关系》中,它作为一个转折点②,标志着我们党开始形成自己的建设思路。

第一,毛泽东在广泛听取各部门汇报和总结我国建设经验的基础上,提出了关于建设社会主义的根本指导思想和基本方针,即调动一切积极因素建设强大的社会主义国家。③ 1956年是一个十分重要的年份,国内国际形势都有重大变化,为适应中国正在进入的这一新历史阶段,建立起社会主义制度,将党和国家重心转向大规模的社会主义建设,毛泽东在《论十大关系》中重点谈论了经济问题,也涉及了关系国家政治生活的重大问题,如党与非党、革命和反革命等。综观这十大关系,确实可以看到中国共产党开始立足自身特点思考出一套自己建设的内容,在方法上与苏联有着很大不同,这既是反

---

① 吴冷西.十年论战:上[M].北京:中央文献出版社,1999:24.

② 毛泽东多次提出:"从《论十大关系》开始,我们开始提出自己的建设路线,建立一套我们自己的东西,而前八年多是照抄外国经验。"参见毛泽东文集:第7卷[M].北京:人民出版社,1999:369-370.

③ 毛泽东文集:第7卷[M].北京:人民出版社,1999:23-24.

思总结新中国成立以来发展经验得出的结论，也是对苏共二十大所暴露出的问题进行反思的结果。具体来说，如在处理工业布局问题上，不能片面地注重重工业，忽视农业和轻工业的发展，而要使这三者形成合理的比例关系。在国家、单位、个人关系上，我们不像苏联把农民压得很狠、拿走太多，而是要兼顾国家、集体和个人的利益。在中央和地方关系上，我们要发挥两个积极性，而不能像苏联那样，把什么都过分集中到中央，不给地方发挥主动性的机会，适合当地情况且为集体利益服务的特殊是允许的。在是非关系上，采取"惩前毖后，治病救人"的原则对待犯错误的同志，而不采取像苏联那样"赶走他们和枪毙他们"的办法等。以上这些方面的社会主义建设新方针是毛泽东在充分的经济调研的基础上根据我国实际情况提出并制定的，也是符合我国大规模社会主义建设要求的，这能够将我国一切积极因素集中起来指导社会主义建设，特别是他关于经济建设的科学思想。

第二，毛泽东在充分思考并吸取苏共二十大暴露出来问题的基础上，将"以苏为鉴""独立思考，把马列主义的基本原理同中国革命和建设的具体实际相结合""按照中国的情况办事"的基本思想贯穿于《论十大关系》中。毛泽东听取 34 个经济部门的汇报时，苏共二十大正在召开，苏共对斯大林错误的批判暴露了很大的缺点和错误，这使毛泽东高度关注。对此，在 1956 年 3 月 23 日召开的中共中央书记处扩大会议上，毛泽东明确指出："赫鲁晓夫这次揭了盖子，又捅了娄子。……有利于反对教条主义"[1]，使各国用自己的头脑思索自己的道路。在他的提议和主持下，1956 年 4 月 5 日发表了《人民日报》编辑部文章，公开表明了中共中央在这一问题上的态度。毛泽东在指导文章起草的过程中，提出的很多重要思想都被吸收到《论十大关系》中，特别是关于反对教条主义，"进行第二次结合"的思想对我国社会主义建设意义重大，甚至可以说这一思想一经提出就成为中国共产党探索社会主义建设具体道路的基本精神。这一重要思想的提出，很大程度上是基于对斯大林错误根源的分析，毛泽东认为犯错误的根本原因是主观与客观相脱离、理论与实践相割裂，即主观主义主导了认识过程，因此，我们搞社会主义建设要避免或少犯错误就必须从现实可能性出发，而不是从主观愿望出发，提出的

---

① 吴冷西. 忆毛泽东 [M]. 北京：新华出版社，1995：7.

各项政策措施要尽可能符合中国的实际。这些新方针和新精神为党的八大的召开做好了思想理论准备。

（二）党的八大制定了党的正确路线

八大是党在全国执政后的首次全国代表大会，它距党的七大已有 11 个年头。这次大会在党的历史上十分重要，它突出了经济建设这一主题并提出了一系列关于社会主义建设的正确路线方针和政策，并且将"马克思列宁主义的理论和中国革命建设实践密切地联系起来"的思想原则贯穿到大会的全过程。纵观党的八大召开前后毛泽东提出的新思想和党的八大通过的决议，其中提出的对社会主义建设极为重要的思想成果主要有以下几方面。

第一，党的八大在正确分析国内形势变化的基础上，明确提出了我国主要矛盾和今后的根本任务。我们党立足社会主义制度基本确立的现实情况，对当前国内形势作出的重大判断是我国已经基本完成了所有制由私有到公有的意义非同寻常且难度系数很高的战略任务，资社之战结果已现。在这一判断的基础上，党的八大报告继续分析了国内的主要矛盾及其实质，即高级的社会制度同欠账的社会生产之间的矛盾，这就突出了我国生产力落后的现实情况的制约性，因此决定了党在当前的主要任务是通过大力发展生产，同自然界开战，着力解决落后生产力带来的这个矛盾，变我国为先进工业国。① 这一分析构成了党制定正确政治路线的基础，明确了社会主义基本制度确立后应着重进行保护和发展生产力的现实任务，这一思想指导意义重大。虽然这一表述仍存在着不准确之处，即没有指出新建立的生产关系与生产力存在既相适应又相矛盾的一面；但是，总体上说，党的八大报告对社会主要矛盾的分析，将全党的工作重心指向了大力发展生产力是具有现实意义的。

第二，党的八大确定了经济建设的方针。毛泽东在听取 34 个经济部门汇报前，曾将反对保守主义作为党的八大的指导思想，在这之后就不再提反对保守主义了。在社会主义建设的速度问题上，1956 年年初，我国经济建设中确实出现了忽视平衡、指标过高的问题，产生了一些消极的影响，为了遏制这一势头，党和国家及时发现问题，适时制定了经济建设的正确方针，保证

---

① 胡绳. 中国共产党的七十年［M］. 北京：中共党史出版社，1991：299.

了经济建设的良性发展势头。周恩来在总结经济工作中出现的突出问题后，强调要根据需要和可能，合理地规划国民经济发展速度，着力纠正保守和冒险的错误倾向，这一思想既是对问题总结反思的结果，也是符合我国当时经济发展客观实际的正确方针。除此之外，党的八大还在充分发扬民主的基础上加入了一些新思想，如陈云在大会发言中提出的"三个主体、三个补充"思想受到大会重视并为大会采纳，这一思想在很大程度上突破了传统的社会主义模式，作出了探索经济体制改造的重要尝试。

第三，党的八大明确了在全国执政条件下加强党的建设的重要方针。邓小平在关于修改党章的报告中，着重提及两个问题，一是党内存在着的不正之风。这个问题也是毛泽东十分关注的问题，他在党的八大开幕词中就明确指出，我们党仍存在着思想上、工作上及组织上的不正之风。对此，党的八大报告指出党必须经常注意与这些非马克思主义的思想进行斗争，防止脱离群众及实际的情况出现，必须加强党的自身建设和领导工作，以完善的制度对其进行约束和保障，等等。二是反思苏联教训得出的反对个人崇拜，加强党的民主集中和集体领导原则，明确提出和重申了这是党的根本组织原则，根据党的历史经验增加了对于其在具体实行中的规定，并且强调各级党组织必须坚持集体领导，减少犯错误的机会。

综上所述，党的八大正确分析了社会主要矛盾和国内形势变化，提出了正确的政治路线和经济建设方针，对执政后党的建设基本问题也有了进一步思索，提出的关于社会主义建设的指导思想是具有创造性的，凝聚了全党的智慧和力量。

（三）创造性提出了社会主义社会矛盾学说

全面论述社会主义社会矛盾问题的第一人当属毛泽东。他立足对国内、国际局势的综合分析与长期思考，逐步形成了较为成熟的关于正确处理人民内部矛盾的思想。这一思想是党的独创性理论贡献，它完善了党在社会主义建设时期对社会矛盾问题的基本认识和对待两种不同性质矛盾的工作方法。具体来说，这一思想的创造性表现在以下几方面。

第一，毛泽东明确提出社会主义社会基本矛盾的内容和性质。通过对史料的阅读，笔者认为，毛泽东最早提出社会主义社会矛盾问题是在研究赫鲁晓夫秘密报告及党的对策时，即 1956 年 3 月 23 日召开的中共中央书记处扩大会议上，毛泽东明确指出社会主义社会仍然存在矛盾，斯大林的错误正是证明了这一点。这一思想观点表明，他开始破除对社会主义社会无矛盾的迷信并引导全党树立这样的观点。经过长期的理论思考和对一年多国际、国内经验教训的总结，他对矛盾问题的认识更加全面和深化，使得他具备了系统阐发这一学说的思想条件。他明确指出，认为没有矛盾是不符合实际的，社会主义社会基本矛盾的内容仍与阶级社会的基本矛盾一致，是生产关系和生产力、上层建筑和经济基础的矛盾，只不过矛盾的性质不同了，社会主义生产关系建立后更能容纳生产力的发展，从而更能改善人民生活。①

第二，毛泽东明确提出要正确分析两种不同性质的矛盾，重点是要正确处理好人民内部矛盾，这一问题是在新的历史条件下指导国内各领域工作的总方针。1956 年下半年，相继出现的波兰和匈牙利事件，引发了毛泽东的深入思考，他认为有必要再写一篇文章针对当时形势的变化补充 4 月间文章的观点，认真研究如何处理这些矛盾。这是毛泽东认识深化的表现，即开始思考建设路径问题了。这一思考体现在《再论无产阶级专政的历史经验》中。这篇文章更加深刻地论述了分清两种不同性质的矛盾问题，而不只是一般论述社会主义社会矛盾问题，深化了全党对社会主义社会矛盾问题的认识。文章首次明确了基于敌对阶级之间的敌我矛盾和基于意见等差异的人民内部矛盾，这二者的性质根本不同。这一思想进一步明确了二者的对抗性与非对抗性的性质之分，而解决二者的办法也是根本不同的。在阶级斗争基本结束后的转变时期，人民内部矛盾已成为主要矛盾，全党必须更加重视这一问题。

第三，毛泽东明确指出了以民主的方法来处理人民内部矛盾，采取"百花齐放，百家争鸣"的方针和"团结—批评—团结"的方式，不能用老方法对待新问题。要用民主的、讨论的、批评的、说服教育的方法解决非对抗性矛盾以实现团结和增加我们的力量之目的。之所以选择这样的方法，是因为社会主义国家制度的非剥削性和人民根本利益的一致性。在此后的全国宣传工作会议上，毛泽东又进一步讲到"百花齐放、百家争鸣"的问题。他认为，领导国家要敢于让人说话，压服的办法反而会扩大矛盾。这一放与收的

---

① 毛泽东文集：第 7 卷 [M]．北京：人民出版社，1999：204．

思想实际上拓展了"双百"方针的内涵，使其成为处理内部矛盾的指针。

总而言之，毛泽东创造性地提出社会主义矛盾学说在很大程度上破除了人们对社会主义的迷信，引导人们正确认识社会主义社会中出现的正反两方面情况，这一独创性思想为国际共产主义运动和经典理论宝库添加了新的色彩，也为今后改革提上日程提供了坚实的理论基础。

二、中国共产党对社会主义建设道路的初步探索丰富和发展了科学社会主义

起初，我们党对于什么是社会主义、如何建设这样的新社会的基本理论问题的认识很大程度上来自马克思、恩格斯的经典著作和苏联建设社会主义的经验，这一认识路径对认识社会主义这一新鲜事物来说，是必要的，也是无可厚非的。但实际上，中国共产党对社会主义的探索并非完全亦步亦趋，用毛泽东的话来说，就是我们过去并非完全照搬迷信别人，我们还是有一些自己的、独有的开创性思想的。特别是苏共二十大后，赫鲁晓夫揭开了"盖子"，打破了人们对于苏联社会主义经验的迷信，解放了思想，为我们党独立思考，努力找到中国建设社会主义的具体道路提供了很好的契机。正是在这一过程中，中国共产党密切联系自身实际和实践，丰富和拓展了科学社会主义基本理论。

第一，中国共产党在社会主义建设初期重申进行"第二次结合"，遵循了马克思、恩格斯对未来社会进行设想时所提出的"从最顽强的事实出发"研究未来社会和"随时随地都要以当时的历史条件为转移"的辩证唯物主义和历史唯物主义方法，并在吸取苏联经验教训的同时，将这一方法论具体化于现实的社会主义建设之中，发展了这一基本理论。在《论十大关系》中，毛泽东在广泛调研的基础上，及时总结出关系国家发展的十个问题，并从"团结一切积极因素，将我国建设成为强大的社会主义国家"的目的出发，以苏联为鉴，独立自主地提出了一套有我们自己内容的建设方针。在这一过程中，他明确指出，要有批判、有分析、有自己思想地学习外国的东西和优点。这是我们的方针，这一思想与马克思主义的基本方法是一脉相承的。之所以要与我们的实际相结合，毛泽东认为，这是由于必须将理论与实践有机统一的原则性方法运用于实际工作和理论思考之中，而斯大林之所以犯错误就是因为他的主观与客观实际不相符合了，不从现实可能性出发，而从主观

愿望出发，这样就在认识论上采用正确的思维方法，当客观形势已经发展了，阶级斗争已结束时，他的思想仍然停留在上个阶段，沉迷于以阶级斗争解决出现的问题，这就是导致错误频现的根源。从对斯大林错误的分析可以看出，他将辩证思维方法运用于对建设客观历史的把握和看待之中，将理论与实践统一的原则具体化了。正是基于此，他才能在苏共二十大后明确地提出进行"第二次结合"，并将此精神贯穿于社会主义建设方针中去，并体现于党的八大之中。在1957年3月召开的全国宣传工作会议上，他还明确讲到"发展马克思主义"的问题，他认为，我们不应该限制在经典作家的语言所及的范围进行思考和部署，而应在坚持他们基本方向和原则性内容的基础上有所发展，不能使其僵化或停止。这一思想本身就是社会主义发展史和国际共产主义运动史中的一大进步，提出了马克思主义政党发展马克思主义、科学社会主义的使命性问题。他不仅将"第二次结合"作为我国社会主义建设的基本指导精神，还在国际交流中多次提及这一重要精神。例如，在和拉丁美洲代表谈话时，他奉劝这些代表，不要硬搬中国的经验，只做参考。① 可见，毛泽东提出的"第二次结合"的思想既是对科学社会主义基本理论与基本精神及其方法的继承和坚持，也在新的历史条件下即在由大规模群众性阶级斗争向社会主义工业化建设转变时期，为这一基本理论和基本方法赋予了时代性的内容，具体化了理论与实践相统一的思想原则。

第二，中国共产党在探索社会主义建设经验的进程中，正确把握了生产力与生产关系、经济基础与上层建筑之间的辩证关系，并根据中国实际提出了正确的路线、方针和政策，其中的许多新方针、新思想都是立足中国实际对科学社会主义基本理论的创造性发展。党的八大的政治报告中明确指出，现在斗争的任务是保护生产力的发展。党的八大决议明确宣告了我国主要矛盾和当前主要任务，说明了先进的生产关系建立后，党和国家的当务之急是集中力量搞建设，真正解决我国工业化问题。也就是说，此时全党对于发展和保护生产力以促进社会主义制度的巩固这一观点是明确和一致的，这一正确认识对社会主义建设事业来说极为重要。此外，党的八大决议中指出的矛盾及其变化问题，在《关于正确处理人民内部矛盾的问题》中有了更准确的

---

① 毛泽东文集：第7卷［M］．北京：人民出版社，1999：133.

说明，这就是看到了社会主义生产关系与生产力的发展又适用又矛盾的两方面，这一思想标志着以毛泽东为主要代表的中国共产党人对社会主义的规律性认识有了更深入的理解，能够对社会主义制度的优越性与不完善性两方面进行全面系统分析，也能看到生产力与生产关系之间的动态平衡了①，这就极大地丰富了科学社会主义关于生产力与生产关系的基本理论（如提出先解决所有制问题再推动生产力发展②等新观点）。由这些正确认识出发，我们党在经济建设的方针政策上有很多具体的创新之处。例如，党将经济建设的方针确定为既反保守又反冒进，提出发展速度既积极又稳妥可靠；根据我国生产力水平较低的现实和发展生产力的客观需要，党提出建成基本完整的工业体系的目标，以重工业为重点并兼顾发展农轻重三者；再如，在农业发展上，由于短期内机械化难以铺开的客观实际，党提出农业增产要依靠合作社集体力量和政府支援；还有在经济体制问题上，党提出在国家计划许可范围内，允许计划外的按市场情况进行生产的情况存在等。由此可见，中国共产党在社会主义建设初期，主要是在党的八大召开前后，提出了许多适合中国国情的建设方针并在具体道路上走出了一条独立自主的、不照搬照抄的中国工业化建设道路，这一探索所形成的认识成果以良好的实践效果发展了科学社会主义的理论宝库。

第三，中国共产党在社会主义建设初期，总结国内外建设经验，创造性地提出了社会主义社会矛盾学说，澄清了社会主义无矛盾的错误认识，指出了我们社会存在的矛盾之属性、特征及处理方法，特别是涉及了内部矛盾的解决方式，增添了我们党的原创性内容。在科学社会主义历史上，马克思、恩格斯率先提出了辩证唯物论的矛盾论，指出了矛盾无处不在、无时不有，但他们还只是从一般意义上即哲学上指出矛盾的内涵和性质问题，对于社会主义社会矛盾问题没有较多展开，因为此时提到的社会主义更多是一种基于理论的设想；列宁最先指出社会主义社会虽然对抗消失了即没有剥削敌对和阶级了，但是矛盾依然存在，但他也没有来得及详述人民内部矛盾问题；到

① 毛泽东指出："生产力和生产关系之间，生产关系和上层建筑之间的矛盾和不平衡是绝对的。上层建筑适应生产关系，生产关系适应生产力，或者说它们之间达到平衡，总是相对的。平衡和不平衡这个矛盾的两个侧面，不平衡是绝对的，平衡是相对的。如果只有平衡，没有不平衡，生产力、生产关系、上层建筑就不能发展了，就固定了。"参见毛泽东文集：第8卷［M］. 北京：人民出版社，1999：131.

② 毛泽东文集：第7卷［M］. 北京：人民出版社，1999：132.

了斯大林时期，他一改经典作家们的正确认识，认为社会主义是完美无缺、没有矛盾的社会，是政治和道义上一致的社会①；他对社会矛盾的性质更是不加分析，混为一谈。毛泽东则不同，他推动了基本理论进一步发展创新，首次提出了两类不同性质的矛盾及其正确对待的态度和方法。他多次提出，在社会主义改造完成以后，中国社会进入一个转变时期（由阶级斗争向自然界做斗争，由革命到建设），这一大变动引起社会诸多矛盾的变化，人民内部的问题就显现出来了，思想问题也较多地暴露出来了，正确处理人民内部矛盾就成为国家政治生活的主题了；在人民内部矛盾特别突出的情况下，要采取正确的方法解决问题；由于我们党对于处理阶级斗争矛盾很有经验，处理人民内部矛盾这一新矛盾缺乏经验，往往采取压服的办法，这是不正确的处理方式，不能用老办法处理新问题了，要用说理的方法、讨论的方法、民主的方法，采取"百花齐放，百家争鸣"的方针。② 这些思想的阐释标志着毛泽东"对如何正确处理人民内部矛盾"的认识的深化，以创造性的内容丰富了科学社会主义基本理论。

———————————

① 周新城. 毛泽东对社会主义的探索 [J]. 世界社会主义研究，2020（1）.
② 逄先知，金冲及. 毛泽东传：四 [M]. 北京：中央文献出版社，2011：1611，1617.

第三章

中国特色社会主义理论体系对
科学社会主义的丰富和发展

　　党的十一届三中全会后，百年党史进入改革开放和社会主义现代化建设的新时期。"文化大革命"结束后，中国面临向何处去的艰难抉择，此时以邓小平同志为主要代表的第二代中央领导集体，解放思想、实事求是，在不断反思国内外社会主义建设正反两方面经验的基础上，团结带领中国人民进行现代化建设，毅然决然走自己的路。回顾百年，改革开放是我们党的一次伟大觉醒，使党和国家实现了影响深远的伟大转折，深刻改变了整个国家和人民的前途命运，创造出了举世瞩目的经济发展奇迹和社会长期稳定奇迹，也正是这一伟大革命为党的理论创新和创造提供了广阔的空间和深厚的土壤。

　　纵观中国共产党在改革开放和社会主义现代化建设征程中 40 余年的兴国历程，邓小平无疑是开启这一伟大转折的总设计师和总决策者。以邓小平同志为核心的党中央，在带领中国人民朝着富起来前进的过程中，最重要也是最根本的是弄清了"什么是社会主义，怎样建设社会主义"这一基础课题，深刻回答了长期困扰和束缚人们思想的许多重大问题，初步总结回答了关涉开辟我们自己的社会主义发展道路的基础性问题，创立了邓小平理论，为此后党的指导思想和重大理论创新夯实了基础。党的十三届四中全会后，江泽民同志在严重曲折和考验发生后，坚持改革开放不动摇，捍卫中国特色社会主义，成功将中国特色社会主义事业推向了 21 世纪。他在邓小平理论的基础上，立足世纪之交世情、国情、党情的新变化，继续丰富和发展了科学社会主义基本理论，与时俱进地提出了许多新的理论观点。党的十六大以来，胡锦涛同志在全面建设小康社会进程中，积极顺应国内外形势出现的新的阶段性特征，实现了党的理论的新跨越。这些指导思想构成了对中国特色社会主义的规律性认识，形成了实践导向和时代特征鲜明的中国特色社会主义理论体系。

具体来说，新时期这一理论体系对科学社会主义的丰富和发展体现在以下十方面：①提出了中国社会主义初级阶段理论，丰富和发展了社会主义发展阶段理论；②提出了全新的社会主义本质观，实现关于未来社会本质思想的深化和发展；③提出了对内改革和对外开放的理论，对改革所涉及的各领域的基本问题进行了创造性回答；④立足中国实际擘画了中国式现代化"三步走"发展战略，并将其作为我们推进工作之根本任务；⑤确立并完善了社会主义市场经济体制理论，以独创性的理论和实践丰富了科学社会主义关于未来社会经济运行机制的理论；⑥提出了社会主义初级阶段的基本经济制度理论，立足中国实际探索了生产资料公有制和具体实现形式问题和非公有制经济的发展问题，丰富和发展了科学社会主义关于生产资料所有制的理论；⑦提出了以"三个代表"重要思想为主要内容的执政党建设理论，回答了治党治国的根本性问题，拓展了党的先锋队性质和先进性要求，进一步实现了党建学说的新发展；⑧确立了以人为本全面协调可持续的发展思想，科学回应了新形势发展面临的突出问题；⑨形成了系统的社会主义和谐社会理论，进一步揭示了社会发展的全面性要求及其追求和谐状态的本质属性；⑩形成了社会主义核心价值观，丰富和发展了科学社会主义基本价值等。从总体上看，这一理论体系，既坚持了老祖宗，又善于讲新话，在理论上将科学社会主义基本理论与中国实际进行了很好地结合，制定了正确的纲领和路线，以新鲜的经验实现了理论发展的新飞跃。

第一节 提出我国正处在社会主义初级阶段的科学理论

新时期党的理论创新始于对我国所处阶段的科学判断，这是基于党对社会主义建设初期正反两方面经验的深刻反思。在这一过程中，我们党逐步认识到科学判断社会主义所处阶段和我国的基本国情对于社会主义现代化建设事业发展的重要意义，认识到这一理论在中国特色社会主义理论和实践的基础性地位，它是其他理论形成和实践展开的重要依据，是对社会主义阶段理论的重大拓展和理论飞跃。

一、社会主义初级阶段理论的提出与基本内涵

改革开放前，受苏联模式和"左"的情绪的影响，我们曾经想在短时间内快速"赶英超美"，采取了脱离实际、盲目追求高速度的做法，出现了"超阶段"的失误，给国民经济的持续健康发展造成了重大损失。"文革"结束后，邓小平同志深刻反思历史经验与教训，在刚复出时就对中国国情作出过概括性总结，即"底子薄"和"人口多"是在我国实现"四个现代化"不可回避的两个重要问题，是我国的最大国情。基于对这一客观情况的分析，他指出，一定不要离开现实条件和超越阶段，这是新中国成立30年的经验给我们的教训，否则贻害无穷，社会主义只能被葬送。[1] 这表明，邓小平已经在对新中国成立以来历史的反思中，开始注意到社会主义发展阶段和现实社会主义的发展程度问题的重要性，认识到中国的社会主义建设不能脱离国情和发展阶段。此后，党的十一届六中全会从我国已经建立的社会主义制度的不完善性出发，明确指出了我们的制度是社会主义但还处于初级的阶段，这就提出了在社会主义阶段搞建设以及谋发展的长期性、艰巨性问题，这表明我们党此时的认识已有了突破性进展，但尚未就其丰富内涵进行全面、系统的理论展开。社会主义初级阶段理论开始系统形成是在党的十三大前后。邓小平审阅并赞同党的十三大报告起草小组关于以"中国正处于社会主义初级阶段"的科学论断为立论基础的设想，并在接见外国领导人时宣布了，我们要对现在所处的不发达阶段进行理论阐释并将其与马克思主义经典作家的论述进行了关联和对接的这一重大任务，即他指出了社会主义本身是共产主义的初级阶段，而中国又处在社会主义的初级阶段。[2] 这样就清楚地说明了中国现实社会主义在科学社会主义经典理论中的位置，实际上揭示了其本质上尚属于不完全、不成熟的社会主义，还不是经典作家所设想的成熟的"共产主义第一阶段"，是"事实上不够格"的"准社会主义"。[3] 在这些科学思想的指导下，党的十三大报告全面阐述了社会主义初级阶段理论，对其重要性、基本含义、具体时限、基本特征及历史

① 邓小平文选：第2卷［M］．北京：人民出版社，1994：312.
② 邓小平文选：第3卷［M］．北京：人民出版社，1994：252.
③ 李崇富．论社会主义初级阶段的本质、过程和方向把握——学习习近平"7·26"重要讲话的体会［J］．马克思主义研究，2017（10）.

任务进行了详细、深刻的理论展开，标志着这一理论的正式形成。

社会主义初级阶段理论有着丰富的理论内涵，具体来看，其主要内容主要包括以下几方面：第一，社会主义初级阶段理论有重要的理论和实践意义。它既是首要的理论问题，明确社会主义所处阶段才能为实践的展开和其他理论的明晰打下基础，制定和执行正确政策方针路线都离不开这一根本依据的支撑。第二，社会主义初级阶段理论有两重含义。第一重含义：已经是社会主义了。这是对现时我国制度属性的根本揭示，强调我国现阶段已进入社会主义了，不承认这一点或单纯将我国情况与经典理论相对照而否认这一点的思想，都是根本错误的。第二重含义：现时我们的社会主义是初级、不发达、不够格的。这是就我国社会主义发展程度而言的，明确了当前条件下我国社会主义的不成熟性，不能不顾这一现实而提出任何超前、超阶段的政策措施。若不能将这两层含义结合起来理解我国现时所处的阶段，就会在理论上产生混乱，在实践上犯"左"或右的错误。第三，关于社会主义初级阶段的指向性问题。它特指我国在生产力落后、商品经济不发达的条件下必然要经历的特定的建设阶段，不是任何国家都必然要经历的阶段。这就是说，它是针对我国的特殊情况而提出的理论，对其他社会主义国家不具有普遍适用性，这一理论的特殊性主要基于生产力落后的客观情况，这就决定了社会主义初级理论的客观必然性，它是不以人的意志为转移的，因此，不能盲目地或主观地要求跨越这一阶段或提出超越这一阶段的任务。第四，关于社会主义初级阶段理论的时间跨度问题。这一理论的时间跨度至少涵盖 100 年，到社会主义现代化基本实现之际都须臾不能离开和超越这一理论。这就说明了虽然社会主义初级阶段对整个社会主义建设来讲是一个特定阶段，具有过程性和暂时性的特点，但就我国现实情况来讲，这一理论至少要管 100 年，到社会主义现代化基本实现时方能说社会主义初级阶段的历史任务完成了。这一时限上的规定，将初级阶段的过程性与必然性有机统一了起来，并实现了与建设中国特色社会主义长期性、艰巨性的对接。① 第五，这一理论指导了对根本任务、基本路线和发展方略等方针政策的制定，这样社会主义初级阶段理论就更加丰满、更

---

① 王中汝. 中国特色社会主义基础理论创新的几个重大问题 [J]. 中共福建省委党校学报，2018（12）.

加立体了，也由此可知，对这一理论的重要性和地位的强调是名副其实的。

此后，党的十五大为打开改革新局面，再次集中阐述了这一理论，增添了对初级阶段的基本纲领和基本特征的归纳，这些发展标志着党理论认识的日益深化和具体，它的提出将人们的认识提高到一个新的水平。随后，从党的十六大到党的十八大均有对这一理论重要性的强调，特别是中国特色社会主义进入新时代之后，我国经济社会发展新特征更加鲜明，立足这一现实背景和发生的历史性变化，以习近平同志为核心的党中央对社会主义初级阶段理论的认识更加深化，更加侧重从社会主义初级阶段的动态递进中推动中国特色社会主义事业向更高阶段迈进。

二、社会主义初级阶段理论创新了社会发展阶段理论

通过以上梳理可以看出，社会主义初级阶段理论是立足中国客观实际、根据党在改革开放和社会主义现代化建设中实践探索提出的，并在实践的发展中不断深化。在科学社会主义史上并没有"社会主义初级阶段"的概念，这一理论的形成和发展是中国共产党将社会主义置于现实和科学之上的一次伟大尝试，是对科学社会主义的原创性贡献。

马克思、恩格斯在深入研究资本主义内在矛盾的基础上，运用科学的抽象法设想了未来高于且优于资本主义社会的未来社会，他们对无产阶级夺取政权后的社会从总体上分为三个阶段，并大致概述了未来社会的基本特征和总体趋势。总的来说，这些基本特征是马克思、恩格斯从理论上对发达的、成熟的社会主义形态所作出的科学预测，是一切国家进入发达的社会主义社会所应具有的共性。而现实中的社会主义国家，并没有像马克思、恩格斯所设想的一样，而是最先从旧世界统治体系中的"比较薄弱的环节"产生，现实基础较为落后，特别是我国的社会主义脱胎于半殖民地半封建社会，生产力远远落后于马克思、恩格斯所在的社会，更是远远达不到他们所设想的共产主义第一阶段的生产力水平，虽然经过30多年的发展，国家整体实力已经有了巨大的发展，但就人均国内生产总值来说，我们仍居于世界后列，社会主义的一些具体制度和上层建筑的很多环节都还很不完善，仍然没有超出社

会主义初级阶段。正如邓小平同志所说的"不够格的社会主义"①，这里的"不够格"即达不到进入马克思、恩格斯所设想的成熟的、发达的共产主义第一阶段。面对这样的实际情况，我们搞社会主义现代化建设就无法在经典作家的理论中找到直接的理论对应，就必须从中国国情和特点出发，客观科学地明晰我们进行社会主义现代化建设的历史方位和发展阶段，并以此为根据制定一系列方针政策。学者赵家祥指出，像我们这样从落后的起点上进入社会主义，不能按照马克思所构想的三个发展阶段来思考和谋划，而应该是四个大的发展阶段，在过渡时期和发达的社会主义社会之间要加上一个社会主义初级阶段即不发达的社会主义社会阶段。② 这一观点很清晰地说明了我们党提出的社会主义初级阶段理论与科学社会理论之间在发展程度上的差异性，因此我们不能直接或急于与"共产主义第一阶段"挂钩。

马克思、恩格斯所设想的未来社会发展阶段无法与中国实际直接对应，那么同属经济文化落后的、世界上首个走上这条道路的国家之建设经验、模式能否帮我们解开这个课题？答案当然是否定的。虽然两国在很多地方有相似甚至相同点，但是由于历史文化环境的具体差异、建设条件些许不同，都会使得社会主义建设带有本土化特点，因而不能将苏联的经验、模式复制到我国，企图在别国实践中找到我国发展的方位和建设良方，无异于天方夜谭。并且，历史和实践已经证明了，苏联的社会主义实践本身不是没有弊端的，正是这些"超阶段的"的弊端在历史发展中没有得到根本性改善，才酿出了20世纪末的历史悲剧。更何况，苏联对于这一问题也没有进行过深刻的理论思考，列宁对社会主义的实践探索和思考主要集中在苏联如何实现向社会主义过渡的问题上，他对于发展阶段问题仅有提及但未有过细致系统的研究。③斯大林认为他们已经建成了完全意义上的社会主义了，更是不可能再将发展阶段问题纳入考虑范围之内了。所以，对于社会主义发展阶段问题的深入思考，只能由中国共产党立足中国现实条件和对历史经验的科学总结来进行。

总之，这一理论的形成和提出是科学社会主义发展史上的首次，它在总体上坚持经典作家对未来主义发展阶段的一般理论的基础上，吸收了列宁对

① 邓小平文选：第3卷［M］. 北京：人民出版社，1994：225.

② 赵家祥. 社会主义初级阶段理论的形成和发展（上）［J］. 党政干部学刊，2016（7）.

③ 钟瑛. 中国共产党对社会主义初级阶段理论的原创性探索与新时代创新发展［J］. 毛泽东邓小平理论研究，2021（6）.

经济文化落后国家向社会主义过渡特点的一般论述①，立足中国实际的发展情况和基本特点，创造性地对中国生产力水平低、商品经济不发达的国情和历史方位进行分析总结和定位，形成了具有独创性和开放性的社会主义初级阶段理论，且随着实践的发展和具体情况的变化不断更新着对理论的看法，这无疑为经典科学社会主义理论注入了新的活力并以更加详尽具体的内容焕发了其生命力，增强了理论的现实性、适用性。

第二节　创造性地提出社会主义本质观

社会主义本质理论是科学社会主义理论中又一重要的基本问题。中国共产党对本质问题的认识经历了一个深刻反思、长期思考、科学总结的历史过程。历史和实践证明，传统社会主义观指导下的社会主义建设不具有可持续性和发展前途，难以满足社会发展的需要，现实的经验教训促使全党深刻反思社会主义究竟为何？如何才能在实践中将其理论上的优越性发挥出来？这一问题提出来之后，邓小平带领全党开启了对社会主义本质的再认识，经过长期的深入思考和提炼，终于对这一根本问题提出了科学的、全新的观点和见解。

一、邓小平社会主义本质理论的提出与基本特点

邓小平在深刻总结社会主义建设的历史经验时明确指出，发展生产力在科学社会主义经典理论中是一条原则性的内容，这一内容也在我们过去20多年的发展中得到了验证，不发展生产力，仅追求纯而又纯的制度特征，根本不是社会主义，这样的做法只能带来普遍贫穷，而应当将能否提高和改善人民生活作为我们搞社会主义的一个基本要求和衡量标准。这表明，邓小平在深刻总结社会主义建设正反两方面经验的基础上对社会主义的认识有了巨大转变，突破了以往对于社会主义的僵化认识。他认为，党的十一届三中全会以来，我们对怎样建设社会主义的认识穷根究底就是要从根本上关注生产力

---

① 有学者对列宁关于经济文化落后的国家向社会主义过渡的特点进行了总结，指出四方面的主要特征：经济文化落后的国家比经济文化发达的国家向社会主义过渡更加困难；需要通过国家资本主义这个中间环节向社会主义过渡；在无产阶级夺取政权后应将发展生产力放在首位；不能直接过渡到完全和发达的社会主义社会。参见赵家祥.社会主义初级阶段理论的形成和发展（上）[J].党政干部学刊，2016（7）.

发展问题，使国家整体的实力和经济总量尽快上来，增加人民的实际收入。这一思想很好地契合了我国经济社会发展落后，人民群众迫切要求改变这一局面的现实情况和当时的社会主要矛盾。同时，邓小平也深刻认识到生产力的发展并不是衡量社会进步与否的唯一标准，发达生产力所创造出的物质财富能否得到合理分配，则直接取决于生产关系，取决于生产力的发展成果可以落到大多数的人身上，让人民在其中获益，社会主义社会能够通过其生产关系实现让人民获益的这一点是我们与西方制度的本质区别。基于此，邓小平将以公有制为主体和共同富裕这两条制度性优势提出来，作为我们始终在改革和国家发展的长期过程中坚持根本原则。① 这表明，邓小平根据唯物史观关于生产力与生产关系的辩证关系原理，将社会主义制度与制度性功能结合起来，更为深刻、全面地理解社会主义本质问题了。经过长期的深入思考和提炼，他在南方谈话时首次对"社会主义本质"进行了科学概括，形成了一个全新的社会主义本质观，这一社会主义本质观既坚持了经典作家对未来社会一般本质的重要论述，又回应了中国社会的现实需要，还深刻体现了中国共产党作为马克思主义执政党对人民群众的使命与担当，为我国今后的建设事业指明了正确的方向。

具体来说，邓小平的社会主义本质观具有以下特点，使其在理论上突破了以往传统的社会主义观，发展了科学社会主义理论。

第一，它是在总结历史和实践经验的基础上认识逐步深化的结果。进入改革开放新时期，邓小平抓住并围绕着"对社会主义的理解和建设路径"这一核心和根本性问题，在深刻总结国内外社会主义建设历史经验和现代化建设新鲜经验的基础上，理论认识逐步深入。他深刻地认识到"贫穷不是社会主义""平均主义不是社会主义""计划和市场不是本质区别"等。这就从根本上澄清了种种僵化认识，为改革开放和社会主义现代化建设提供了坚实的理论支撑。

第二，这一新的本质观重新确立了生产力对社会发展的决定性作用，将其纳入对本质的理解和界定之中了。这既抓住了社会主义建设的根本，又具有很强的现实针对性和紧迫性。邓小平指出，过去我们忽视了生产力的发展，

---

① 邓小平文选：第 3 卷［M］. 北京：人民出版社，1993：142.

但是只有在社会主义阶段注重生产力发展、国家实力增强及人民生活改善和提高，才能为我们进入下一个更高阶段保驾护航、夯实基础，现在我们实行的举措就要转向这一方面了，为生产力发展服务了。值得注意的是，对于解放生产力，邓小平改变了原本认为社会主义制度一经建立，"解放生产力"的任务即已完成，只需要"保护和发展生产力"即可的观点，他认为要把对生产力的"解放"和"发展"的两个方面都讲全①，这实际上论及了社会主义发展动力的问题。

第三，这一本质论理顺了生产力与生产关系之间的辩证关系。生产关系与生产力二者是动态的、辩证性关系，其中生产力是决定性的，生产关系要为其服务。因此，社会制度确定后的首要任务在于使生产力更为发达，使劳动生产率更快更高。但同时，这一方面绝不是衡量社会进步与否的唯一标准，发达生产力所创造出的物质财富能否得到合理分配，则直接取决于生产关系，取决于生产力是否归人民所有，社会主义这种新型生产关系就能使人民在社会发展过程中受益，这形成了它与资本主义的质的区别。对此，邓小平明确曾讲过，我们如果走资本主义道路，只能让百分之几的人获益，但绝大多数人仍在这一发展之外，他们的生活难以有什么提升，百分之几的富裕与绝大多数的贫困的悬殊不是我们追求的发展目标，而坚持社会主义道路和发展战略，就不会产生过大的差距。②

第四，邓小平社会主义本质论关注到了社会主义制度的功能性和基本价值。根据马克思、恩格斯对未来社会本质的思想，人是未来社会的出发点和落脚点，是科学社会主义理论中的核心理念和根本价值目标。对于处于初级阶段的社会主义国家，人的发展首先要落到物质利益的实现和劳动权益的保障上，保障全体人民能够有实现共同富裕的权利和机会。这是社会主义制度功能性和价值的体现，是社会主义的根本出发点、落脚点和根本目的，这与造成劳动异化和工人片面与畸形发展的资本主义社会根本不同。因此，邓小平提出能实现共同富裕是我们制度的最大优越性，是我们制度之本质。③ 邓小平对制度的功能性和基本价值的关注，具有极大的感召力，符合中国人民

---

① 邓小平文选：第 3 卷 [M]. 北京：人民出版社，1993：370.
② 邓小平文选：第 3 卷 [M]. 北京：人民出版社，1993：64.
③ 邓小平文选：第 3 卷 [M]. 北京：人民出版社，1993：208.

的现实需求，深刻体现了科学社会主义的价值关怀。

此后，中国共产党人始终以这一新的本质观为指导，紧紧联系中国社会实际和不断出现的新情况、新问题，在建设实践中逐步深化了对社会主义本质的规律性认识，实现了经典理论与我国实践和时代特征的有机结合，使科学社会主义重新焕发出了蓬勃生命力。例如，"三个代表"重要思想中对我们党先进性、代表性的具体规定，进一步深入解放和发展生产力的承担者的思考上；江泽民同志将"人的全面发展"作为我们建立的新社会的本质要求，具体化了共同富裕的内涵；胡锦涛同志将"社会和谐"和"公平正义"作为我们社会的本质属性，进一步拓展理论所涵盖的内容；习近平同志对"最本质特征"和"本质要求"的新论断，进一步从对一般本质的理解中走向对特殊本质的认识，使得本质理论更加立体、鲜活、具体，富于时代性了。

二、邓小平社会主义本质理论对科学社会主义基本理论的丰富

通过以上梳理可以看出，邓小平的社会主义本质理论是立足中国客观实际、反思历史经验、深入实践探索得出的对社会主义的科学认识，并随着实践的发展认识逐渐具体、深刻、全面。马克思、恩格斯的经典著作中没有直接使用"社会主义本质"的术语，由于他们生活的时代，社会主义尚且没有成为现实，社会主义社会的本质难以充分暴露，于是他们只能根据人类社会发展的一般规律，运用科学的理论逻辑，设想了高于资本主义旧社会的未来社会的一般原则，为未来走上社会主义的国家提供一个普遍性的指导和行动指南。自改革开放以来，邓小平深刻观察了国内外社会主义运动并总结了其中的特点和经验教训，积累了更多关于社会主义这一新鲜事物的感性材料，有了在此基础上进行理论创新的基础，经过长期的思考终于形成了全新的、以实践为导向的社会主义本质观。这是我们党对科学社会主义的原创性贡献，也是我国进行改革开放和建设有中国特色社会主义的强大的理论武器。

一方面，随着社会主义由理论变为现实，越来越要求将科学社会主义一般原则与各国实践经验、实践要求相结合，以实践检验、修正、丰富理论，越来越要求为理论增添具有本国特色、指导本国发展、揭示特殊本质的新内容，这一全新的本质观作为科学社会主义理论和世界社会主义运动中的核心内容，对此更是有着迫切的要求，也只有这样才能推动社会主义本质理论走

向深化，为其注入活力，将人们对社会主义的认识提升到一个新的高度，这一理论创新的历史使命由中国共产党光荣地担负了起来。以邓小平的社会主义本质观为基础，中国共产党坚持将马克思、恩格斯关于未来社会的一般设想与中国实际、时代要求、具体特征相结合，推动理论和实际、普遍性与特殊性的有机结合，在实践中创造性地、多角度地深化对社会主义本质的认识，突破了苏联制度论社会主义本质观的局限，以及摆脱了脱离生产力发展的客观要求，单纯追求马克思、恩格斯对未来成熟社会主义形态进行制度擘画的局限，在实践发展中积累了认识社会主义本质的新素材，把握住了创新社会主义本质理论的新要求新方向。

另一方面，社会主义本质理论在历史发展中要求实现由认识共同本质到特殊本质的飞跃，这符合人类认识一般规律，循此才能深化对事物的认识。对社会主义本质的认识也离不开这一规律。人们先对社会主义本质有一个一般性的认识，如它在价值层面是追求大多数能受益且能发展自己的，是社会能够以平等关系实现公平正义的，等等。这一般性的认识随着社会主义从理论转变为各国建设社会主义的活生生的实践，使得在实践中从事社会主义建设的人们从本国社会主义建设的实际出发，可以深入认识本国社会主义的本质特征，这样人们对社会主义本质的认识就更加深化、更加与实际相匹配了。随着社会主义建设全面展开和逐步发展，人们对社会主义本质的认识日益深化，越来越接近社会主义的本来面目。由认识社会主义本质到认识中国特色社会主义本质的探索，为深入理解社会发展的本质问题开辟了道路，提供了认识论理论创新的范例。

最后，在中国共产党的领导下，社会主义在中国取得了辉煌成就，这是新的历史条件下社会主义本质的重要体现，说明了中国共产党对社会主义本质的探索是科学的，说明了中国共产党将社会主义本质具体化的实践具有普遍价值，即它提出了开拓具有民族特色的社会主义道路，基于民族特性深化对社会主义本质认识的必要性、重要性和可能性，这是扬弃苏联经验和苏联模式后的新发展，使社会主义本质理论重新实现了普遍性与特殊性的有机统一，极大地丰富和拓展了科学社会主义的理论宝库。

第三节　在改革开放实践中不断加深
对社会主义改革开放理论的认识

　　改革开放是新时期我国最鲜明的特点。通过体制改革和对外开放的实践探索，社会主义基本制度更加完善、成熟，社会主义生产力得到前所未有的进步，社会主义焕发出新的活力和广泛的影响力。这是党的历史上十分伟大的历史性转折，从此我们开始大踏步赶上时代，发挥在国际舞台上更加积极有为的作用。这一重大战略抉择的作出和伟大转折的实现是一代代中国共产党人接续奋斗，在实践中不断深化认识、完善发展的结果。总之，中国共产党人在新时期对社会主义的重新认识，在实践中深化对社会主义改革开放理论的认识，都极大地丰富和发展了科学社会主义的理论宝库，作出了独创性的理论贡献。

一、我国社会主义改革开放的初步探索及鲜明特点

　　社会主义国家的改革浪潮，最早并不是从我国开始的。但是，早在 20 世纪 50 年代，以毛泽东同志为核心的党中央就初步认识到"经济管理体制"和"财政体制"存在问题，并指出，请大家注意研究社会主义整个经济体制问题①，说明此时体制方面的不完善性弊端已经有所暴露。但由于社会主义建设初期的种种历史局限，这方面的问题并没有得到应有的重视和解决，并逐渐积累起比较严重的弊端。针对我国经济体制中暴露出的突出问题，邓小平及时总结历史经验，抓住了我国生产力发展同当时僵化的经济体制的矛盾，及时将"体制问题"提上党的议事日程。总结这段历史，可以说，邓小平不是发起社会主义改革的第一人，但他是从"改革是中国第二次革命"的高度看待改革并成功指导中国社会主义改革开放启动的第一人，是当之无愧的总设计师，而标志这一重大历史转折的历史事件就是党的十一届三中全会。从党的十一届三中全会至今 40 多载，我国改革开放经历了多个不同的发展阶段，取得了举世瞩目的成就，历史和实践都证明了这一战略抉择的真理性。

---

　　① 毛泽东文集：第 7 卷 [M]．北京：人民出版社，1999：170.

基于这一重大战略决策是党的历史上意义最为深远的历史转折，其启动和初步探索都极为不易，意义非同一般。本小节将重点就邓小平时期我国改革开放的启动和初步探索进行具体论述并从中归纳出我国改革开放表现出的特点。

总的来说，邓小平时期我国改革开放的突出特点就是"摸着石头过河"，是一个没有经验可以借鉴的开创性实践探索过程，是伟大的社会实验。这一决策作出后，我们党就循着先易后难、由点到面、先农村后城市、先经济后政治、逐步深化的渐进式路径而推进。具体来看，可以将这一时期的改革开放分为三个发展阶段：第一阶段是从党的十一届三中全会后到十二届三中全会的 6 年，这是改革的初步探索和局部试验阶段。所谓初步探索是以农村改革为突破口，用农民自己创造的以"家庭联产承包责任制"为主的"双层经营"取代单头的集体经营，这使农民积极性空前高涨，解决了 8 亿农民的温饱问题，后来在农村生产力大幅度提高、大量富余农村劳动力的基础上，又发展出乡镇企业这一"异军突起"的形式；所谓局部试验，是指改革先是搞局部试点，有了成功经验后再进行整体推进，例如农村改革首先是在安徽、四川起步，有些不理睬、观望的地区，在看到改革政策的成效后也相继跟着走了；城市经济体制改革也没有步子太大，先从局部搞试点开始，先在四川搞扩权试点，后来又在北京、天津、上海选取大中型国企进行试点，在试点企业表现出良好的收益时，各地纷纷效仿并推动国企工业企业普遍实行这一扩权改革；对外也是如此，从创办 4 个经济特区取得成效后开放步伐加快，逐步形成了多层次、全方位的开放格局。

第二阶段是到党的十三届三中全会前，这是改革的全面探索阶段。经过前 6 年的初步探索，国民经济跃上了新台阶，小范围的改革试点收效良好，改革越来越凸显出加快发展和整体推进的趋势和要求。这一阶段的改革重点转向了城市，特别是对经济体制进行了全面谋划和重新定位，第一次在中央文件中肯定商品经济，在理论上突破了将二者对立起来的传统观念，进一步指明了改革的方向，促使改革大潮在各行各业中全面展开。例如，这一阶段的改革将增强企业活力作为整个经济体制改革的中心环节，进一步采取了扩大企业自主权的方针政策，不断探索完善企业经营机制的具体方式；在企业扩权、承包制、租赁制发展的基础上，还进行了公有制经济股份制的尝试；对生产资料的所有制问题，党的政策不断放宽，个体经济和私营企业均得到发展等。除了在改革的侧重点方面，这一阶段改革的广度和深度也有了很大的发展，同经济体制改革相配套的其他方面也都开启了改革的进程。例如，1985年，中共中央为适应经济体制改革快速发展的需要，开始进行科学技术体制改革和教育体制改革；1986年，中共中央作出加强社会主义精神文明建设的决定，这实际上是对文化体制的改革部署；1987年，中共中央作出政治体制改革的决定并对其进行了全面部署。总之，这一阶段的改革充分体现了我国改革开放全面性的特点。实际上，改革开放的全面性是由我国经济发展现实情况、社会结构关联性以及我国社会主义现代化发展的全面性要求所共同决定的，是符合我国经济社会发展内在规律的。只有全面的改革才能实现社会主义的全面进步和发展，只有对内改革与对外开放相互促进、双向互动、内外联动，我国经济社会发展才是良性的、健康的、可持续、高效的发展。

第三阶段是邓小平南方谈话前的整顿调整阶段。经过前十年的快速发展，我国在改革开放中也积累了不少问题，邓小平针对此时国内国际形势，明确提出中国改革到了该总结经验的时候了。自1990年起，全国经济又出现大幅度滑坡，市场疲软，三角债现象严重，改革进程近乎崩溃。① 这些复杂的情况，使得社会上出现了很多质疑改革开放的言论和思想，使人们对中国未来的前途命运感到迷茫，姓"资"姓"社"的问题不解决，改革开放很难取得新突破。邓小平对此进行了深刻的思考，他认为我们的路线方针没有错，必须坚定改革开放的决心和信心，这样中国才有希望，而且要敢试敢闯、放开手脚，政策要稳。② 总而言之，整顿调整阶段就是在邓小平上述思想的指导下进行的，改革开放中提出的政策，对的就继续坚持，错误的就进行纠正，不足的就加点劲。从这一阶段的改革中不难看出，我国改革开放具有创新性与原则性有机统一的鲜明特点。创新性表现在改革开放以来实行的突破性政策，对原有体制进行了革命性创新，即通过改革和建设的实践探索，建立了以社会主义市场经济为主要标志的新型体制，取代了过度集中的以计划经济为主要特点的旧体制。③ 在这一过程中需要回应和解决的核心问题是社会主

① 郭建宁. 改革开放与中国特色社会主义 [M]. 北京：北京大学出版社，2010：73.
② 邓小平文选：第3卷 [M]. 北京：人民出版社，1993：284、297、321.
③ 李崇富. 邓小平理论的马克思主义解读 [M]. 北京：中国社会科学出版社，2015：326.

义能不能搞市场经济。1988年下半年到1991年三年改革低潮期的出现，与这一体制创新带给人们的理论困惑有直接的联系。对此，邓小平在1989年和1991年都讲道：要继续坚持计划与市场相结合，但实际工作中可以搞得灵活一些，它们两者都是手段。[①] 这就从根本上澄清了计划与市场的关系问题及我们党对经济体制改革的根本态度，为人们思想解放、继续坚定改革开放注入了强心剂，也说明了中国改革开放并没有背离社会主义道路，而是根据发展了的形势不断深化对如何建设和发展社会主义提出符合实际情况和要求的新认识。因此，我们的改革开放如果固守成规，照老框框搞下去，没有一些试验、尝试甚至挫折，我们现代化的战略目标就将难以实现。创新性即改革的题中应有之义，也是我国发展的重要驱动力。原则性则主要针对的是我国改革开放的性质、方向而言，我们党在任何时候都将改革作为制度自我完善的重要内在途径和内部动力机制，其目的在于在坚持我们基本制度的条件下，通过革除具体体制机制弊端来完善和发展社会主义制度，以中国特色社会主义的成功彰显社会主义的优越性，焕发社会主义的升级和活力。因此，改革是社会主义性质的改革，是为社会主义服务的改革，是有原则和方向的，不能在西方"和平演变"的圈套下走上歧路和邪路。对此，邓小平多次强调，党的十三大制定的"一个中心、两个基本点"的基本路线不能改变，这是党和国家的生命线，是引领改革开放和现代化建设的社会主义方向的政治保证、政治旗帜、政治路标。正是这样，我国改革开放的创新性和原则性得以统一起来，既有动力机制又有定向机制，以此推动我们党和国家发展航船行稳致远。

为了不贻误中国发展的时机，邓小平南方谈话时系统阐发了自己对中国改革开放的深刻思考，解决了困扰人们头脑的理论问题，掀起了中国改革开放的第二轮热潮，形成了党的历史上第二次重要的思想解放，为新一轮改革做好了思想准备和方向指引，从而极大地加速了我国改革开放的历史进程，此后我国改革开放进入到以创立社会主义市场经济体制为核心的重点攻坚时期，进一步深化、具体化着邓小平关于改革开放的部署。实践发展永无止境，改革开放永远在路上，这是中国共产党人的共同信念和奋斗方向，改革开放

---

① 邓小平文选：第3卷［M］.北京：人民出版社，1993：367.

和社会主义现代化事业在邓小平理论的基础上不断接续奋斗，书写出了美好的时代篇章。

二、邓小平社会主义改革开放理论的理论贡献

邓小平在推进这一改革开放的历史性伟业的实践中，不断根据实际情况进行实践探索，并及时将经过实践检验的丰富经验提升为理论，取得了理论上的重大突破，从各个方面为今后改革开放的稳步推进奠定了扎实的理论基础，作出了重要部署，极大丰富和发展了科学社会主义的理论宝库。具体来说，邓小平社会主义改革开放理论的主要理论贡献集中在以下几方面。

（一）明确指出了社会主义改革开放的性质

对于改革开放的性质，邓小平有两大重要判断：一是从改革开放的出发点和落脚点（即方向性）的角度来看待改革的性质，即将改革性质定位为社会主义制度的自我完善和发展。二是从改革的作用和对象的角度来看待改革的性质，即"改革是中国的第二次革命"。这两个重大判断实际上是相辅相成的，本质上都揭示了中国改革开放的社会主义性质。我国的改革不是针对基本制度，而所谓"第二次革命"是就具体的存在缺陷的体制机制来讲的，"革"的是这些不完善的体制的"命"，以体制革命实现体制发展，从而焕发出我们基本制度生机与活力；同时，这种革命性变革，不是对旧体制的修补，而是从根本上革除旧体制的弊端，如表现在经济体制改革的目标取向上就是向市场经济体制的全面转轨。从改革的作用来看，"改革是中国第二次革命"主要指的是作为"制度革命"的继续、发展和深化的"体制革命"①，能够祛除旧体制长期积累的弊端，能够在继"革命解放生产力"后，在社会主义制度下不断解放生产力，这实际上也说明了社会主义改革开放是社会主义制度下解放和发展生产力的必由之路，社会主义解放生产力不是仅能通过变革社

---

① 在马克思主义话语体系中，"革命"的本来意义是指革命阶级推翻旧社会、旧制度和建立新社会、新制度的社会大变革，是社会形态上的新陈代谢。无产阶级革命就是从这一意义上讲的。无产阶级革命建立了无产阶级专政和社会主义制度后，无产阶级政党还有一个在社会主义制度下"不断革命"的历史任务，而要完成无产阶级专政"四个达到"的历史任务，内在地要求各国无产阶级政党在发展生产力的基础上，进行完善基本制度的社会主义体制改革，即在体制上不断进行"革命"。参见李崇富. 邓小平理论的马克思主义解读［M］. 北京：中国社会科学出版社，2015：307.

会制度的革命性运动来实现，社会主义制度建立后，仍然存在一个继续不断发展生产力的问题，社会主义解放生产力的任务是一贯的、逐步深化的，否则将会窒息社会主义制度的生机与活力，所谓的"第二次革命"就是针对社会主义体制改革在解放和发展生产力的作用方面来讲的。因此，可以说，邓小平对社会主义改革开放的性质的认识，深刻把握住了生产力与生产关系的辩证关系，找到了实现二者良性互动的动力机制，完整准确地讲清楚了改革性质问题，这对于改革基本理论的确立和我国现代化建设事业来说都有着极为重要的、基础性的意义。

（二）明确了社会主义改革开放的重要地位

邓小平是极为重视改革开放的，这归根结底是由于改革开放的重要地位即它对解放和发展生产力、实现现代化的根本动力方面，这就是我们党找到如何破解基本矛盾的根本路径与方法。

邓小平提出并找到改革开放这一重要途径解决基本矛盾是对毛泽东所阐述的矛盾理论深化和发展的结果。邓小平深刻总结新中国成立后曲折发展历程，问题根源在于体制上的严重弊端与生产力发展之间的不相容性，若不从根本上革除旧体制的弊端，社会主义制度的优越性难以发挥出来，社会主义和现代化事业就将被葬送，而社会主义优越性在于生产力发展要更快更高一些，人民生活更好一些。[1] 对此，邓小平明确指出，为了发展生产力，必须从根本上改变经济体制，使它充满生机和活力，这也是一种解放生产力的方式。[2] 可见，邓小平抓住了我国生产力发展的现实需要同僵化的体制之间的尖锐矛盾，找到了通过改革解放和发展生产力，以革除体制机制弊端、完善和发展社会主义基本制度的正确路径，找到了推动我国经济社会持续健康发展的根本动力，明确了社会主义改革开放的重要地位。

（三）明确了社会主义改革开放的目的和评价标准

党的十一届三中全会后以经济建设为中心的指导思想重新确立起来。对于"实现四个现代化"这一目标，邓小平早在 1978 年就指出，改革是为了改

---

① 邓小平文选：第 3 卷［M］．北京：人民出版社，1993：63.
② 邓小平文选：第 3 卷［M］．北京：人民出版社，1993：370.

变我国落后现状、大力发展生产力，这就要求必然对生产关系和上层建筑等多方面重新进行破与立。可见，邓小平此时已经将我们进行改革的目标与发展社会生产力、实现现代化大业联系起来了。随着改革开放的推进和形势发展的要求，邓小平日益认识到我们要实现的现代化是有别于西方主导的中国式的现代化。这就要求我们在为实现四个现代化奋斗的过程中，坚持四项基本原则，兼顾中国的基本国情，这也就决定了改革开放要将"坚持和发展社会主义"作为目标任务，在体制改革发展生产力的同时，完善社会主义基本制度。所以说，邓小平对改革开放目标的理解是全面的、深刻的，是兼顾生产力和生产关系、稳定与发展相统一的目标论。这就是他讲到的，我们的改革总的目的置于党的领导和社会主义制度之下。此后，邓小平在南方谈话中进一步发展了他的这一整体性的目的论，将判断改革成败得失的标准确定为"三个有利于"标准，将国家层面的生产力、综合国力和个体层面的生活水平两方面都纳入改革的目标范围，这一评价标准的提出进一步深化了人们对改革开放目的的认识，增强了人民对改革的认同度，是真正体现社会主义制度的优越性的重大战略举措，丰富和发展了社会主义改革理论。

（四）在对经济体制改革根本性问题的探索过程中逐步形成了具有独创性的社会主义市场经济理论

社会主义经济体制改革是改革中的根本问题，为了发展生产力必须对经济体制进行改革，这是因为过去30多年的社会主义建设出现的停滞、僵化，首先表现在旧的经济体制上，这一高度集中的计划体制形成了严重的思想和制度禁锢与束缚。在总结历史经验教训的基础上，经过长期的理论思考，邓小平找到了经济体制改革中的核心问题，这就是经济体制中的计划与市场的关系问题。为何这一问题是社会主义经济体制改革中的核心问题呢？一方面，体制上计划与市场的关系反映在理论上就是社会主义和市场经济的关系问题，这一理论问题如不澄清，在实践中改革开放就难以顺利推进；另一方面，受传统社会主义观的影响，体制上计划与市场的关系问题被长期"标签化"，大部分人将二者看作水火不相容的东西，将其以此来区分不同社会制度，甚至这一问题被学术界看作社会主义经济学中的"哥德巴赫猜想"。

邓小平很早就开始思考经济体制改革的这一根本问题。早在1978年12

月，他就提出"我国经济管理体制权力过度集中，应该有计划地大胆下放"①；1979 年 11 月又进一步将经济管理体制的问题聚焦到计划与市场关系上来，提出"结合市场经济""把这（市场经济）当作方法，不会影响整个社会主义"②的思想；经过党的十一届六中全会和党的十二大，这一认识发展为"实现计划经济为主、市场调节为辅"③的方针，市场开始被引入社会主义体制中来，这成为此时我国经济体制改革的一个重要方针；到党的十二届三中全会产生了一个新论断——"社会主义计划经济是公有制基础上有计划的商品经济"④，标志着我们党对二者关系的认识达到了新的理论水平，看到了二者结合更能发挥解放生产力的作用。到党的十三大，我们党对社会主义经济作出了新概括，明确提出了"社会主义商品经济"的概念，在这一精神的指引下，市场机制的作用在广度、深度、力度三方面都有了新发展；南方谈话后，将社会主义与市场经济对立起来的传统观念得到根本否定，这一理论问题的根本澄清掀开了我国经济体制改革的新篇章，推动了改革开放新高潮的到来。以此为基础，党的十四大正式确定了经济体制改革的目标模式，实现了理论上的重大突破和升华。

通过以上梳理不难看出，邓小平随着实践探索的深入逐步形成了许多关于这一问题的独创性。第一，邓小平在 1979 年就提出"认为市场经济只有资本主义有是错误的"的观点，之后又明确指出二者不是区分资与社的标志，这就从根本上突破了传统观念，说明了计划与市场不具有制度属性。那计划与市场的定位应该是什么呢？邓小平将二者定位于"经济手段和方法"。第二，对于计划和市场这两种手段如何使用，邓小平认为要将二者结合起来，并且根据实际情况灵活决定多一点计划还是多一点市场。第三，对于社会主义市场经济的性质，邓小平也多次进行了说明。他认为，虽然市场经济是发展经济的手段和方法，本身不具有制度属性，但是当市场经济与一定社会制度相结合时，就存在着"为谁服务"的问题，因此，我国建立和发展社会主义市场经济必须坚持社会主义方向、为社会主义服务。这些科学的、创造性的观点是深刻总结改革开放实践经验得出的正确结论，深化了我们党对社会主义改革的认识。

① 邓小平文选：第 2 卷 [M]．北京：人民出版社，1994：145．
② 邓小平文选：第 2 卷 [M]．北京：人民出版社，1994：236．
③ 中共中央文献研究室．改革开放三十年重要文献选编：上 [M]．北京：中央文献出版社，2008：271．
④ 中共中央文献研究室．改革开放三十年重要文献选编：上 [M]．北京：中央文献出版社，2008：350．

（五）明确提出了社会主义政治体制改革的思想

随着经济体制改革的深入，邓小平日益感到政治体制改革的势在必行，否则改革将过早触碰到天花板。对此他进行了深刻的思考，提出了关于政治体制改革的相关问题。第一，关于这一改革的重要性问题。他认为，它关系着经济体制改革的成果能否巩固的问题，还关系到社会主义现代化建设全局，因为中国改革的深度和广度由其决定。第二，关于这一改革的目的。邓小平总结为三条即落到改革对我们的基本制度、我们的生产力和民主的作用上。[①]从中可以看出，我国政治体制改革要在完善和发展社会主义基本制度的前提下，使各类社会主体的能动性最大限度地发挥出来，以良性的政治制度和社会主义民主促进社会的全面进步。第三，关于党和国家领导制度改革问题。邓小平在政治体制改革的总体设计中对这方面的问题极为重视。为此，他在1980年8月18日中共中央政治局扩大会议上专门提出并讨论了这一问题。他指出，改革党和国家领导制度的目的也是使制度优势充分彰显，而对历史经验的总结可以看出，当前党和国家具体领导制度中有着不少弊端，严重阻碍着社会主义制度优越性的发挥。在具体分析这些消极现象出现的根源后，邓小平总结并强调道，这方面的制度在全局中甚至具有根本性，甚至关系到国家性质和社会制度。因此，他将政治体制改革纳入制度化轨道，以防止制度性弊端反复出现。第四，关于政治体制改革的原则和方法问题。邓小平对政治体制改革的原则问题进行了思考，提出了一些方向性指导。其一，由于政治体制改革涉及面广泛而又深刻，必须在党的领导下审慎进行、有秩序推进，民主与法治的两手都不能削弱。其二，政治体制改革必须坚持党的领导，这是不能动摇的，但也要注意完善党的领导，党政需要分开。其三，从我国实际出发，不能照搬西方的，不能搞自由化，这是政治体制改革的底线。我们也讲民主，但这种民主不是西方意义上的，我们坚决不搞"三权分立、虚假民主"那一套，那是因为不利于国家稳定，也不利于提高效率。其四，政治体制改革的内容主要有三：不是党政分开、不是权力下放、精简机构。综上所述，邓小平对我国政治体制改革的谋划和部署，实际上是希望能够在我国

---

① 邓小平文选：第 3 卷 [M]．北京：人民出版社，1993：176－180.

形成一个既安定团结又生机勃勃、生动活泼的政治局面，以此加速实现"四个现代化"目标。

（六）提出了社会主义精神文明建设的理论

生机勃勃的社会主义是一个全面进步、协调发展的"有机体"，内在要求以高度的精神文明为保障、支持和指引。随着改革开放和社会主义市场经济的发展，经济建设出现了高速发展、欣欣向荣的局面，但与此同时，社会主义精神文明的滞后性开始凸显，重经济效益、轻社会效益，重物质、轻精神的现象随处可见。邓小平敏锐地察觉到了"两个文明建设"之间的明显反差，认为必须重视"一手硬、一手软"的现象，加强对人民的思想教育工作，培育良好的道德风尚；同时，随着国门的打开，一些"苍蝇蚊虫"势必会飞进来。邓小平认为，在吸收借鉴资本主义文明成果的同时，必须警惕、抵制和反对西方腐朽没落思想的侵蚀，警惕西方和平演变的图谋，坚持用马克思主义及其中国化的理论成果武装全党、教育人民，树立起马克思主义世界观、人生观、价值观。此后他进一步指出了建设"两个文明"、坚持"两手抓"的方针。根据邓小平的思想，党的十二大将高度的精神文明作为现代化建设的战略方针，党的十二届六中全会又进一步做了理论阐释和科学部署，以上都体现了邓小平对社会主义精神文明和文化体制改革的性质、发展方向、基本途径等基本问题的重视和态度。

（七）提出社会主义对外开放理论并对我国外交政策进行部署

邓小平认为，我们要加快现代化建设亟待正确对外政策的指导。过去我们不具备利用国际合作和世界先进成果的条件，现在条件具备，要好好利用起来，如利用好他们的高新技术、科学管理经验和资金等来加速现代化建设进程。因此，他提出必须实行"两个开放"，实现"两个搞活"。在充分听取出国考察团汇报和目睹中国与世界发达资本主义国家之间的巨大差距后，邓小平明确提出要从那种闭关自守或半封闭的状态下转变出来，积极地发展对外经济关系，进行平等互利的合作。1980 年 11 月，邓小平在中央工作会议的重要讲话中正式使用了"对外开放"概念①，此后，全党日益从战略高度认识对外开放的重要地位，并将其作为关系现代化建设的重要途径和抓手之一。党的十二届三中全会正式将其确定为基本国策以长期坚持贯彻。

概括地说，邓小平对外开放理论和制定的外交政策的要点有以下内容：第一，在和平发展成为时代主题的条件下，我国现代化建设要大胆吸收借鉴人类社会创造的一切文明成果。邓小平认为，我国"人口多、底子薄"的特点，决定了我们进行现代化建设的资金不充裕，长期处于封闭半封闭的状态，使我们在技术、管理、科技水平等方面远远落后，为了有效解决这些问题，就必须充分利用国内外两种资源、两个市场，特别是那些具有普遍性、规律性的经营管理方式应当积极地为我所用。冷战结束后，和平和发展日益成为各国的共同追求，这就要求社会主义国家必须正确处理与资本主义国家的关系，从既长期合作共存又存在本质区别和较量的现实出发，在开放、合作和竞争、较量中取得对资本主义的比较优势。第二，采取多样化的形式，加快与外部世界的交流合作。邓小平为倡导和实行对外开放政策，制定和采取了一系列方针政策，如提出利用外资发展经济的大政策；再如，他提出了创办经济特区的伟大创举，使特区成为对外开放的"窗口"和"试验场"，并在对外开放、体制改革和产业升级等方面起了辐射带动的作用，为此后陆续开放沿海、沿江、沿边和内陆城市，加快开放步伐奠定了重要基础；此外，他还反复强调要"大力发展对外贸易"，抓住时机，"搞外向型经济"。这些方针政策对于我国改革开放的加速发展起到了重要作用。第三，对外开放要坚持正确的原则。吸收利用资本主义的有益东西仅是将其视为一种发展生产力的补充手段，改革开放要以我为主，坚持社会主义方向，旗帜鲜明地坚持四项基本原则，这是根本，否则将无法顶住资产阶级自由化的逆流和西方势力的和平演变，西化、分化我们的图谋。第四，实行独立自主的和平外交政策。将对外开放和独立自主、自力更生辩证统一起来，使二者在维护我国的核心利益这一点上发挥作用，自力更生历来是我们的根本立足点，从发达国家取得资金和技术不是易事，他们往往还想拿传统殖民主义那套卡我们的脖子，因此，还是要以自力更生为主。

---

① 李崇富．邓小平理论的马克思主义解读［M］．北京：中国社会科学出版社，2015：347．

三、邓小平社会主义改革开放理论对科学社会主义基本理论的贡献

通过以上理论总结，不难看出，邓小平社会主义改革开放理论以其丰富的内容在多方面丰富和发展了科学社会主义的基本理论，为马克思主义的理论宝库增加了许多全新的内容。从大的方面来看，这一理论对科学社会主义经典理论的理论推进体现在以下两方面。

（一）这一理论是对科学社会主义基本理论的具体化和时代化

一方面，马克思、恩格斯从辩证唯物论出发，指出了一切社会发展的动力问题，即基于生产力不断提升与生产关系相对稳定之间难以完全亦步亦趋所致的矛盾。但此时未来社会还没有得以实现的条件，所以对于这一社会的发展动力问题，他们没有进行较多的理论阐释。另一方面，马克思、恩格斯根据唯物史观，看到了阶级社会中两种典型的社会发展形式，一种是以激烈的社会革命形式实现社会性质的根本质变，一种是在原有社会制度基础上进行的常态化、渐进式的制度调整和改革以完善和发展原有制度。虽然在他们所处的时代，社会主义社会还存在于理论中，但是他们将体制性改革看作一切新社会形态发展进步的一种常态，所以恩格斯才讲，社会主义社会应当经常变化和改革。由此可见，科学社会主义基本理论只从一般意义上、从人类社会发展的总体趋势上，提出了改革这一发展形式，对于改革的具体理论和实现形式论述较少，对于社会主义社会的改革问题更是鲜有提及了。邓小平社会主义改革理论对科学社会主义理论的贡献在于：它进一步从理论上阐明了社会主义体制改革的性质和地位，真正找到了推动我们社会不断发展进步的动力机制且这一动力机制是根植于制度内部的，是将提供长久的、源源不断的内驱力，这是解决基本矛盾的根本之法。此外，他的这一体制改革理论不仅停留在理论层面，还在实践中从关乎社会实践的具体体制机制方面进行了全面探索和实行。因此，可以说，邓小平社会主义体制改革理论从理论和实践的结合上，立足中国实际和社会主义初级阶段不发达、不成熟的特点，深化、具体化了科学社会主义基本理论。

邓小平社会主义体制改革理论是对科学社会主义基本理论的一种时代化升华。邓小平提出社会主义改革理论是在世界社会主义运动进入低潮，和平

发展成为时代潮流，我国社会主义建设暴露出严重问题的历史条件下所作出的伟大战略抉择，此时之所以将改革作为中国第二次革命和关系中国命运的关键一招，是因为改革解决了社会主义发展史上一大历史性前沿课题——社会主义制度下如何进一步解放和发展生产力。邓小平站在时代前列，正确总结了我们自己的历史经验和借鉴其他社会主义国家改革的成败经验，在坚持社会主义基本制度的前提下，对僵化的体制进行革命性变革，重新焕发出了我国社会主义制度的生机与活力，重新彰显了社会主义制度的优越性和强大生命力。从马克思、恩格斯到列宁、斯大林，再到毛泽东，他们所面临的历史课题主要是如何对资本主义旧制度进行革命，创建社会主义新制度和新社会；而邓小平在社会主义现代化建设的新时期所要解决的历史性课题是在社会主义制度已经建立起来、体制性弊端长期积累的情况下，如何变革僵化的体制，以适应社会主义生产力发展的客观需要，改善人民生活。邓小平科学地回答了这一历史课题，以社会主义体制上的"革命"焕发出了社会主义制度上的巨大优势。因此，邓小平社会主义体制改革理论是立足新时代的科学社会主义中国化、时代化的理论表现，是中国共产党对科学社会主义作出的重要贡献。

（二）邓小平的对外开放论是对科学社会主义的伟大创新

从 15 至 16 世纪开始，随着资本主义的发展，人类社会逐渐从分散性、地域性向全球化的方向发展和转变。马克思、恩格斯在全面考察资本主义的过程中，对世界市场形成的必然性、国际分工的形成过程做过系统的论述，形成了科学社会主义关于"世界历史"的基本理论。他们在揭露资本主义对外扩张罪恶史的同时，也揭示了世界各国经济上相互依赖、相互连结的必然性，为现代国家实行对外开放提供了坚实的理论基础。但是，马克思、恩格斯没有建设社会主义国家的实践经验，因而他们的理论没有也不可能提出社会主义国家如何进行对外开放的具体政策和方案。列宁既继承了马克思、恩格斯关于国际交往的理念，又在实行"新经济政策"的过程中，探索了租让制、吸收外国贷款、接受西方援助、发展对外贸易等富有创造性的开放政策，为社会主义国家解决如何同外部世界相联系提供了一定的经验，但由于"新经济政策"实施时间过短，很多好的政策实施程度有限。毛泽东在推进事业发展过程中，也坚持了科学社会主义关于世界历史的基本理论，既看到了中国同外部世界联系的必然性，也在实践中积极主张同世界各国人民实行友好合作、积极学习西方国家先进的科学技术和管理方法。但是由于当时国际条件对我国的限制，这些思想难以单方面实行。邓小平对外开放论的主要贡献在于，它结合和平与发展这一新的时代条件，客观总结在对外关系方面的国内外经验教训，创造性地从理论和实践的结合中，回答了经济文化落后的社会主义国家为何和如何实行对外开放的问题，并从国家战略方针和基本国策的高度看待对外开放问题。

　　首先，无论是世界近代以来的历史，还是马克思、恩格斯世界历史理论中对资本主义对外扩张的客观分析，不难看出，对外开放是与帝国主义殖民扩张联系在一起的，中国等一些社会主义国家更是曾饱受西方殖民主义的压迫，这些综合因素，使得对外开放政策的提出容易引起受传统"社会主义"观念①主导，让人民的思想抵触。邓小平对外开放理论突破了这些传统观念的局限，明确指出我国社会主义制度下的对外开放是主动、平等、互利的开放，深刻认识到当今世界是一个开放的世界，加入国际交流与合作，对我国加快发展有利，并且事实也证明了中国的发展、中国的现代化建设离不开世界。对外开放是当今时代的必然要求，是不可阻挡的历史趋势，是符合我国发展的客观规律，为对外开放提供了思想理论基础。其次，邓小平立足新的时代条件，对对外开放与社会主义制度的关系和社会主义国家如何进行对外开放的基本原则进行了论证，深刻指出了对外开放事关坚持和发展社会主义制度的战略地位和我们与资本主义国家既合作共存又竞争较量的基本原则。因为在和平发展的时代条件下，世界革命的理想难以简单实现，社会主义面临着在各个方面与资本主义的比较、竞争和较量，要想在落后的情况下取得比较优势、体现社会主义制度的优越性，就必须吸收借鉴发达资本主义国家创造的一切科学的东西，而不是一切另起炉灶、从头开始，要以合作、赶超的态度增强开放的坚定性、自觉性。同时，也必须看到两种制度之间的本质区别，要有对西方腐朽思想的警惕与抵制，要坚决反对西方对我国的分化、

---

　　① "文革"期间，盲目排外、闭关自守的"左"倾思想和舆论占上风，"四人帮"致力于将我国同西方国家正常的经贸活动污蔑为"崇洋媚外""投降卖国"和"洋奴哲学"。参见李崇富. 邓小平理论的马克思主义解读［M］. 北京：中国社会科学出版社，2015：354.

西化，坚决捍卫社会主义制度，捍卫和发展社会主义事业。总之，邓小平的对外开放思想是对新的时代特征的科学回应，是体现了对经典理论的深刻思考并运用与提升。

第四节　提出社会主义现代化发展战略

实现社会主义现代化、赶超世界发达国家以彰显社会主义制度的优越性是中国共产党不懈奋斗的重要目标。尤其是进入新时期，面对新一轮技术革命浪潮的兴起，以邓小平同志为核心的第二代领导集体审时度势，深刻认识到必须抓住并利用好这一历史机遇，在和平发展的国际环境和形势中，加快自身发展，逐步实现社会主义现代化目标。对此，邓小平在正确认识当今时代主题、当前我国基本国情的同时，明确提出了现代化的战略安排，为我国社会主义初级阶段条件下的建设事业制定了初步的时间表。邓小平制定的社会主义现代化发展战略，是立足中国国情、有别于西方现代化路径的全新战略安排。它拓展了发展中国家走向现代化的途径，以新的理论和实践极大丰富和发展了科学社会主义的基本理论。

一、改革开放以来中国共产党对社会主义现代化的战略安排

实现国家现代化是我们党团结带领全国人民不懈奋斗的重要战略目标。新中国成立后，我们党根据我国发展的需要和实际情况，逐步确定了实现"四个现代化"的发展目标，党的十一届三中全会后，我国现代化建设事业就此迈出了新的征程，逐步走出了一条中国式的现代化道路，为社会主义现代化赋予了新的内涵，即与中国现实特点相适应的现代化，其政策措施都是契合于我国实际的，这是走中国特色社会主义道路的题中应有之义。此后，邓小平在多次谈话中更加明确地阐释了"中国式现代化"的内涵。他认为，要根据我国底子薄、人口多的现实情况，将原来的目标和标准放低，若能达到人均 1000 美元，我们的日子就比较好过了。在这一思想的指导下，党的十二大明确宣布了我国在 20 世纪"翻两番"的奋斗目标。随着我国改革开放的推进和现代化建设的展开，邓小平对社会主义的认识日益深入，他在 1980 年 4 月会见阿尔及利亚代表时，提出了两条重要的指导方针，一是不要离开现

实和超越阶段采取一些"左"的办法，二是必须有利于发展生产力。可见，这一思想要求将我国现代化发展战略与我国社会主义所处阶段相联系，既要符合中国特色社会主义发展阶段，实事求是地搞，又要将发展生产力、增加人民收入作为搞社会主义的基本原则，这实际上为"中国式现代化"目标赋予了更为深刻的内涵。邓小平根据对我国社会主义所处阶段的思考，认为我国现在搞的社会主义事实上是不够格的，要经过一个时间跨度很长的初级阶段，因此他对我国社会主义现代化建设目标的部署不仅包含了 20 世纪末经济发展目标的规划，还包括对长远战略目标即建成一个够格的、真正的社会主义国家的思考。他在 1987 年会见捷克斯洛伐克总理时较为明确地表达了我们的发展战略，说明此时邓小平的这一思想已经较为成熟，并在党的十三大报告中将其系统阐发为"三步走"战略。这标志着邓小平关于社会主义现代化发展战略的正式形成，成为指导我们初级阶段实际的具有长远意义的重要指导方针。

在邓小平"三步走"战略的指导下，我国现代化建设发展很快，到 20 世纪末，我国即已提前完成第一步和第二步发展目标，为了在新的历史起点上进一步推进现代化事业，党的十五大对其中的第三步再次细化，表述为"新三步走"战略。① 到党的十六大，我们党根据发展实际和十五大提出的新发展目标，明确提出了新阶段的承上启下的奋斗目标即全面建设小康社会，党的十八大则进一步明确了全面建成这一社会的时间点。党的十九大根据我国经济社会发展的新情况，作出面向未来 30 年的战略安排和更为具体的部署，形成了新时代的两步走战略。② 这一新战略为现代化发展战略进行了提速升级，时间上加快了 15 年，质量上则对更多方面、更多领域都提出了更明确、更高的要求，这标志着我们党对社会主义现代化建设规律的认识有了很大的进步，也表明我们党对领导社会主义现代化建设事业的信心更加充分，这些战略安排无疑在广度和深度上都极大丰富和拓展了社会主义现代化发展战略的内容。

---

① 党的十五大提出，21 世纪头一个十年实现国内生产总值翻一番，第二个十年即建党一百年经济更加发展、制度更加健全，到 21 世纪中叶即新中国成立一百年基本实现现代化。

② 十九大以来重要文献选编：上［M］. 北京：中央文献出版社，2019：20.

二、社会主义现代化发展战略的特点及其对科学社会主义基本理论的发展

通过以上对改革开放以来社会主义现代化发展战略的梳理，不难看出，我国的社会主义现代化发展战略有着鲜明的特色。正是这些特点决定了我国的社会主义现代化开拓了一条有别于西方现代化的新路径，并以生动的经验丰富和发展了科学社会主义的基本理论。

（一）我国的社会主义现代化是有原则的现代化

所谓有原则，是指我国的现代化是有方向、有领导、旗帜鲜明的，是在坚持四项基本原则的前提之下的社会主义现代化。党的十三大明确指出了"一个中心，两个基本点"的基本路线，这是我们党在社会主义初级阶段整个长期的历史过程中都要始终坚持的重要内容，当然进行社会主义现代化建设，实现社会主义经济社会发展也要始终不渝地遵循这一基本路线，否则我国的现代化事业将会偏离正确的轨道。毫无疑问，改革和建设是互相适应、相互促进的，经济发展战略的实现从根本上说离不开以经济建设为中心的政治路线和经济体制改革的推动，但现阶段的建设事业必须坚持四个基本原则，明确我们要建设的现代化是社会主义的现代化，将其作为我们社会主义现代化建设的根本原则和方向指引。这也是我们的现代化发展战略和道路与西方在道路、模式上的根本区别之所在。无论是在改革开放的进程中，还是在推进社会主义现代化建设事业中，邓小平都十分重视我们事业的性质与方向问题。他多次指出，我们必须坚持四项基本原则，坚持改革和建设的社会主义方向，克服"左"和右的干扰，绝不能搞自由化，绝不能走西方资本主义道路，这样才能实现有质量的、真正的发展。而为了实现社会主义现代化，我们党立足实际和不断变化的条件，始终坚持科学社会主义基本原则和我国国情相结合，逐步朝目标奋进，这些都体现了我国现代化建设的方向性和原则性。

我国社会主义现代化建设的原则性和方向性特点，是中国现代化发展道路与西方现代化模式的根本区别，也是中国共产党立足实际不断丰富和发展科学社会主义基本理论的生动写照。从广义上讲，西方的现代化道路是在第一次工业革命后开启的，这一资本主义现代化在极大解放生产力的同时，其

无序性和盲目性及其内在不可调和的矛盾也在几百年的发展过程中时常以周期性的方式表现出来，特别是随着市场化、工业化和科技革命的快速发展，这种无序、无领导的现代化进程造成了经济社会发展的重大挫折和人的畸形发展，抑制了现代性对人类文明的积极作用。对于西方现代化发展的这一内在矛盾，马克思也进行了关注和思考，他与西方现代主义思潮彻底否定的态度不同，他认为资本主义内在矛盾造成的发展悖论，只有对其进行制度性的全面超越并诉诸共产主义实践，使现代性成为人类自觉控制并有利于人类发展的力量。[①] 中国共产党领导的社会主义现代化建设正是对原有资本主义现代化模式的超越，它在吸收利用发达国家现代化发展成果的同时，始终明确现代化的最终目的是使广大人民群众在现代化发展中受益，始终明确现代化的社会主义方向，始终坚持党对现代化建设事业的领导，拒绝经济社会无序发展的副作用。正是在中国共产党坚强领导下，按照社会主义方向，朝着既定战略安排，稳扎稳打的社会主义现代化建设才使中国在短短40多年的时间中创造出世所罕见的发展奇迹，才得以向世界庄严宣告中国特色社会主义现代化道路的科学性和创造性，才使科学社会主义重新焕发出勃勃生机。

（二）我们的现代化是有中国特色的现代化

所谓有中国特色，一方面要求立足我国实际和基本国情特征，另一方面要求立足初级阶段。中国"底子薄，人口多，耕地少"，这就要求将发展生产力并在此基础上不断改善人民物质文化生活作为根本任务。初级阶段这个最大实际决定了我们搞建设、谋发展的曲折性、长期性、艰巨性，这要求我们用一个很长的历史时期去"补课"，在实践中找到实现社会主义现代化的新路子。对此，党的十三大报告对我们党领导社会主义现代化建设的所要完成的任务和特征进行了概括性的说明。[②] 可见，无论是在思想理论上，还是在政策举措上，党对现代化的理解和部署都是立足本国实际的，是特色鲜明的。

我国现代化理论的这一特点极大丰富和发展科学社会主义的基本理论。

①　丰子义. 马克思现代性思想的当代启示 [N]. 光明日报，2010 – 02 – 02.

②　党的十三大报告指出："我国社会主义初级阶段，是逐步摆脱贫困、摆脱落后的阶段；是由农业人口占多数的手工劳动为基础的农业国，逐步变为非农业人口占多数的现代化的工业国的阶段，是由自然经济半自然经济占很大比重，变为商品经济高度发达的阶段。"参见十一届三中全会以来党和国家重要文献选编：1978. 12—2007. 10 [M]. 北京：中央党校出版社，2008：193.

由于科学社会主义创始人所处的时代，还没有较为集中地遇到现代化发展中的诸多问题，因而他们没有形成完备的现代化理论，特别是非西方世界发展的理论。在社会发展问题上，他们的研究主要是以资本主义社会为研究对象，以世界历史理论为视角，以变革原有生产关系为基本出发点，以实现人类社会解放和人的全面发展为最终目的，注重对社会发展本质的揭示和原则性说明。而中国共产党立足我国社会主义所处的特殊发展阶段，在实践中探索了经济文化落后国家进行现代化建设的具体方式，形成了独具特色的现代化发展理论，拓展了马克思现代社会发展理论的内容，为广大发展中国家提供了走向现代化的新途径、新思路。

（三）我国的社会主义现代化是全面的现代化

中国共产党在坚持和推进这一战略目标的同时，对这一事业的认识无论是在广度还是在深度上都有了很大的进步，使得我国的现代化已经是涵盖多个领域的"五位一体"的社会主义现代化。除此之外，我们党对社会主义现代化建设的标准和质量也都有了更加明确、更加严格的要求，着力提高发展质量和效率，特别是党的十八大以来我们的社会主义现代化建设转入高质量发展阶段，系统化、全局性特征更加凸显。

这些系统性、全局性特点，也极大地丰富和发展科学社会主义的基本理论，为寄希望于发展自己的发展中国家提供了一种可供借鉴的发展路径。马克思、恩格斯关于现代社会发展的理论主要集中于对社会发展规律的探寻上，而不是集中于对具体发展道路的发现和制定上，而我国社会主义现代化建设的理论是我们党针对我国实际国情，对现代化建设各个领域具体经验的科学总结，对处于同样历史起点和发展阶段上的国家来说，为其提供了走向现代化的中国路径和中国方案，这就使得科学社会主义基本理论的内容更加丰富、更加生动了。此外，马克思、恩格斯对现代社会的研究多是从生产方式的变革这一角度展开研究和分析的，理论更多聚焦于研究经济领域。虽然现代生产方式确实是现代社会形成和发展的真正出发点，但他们的研究只是从一般性上说明了这一原理，没有包含对各国生产发展水平差异的考察，也没能涵盖对社会其他重要领域发展程度的思考，因此，他们的现代化思想只能提供规律性、普遍性的指导。而我国的现代化发展道路，在对这些不同领域进行统筹规划的同时，也针对每一领域的实践形成了指导该领域建设的方针、政策和目标要求，这就使社会主义现代化发展理论更加具体、更具现实性和全面性。从这一方面来看，我国的现代化建设理论深化、具体化了科学社会主义的基本原理，为现代化理论注入了新的内涵，作出了独特的贡献。

（四）我国的社会主义现代化也是人的现代化

我国社会主义现代化发展战略和发展目标，不仅指向经济社会的发展，而且对人的发展问题和人民的利益问题也考虑在其中，这是我们现代化优越性的根本体现。中国共产党对社会主义现代化目标的追求，最终落脚点是人民，我们党消灭绝对贫困和致力于人民生活水平提升就是最好的例证，特别是党的十八大以来，我国的现代化进入"逐步实现全体人民共同富裕的时代"[①]，随着脱贫攻坚战的全面胜利，社会主义现代化的优越性越来越多地显现了出来。由此可见，这就是我国社会主义现代化建设的突出特点。

我国社会主义现代化建设表现出的人民性，也极大地丰富和发展科学社会主义的基本理论和基本价值。马克思关于现代社会的分析和考察，有着鲜明的价值指向。在他们看来，资本主义社会在过度追求剩余价值的同时，将人仅作为一种特殊的商品来看待，造成了人的价值的沦丧和人的畸形发展。他们在批判资本主义现代化的这一局限性的过程中，明确提出未来社会要在追求每个人自由个性中实现。我国的社会主义现代化继承和发展了科学社会主义经典作家的这一思想，在实践中以有力举措和有效政策使社会与个人都有实现的途径，在理论上形成了以人为本的科学发展观和以人民为中心的发展思想，使发展不再是为追求数字增长的发展，而是为了人民能在多方面实现美好生活、个人在社会中有施展个性机会、以人为向度的综合性的全面发展，这都极大地丰富和发展了科学社会主义基本理论和实践，凸显出了我们制度的优越性和吸引力。

第五节　形成和发展了社会主义市场经济理论

社会主义市场经济理论作为关系国家经济具体运行的重要理论，在很大

---

① 十九大以来重要文献选编：上［M］. 北京：中央文献出版社，2019：20.

程度上决定着一个国家的经济结构和管理模式的选择，甚至在一定条件下直接关系着国家建设和发展全局的未来。因此，中国共产党对经济体制的探索及社会主义市场经济体制的确立，无论是在理论还是在实践上，都有着极其重要和深远的意义。在历史和实践都印证计划经济的弊端后，建立什么样的运行机制就成为十分紧迫和重要的理论问题了。对此，中国共产党进行了长期的艰辛探索，实现了理论上的逐步明晰和深化，形成了独创性的社会主义市场经济理论，推动了我国改革开放和社会经济发展不断迈上新台阶。

一、社会主义市场经济理论的形成和发展

社会主义市场经济理论是邓小平理论的重要组成部分，他在长期的思考和实践探索中，科学地解决了我国社会主义初级阶段条件下社会主义基本制度与体制的关系问题，实现了社会主义与市场经济的有机对接。早在1978年12月他就提出要大胆下放经济管理权力；1979年11月又进一步将经济管理体制的问题聚焦到计划与市场关系上来，提出二者相结合和将市场经济作为方法的思想；经过实践和认识的不断深入，我们党更加能够区分出二者的主次顺序，于是这一认识到党的十二大时已上升为"实现计划经济为主、市场调节为辅"；到党的十二届三中全会产生了一个新论断——"社会主义计划经济是公有制基础上有计划的商品经济"，此时党对计划和市场不再独立看待，有将二者相结合的趋向，标志着我们党的认识达到了新的理论水平。到党的十三大，我们明确提出了"社会主义商品经济"的概念；南方谈话后，将社会主义与市场经济对立起来的传统观念被根本否定；以此为基础，党的十四大正式确定了经济体制改革的目标模式，实现了理论上的重大突破和升华，开启了第二轮改革新高潮的序幕。

此后，社会主义市场经济由理论走向实践并在实践中得到了完善和发展。江泽民同志在党的十四大报告中明确指出了市场的双重性，即它同时有着对资源配置的基础性作用和难以克服的弱点和弊端。这就要求从实际出发区分二者相结合的不同情况，看到程度、范围、情况之间的差异有计划、有步骤地使二者发挥作用。这就使我们党对社会主义市场经济的理解不断实现理论上的升华。党的十四届三中全会根据十四大的战略部署，进一步针对建立这一体制的基本框架和具体领域形成了全面系统的实施规划，明确提出了包括

建立现代企业制度、市场体系、宏观调控体系等在内的 9 个方面的具体举措，标志着我国社会主义市场经济体制这项艰巨而复杂的系统工程正在积极而有步骤地建立，其基本框架已初步形成，各领域体制改革大踏步展开。党的十五大开始谋划社会主义市场经济体制完善和发展的相关问题，如提出要着重发展资本、劳动力、技术等生产要素市场，完善价格形成机制、改革流通体制、健全宏观调控体系等方面，尽快完善市场体系。在党的十六大上，江泽民同志正式宣布了社会主义市场经济体制的初步建立，并对市场的基础性作用的有效发挥提出了更高的要求，为这一体制的完善和健康有活力的发展作出战略部署。此后，以党的十六届三中全会为标志，我国市场经济体制迎来新的发展期，我们党对政府和市场关系的认识也在随实践发展不断深化着。例如，党的十七大提出从制度上保障市场作用的发挥，党的十八大聚焦市场发挥作用的范围和程度。① 根据我们对市场规律的认识和我国社会主义市场经济初步建立、市场化程度提高的现实情况及我国 20 多年实践积累的突出问题，党的十八届三中全会提出对政府和市场关系和作用的新定位②，标志着我们党在健全这一体制的道路上迈出了新的步伐，上了一个新的台阶。党的十九大继续提出了以产权制度和要素市场化配置为重点的新部署。综上，我们党在确立和完善社会主义市场经济体制的历史过程中，表现出我们党对完善和发展社会主义市场经济体制一贯的高度重视和立足不同阶段在观念上的与时俱进。

二、中国特色社会主义市场经济体制是对科学社会主义经济体制理论的创新

建立社会主义市场经济体制，形成反映这一体制发展进程的、与时俱进的理论，是一项前所未有、闻所未闻的开创性事业，是中国共产党人对科学社会主义发展作出的里程碑式的功绩。此前几乎所有的这类社会性质的国家都普遍权衡利弊择计划经济体制而用之，并以这一体制取得过一些在历史上值得被铭记的成绩。这种选择有其历史必然性，其中很大的原因即受到了经典作家关于未来社会经济体制理论的影响，试图践行这一理论。科学社会主

---

①　党的十八大提出了要更大程度、更广范围发挥市场在资源配置中的基础性作用。参见十八大以来重要文献选编：上 ［M］. 北京：中央文献出版社，2014：499.
②　党的十八届三中全会明确提出了"使市场在资源配置中起决定性作用和更好发挥政府作用"的新理论观点和现实要求。

141

义认为，资本主义制度下对生产没有采取有意识的社会调节，因而导致生产的无政府状态和周期性的经济危机，而代替资本主义的未来社会将在发达的生产力和商品经济的基础上实行产品经济，即国家的一切生产资料将属于全体社会成员所有，商品生产和货币关系将不复存在，社会将按照统一计划来调节生产。未来社会实行这样的计划经济体制基于两个重要前提：第一，他们在明确区分资本主义社会向共产主义社会转变的三个阶段的基础上，将计划经济取代市场经济的阶段指向的是"共产主义第一阶段"①；第二，他们的这一理论构想在世界范围来看是以"共同胜利论"为前提条件的，即需要有多个生产力发达的国家同时通过社会主义革命建立起社会主义制度。因此，刚刚建立的社会主义国家由于缺乏建设经验和对经典理论在理解上不够深刻、缺乏历史性等诸多因素，加之在外部资本主义严密封锁和冷战的条件下，实行社会主义计划经济，集中力量赶超发达国家就成为这些国家的首选。但是由于这些国家基本上属于生产力欠发达的落后国家，国际环境也没有达到马克思、恩格斯所设想的条件，因此，虽然计划经济的实行在一定历史时期存在必然性和合理性，但是从长远来看，计划经济体制在社会主义发展程度较低的国家无法很好地实现资源的高效合理配置，历史和实践也逐渐证明了二者的不兼容性，计划经济体制的诸多弊端日益暴露。我们党在吸取国内外经验教训的基础上，经过长达 14 年的理论和实践探索，决定放弃高度集中的指令性计划经济，转向建立能够发挥市场与宏观调控两方面积极性的社会主义市场经济体制，体现了我们党坚持理论创新、与时俱进的巨大勇气。

中国共产党确立并完善具有中国特色的社会主义市场经济理论和体制对科学社会主义经济体制理论的贡献和突破主要表现：立足我国长期不变的初级阶段之基本国情，将作为经济手段的市场经济的普遍性与特殊性有机结合起来，既充分认识并利用了市场经济的优点和长处，又以社会主义基本制度为依托，克服其短处和劣根性，从而使这一体制更好地为我国经济腾飞服务。具体来说，作为一种资源配置的方式或手段，市场经济无非是一种比较发达的商品经济，是一切社会经济发展的必经阶段，不具有制度属性，但是没有纯粹抽象的市场经济或"市场经济一般"，市场经济必须建立在一定的社会

---

① 杨河，杨伊佳. 科学社会主义理论与实践中的"市场经济"问题 [J]. 中国高校社会科学，2021 (5).

制度的基础之上，因此就有了两种不同社会制度下的市场经济的分立，这就使得市场经济成为普遍性与特殊性的统一。市场经济的普遍性即凡是市场经济就要遵循的一般规律，如经济活动市场化、市场运行的动态性、市场活动的竞争性、市场行为主体的平等性等。市场经济的特殊性则是根据市场经济所立足的所有制基础不同，其在现实中表现出的特殊运行规律，为社会主义服务的市场经济必然与为资本主义服务的市场经济有根本区别。江泽民同志对此指出，不能离开社会主义基本制度理解这一体制，社会主义标定了这一体制的根本性质，是能够起到画龙点睛之用的。① 这一体制的社会主义方向之具体体现：如在所有制结构上，它以社会主义基本经济制度为依托；在分配上，它实行以按劳分配为主体、多种分配方式并存的两点论的分配制度，它十分强调效率与公平的统一，以避免两极分化的出现，在提高劳动生产率的基础上逐步实现共同富裕；在宏观调控上，它的基本逻辑是将计划调节和市场调节这两种机制的长处有效结合起来，充分发挥社会主义制度在维护人民根本利益方面的优越性。可见，这一包容性很强的理论和体制是实现了对科学社会主义经典理论中社会运行机制理论的重大创新和具体化，它从普遍性与特殊性的统一中对市场经济规律进行阐释，拓展了人们理解经济运行规律的角度和方法，可以称得上是彪炳史册、举世瞩目的重要理论贡献了。

第六节　形成社会主义初级阶段基本经济制度理论

　　一个国家的经济制度大体可以分为两类，一类是决定整个社会性质、决定不同阶级之间关系和生产目的的基本经济制度；另一类是反映具体经济运行过程的非基本经济制度。中国共产党在长期实践中逐步确立了社会主义初级阶段基本经济制度，确立起与之相适应的分配制度，并在实践中形成了一套具有中国特色、符合我国现实需要的所有制理论和分配理论。中国共产党的这一实践探索和理论创新，充分实现了社会主义性质和初级阶段基本国情的有机统一，它跳出了传统所有制理论和分配制度的理论框架，以生动具体的实践极大地丰富和拓展了科学社会主义的理论宝库。

---

　　① 中共中央文献研究室. 江泽民论有中国特色社会主义：专题摘编［M］. 北京：中央文献出版社，2002：69.

一、改革开放以来党对所有制理论的探索与社会主义 初级阶段基本经济制度的确立

改革开放以前，我国在生产力低下且情况较为复杂的情况下，建立了较为高级且单一的生产关系，只有全民所有制和集体所有制这两个类型，并且形成了"一大二公"、追求生产关系纯而又纯的理论观点，这种纯而又纯的单一所有制严重阻碍和束缚了生产力的发展。改革开放后，我们党跳出传统僵化的所有制理论框架，开始对不适合生产力发展水平的生产关系进行改革和调整。总体上看，我们党对所有制认识的进程是与对经济体制改革目标的认识深化紧密结合在一起的。① 因此，在正式确立起社会主义初级阶段基本经济制度前，我们党对所有制理论的探索主要可以分为两个大的探索阶段：第一阶段，从 1978 年到 1991 年，此时党对社会主义与商品经济、市场经济的认识还处于探索过程之中，还没有取得实质性进展，还只是在计划经济体制内对不适合经济社会发展的部分进行必要的修补，与此相适应，这一阶段所有制的改革也是较为初步的，仅将各种非公有制经济形式作为公有制经济的"必要补充"。经过这一阶段的探索，传统社会主义单一公有制格局被冲破，多种类型的非公经济获得了长足发展的有利条件，所有制结构出现多元化发展趋势。例如，将出现的自留地、副业和小摊等经济形式作为社会主义经济的必要补充；党的十一届六中全会正式承认个体经济对社会主义的补充作用，并在党的十二大和 1982 年《宪法》中，进一步确认了城乡劳动者个体经济的地位；党的十二届三中全会又提及"三资"企业的补充地位；党的十三大肯定了私营经济地位后，1988 年我国《宪法》修正案又从宪法层面确认了私营经济的补充地位。② 第二阶段：从 1992 年到 1997 年党的十五大，继邓小平南方谈话和党的十四大解开了对计划和市场二者关系的混沌认识。此后，我国所有制改革也迈向了新的发展阶段。主要表现在：第一，不再在运行层

---

① 市场经济是交换经济，需要有能够在市场上自主进行商品生产和交换的独立财产所有者，市场经济的基础是财产权的独立，财产权的法律用语是所有权。因此，在明确经济体制和运行机制后，需要进一步明确市场运行主体的所有权问题，二者是紧密联系的。参见王怀超，秦刚.科学社会主义基本理论[M].北京：中共中央党校出版社，2017：125.

② 刘谦，裴小革.所有制改革与所有制结构演变——改革开放以来马克思主义所有制理论中国化研究[J].人文杂志，2021（3）.

面对经济体制进行局部的修缮，而是深入社会形态本质的层面看待二者作用，这就为所有制理论的突破奠定了坚实的基础。因此，党的十四大明确提出各类不同所有制经济长期共存、联合经营，均能进入市场；党的十四届五中全会提出平等对待不同所有制企业，为其参与市场竞争创造条件；党的十五大正式确立了我国初级阶段的基本经济制度。第二，在公有制方面，党对其内涵的理解更为科学，对社会主义公有制的含义、主体地位有了新阐释，科学分辨了制度与其实现形式的不同之处，明确了股份制在我们的市场经济条件下的性质和作用。例如，在公有制内容上更加明确、有所扩展；从定量和定性的统一中对公有制和国有经济作用进行了定位，体现了原则性与科学性；在对公有制实现形式的理解上更具弹性，允许其多样化，鼓励大胆利用文明成果；等等。第三，在对非公有制经济的认识方面，党的十五大将其地位明确从"有益补充"变为"重要组成部分"，明确提出了"混合所有制经济"的命题，并被 1999 年我国《宪法》修正案确认。以上经过三个方面的发展，我们党正式确立起初级阶段的基本经济制度，正确把握了公有制和多种所有制的发展位阶和彼此之间的关系，既体现出了我国社会主义初级阶段条件下生产力发展水平的多层次性，也体现出了基于新的历史条件对公有制地位和作用的更为深刻的认识，即从过去的量化分析即数量、比例的分析转而聚焦其质量、控制力以及竞争力了。

这一制度确立后，我们党仍在具体问题上继续深入探索并不断完善。这表现为不仅从宏观上继续肯定各类非公有制经济的地位和作用，还要进一步为各类市场主体在生产要素使用、市场规则适用、法律保障等微观层面提供平等的制度保障。为此，党的十六大提出"两个毫不动摇"、积极推动混合所有制经济发展、建立国有资产管理体制等；党的十七大提出要在市场准入、融资条件及体制改革中促进非公经济发展；党的十八大进一步强调不同所有制主体在生产资料使用、市场参与、法律保护等方面的平等性；党的十八届三中全会进一步拓宽非公有制企业的准入门槛，允许且鼓励其参与国企改革，权利、机会、规则平等成为原则；党的十九大提出对各种所有制类型经济实施市场准入负面清单制度，对国有经济进行战略性重组；党的十九届四中全会更是在我国基本经济制度的内涵上实现了重大的突破和更新，将分配制度和运行机制纳入其中，这就使我国这一制度更加饱满全面了，有助于发挥社会主义经济制度的整体优势。这些探索有力地推动了中国特色社会主义经济理论的发展，极大丰富和发展了科学社会主义的理论宝库，为我国所有制改革和经济社会发展奠定了坚实的政治理论基础。

二、改革开放以来党对分配制度的探索

众所周知，社会生产过程特别是生产资料的占有情况是分配制度的根本依托，分配关系不过是生产关系一个方面的表现。社会主义改造完成到改革开放前，与我国单一的生产资料所有制结构相契合，我国城乡建立了按劳分配为主、兼顾公平的分配体制，并逐步演变为统分统配和供给制，这种体制的平均主义色彩严重。市场缺位、交换匮乏的社会中人们的物质利益很大程度上由所处的体制特点决定，使得这一分配制度对生产效率和劳动者积极性、创造性的发挥形成很大的制约。改革开放以后，我们党认识到传统体制下分配制度的不合理性，开始了对我国社会主义分配制度的新探索。其中，第一阶段大体上可以说是从 1978 年到 1997 年党的十五大以前，随着社会主义初级阶段理论和社会主义市场经济理论的提出，我们党对分配制度产生了新认识，开始看到社会主义市场经济条件下收入分配要遵循市场经济的一般法则，即劳动成果在市场交换过程中市场承认度各异，分配结果必然不同，收入差距由此产生。① 此间，党的十三大报告首次出现了"实行以按劳分配为主体的多种分配方式和正确的分配政策"的表述，此时我们党实际上形成了十分尊重社会主体利益和发展客观规律的分配原则，只要是合法经营就要允许其获得正当利益，这部分人可以先富起来，合理差距是被承认的，但是整个社会仍要以按劳分配为主体，以社会公平和共同富裕为方向。这一思想在党的十四大和十四届三中全会报告里都有所体现。这样我们党在分配问题上就既坚持了社会主义性质，又与生产力实际发展程度和要求相适应，标志着党对分配理论和制度认识的深入。第二阶段以党的十五大为分水岭，党对按劳分配以外的其他分配方式的具体内涵和一些基本理论问题有了更为明确的认识。党的十五大明确将其他多种分配方式概括为"按生产要素分配"，把劳动和

---

① 侯为民. 论社会主义基本经济制度范畴中的分配因素［J］. 经济纵横, 2020（9）.

生产要素都作为分配对象，对生产要素允许其按收益多少参与分配。① 党的十六大报告又进一步明确提出，深化分配制度改革，形成了生产要素按贡献参与分配的原则。由此可知，我们党随着市场经济的发展不断深入对现阶段分配制度的探索和理解，对分配对象、分配主体的认识有了较大拓展，对非劳动要素的涵盖范围也进行了与时俱进的发展，由初期涵盖的科技和管理要素，拓展到知识、土地和资本，到党的十九届四中全会更进一步拓展为"七要素"② 按贡献决定报酬的机制。

　　总而言之，我国逐步突破了僵化的平均主义思维模式，理论和政策制定更加尊重实际和发展阶段性特征，尊重社会主体的能动性和首创精神，这样能够极大地调动各类经济主体的积极性，搞活各类生产关系，从而推动全社会劳动生产率的提高和经济社会的健康发展，丰富和发展了社会主义国家的分配理论和实践。

三、社会主义初级阶段经济制度对科学社会主义基本理论的创新

　　我国经济制度不仅包括所有制的内容，还包括分配制度在内。因此，具体来说，社会主义初级阶段经济制度对科学社会主义基本理论的丰富和发展主要表现在以下两个方面。

　　第一，社会主义初级阶段基本经济制度以其内容创造性地具体化了科学社会主义的所有制理论。在科学社会主义理论中，所有制问题占据十分重要的地位，马克思、恩格斯甚至在《共产党宣言》中将所有制问题作为共产主义运动的根本问题。因此，对于未来社会实行什么样的所有制，马克思、恩格斯根据历史唯物主义和辩证唯物主义方法论，初步进行了原则性的设想，即生产资料社会所有制是未来社会的制度安排，是与资本主义社会的根本区别所在，为实现这样的制度安排，无产阶级政党要先通过无产阶级革命剥夺资本家的全部生产资料并以社会的名义占有生产资料，建立生产资料公有制（国家所有制），这样也就消灭阶级和阶级差别存在的条件，使得国家自行消

---

　　① 十一届三中全会以来党和国家重要文献选编：1978.12—2007.10 [M]. 北京：中央党校出版社，2008：352 – 353.

　　② "七要素"包括涵盖劳动、资本、土地、知识、技术、管理、数据等生产要素由市场评价贡献、按贡献决定报酬的机制。参见：中共中央关于坚持和完善中国特色社会主义制度、推进国家治理体系和治理能力现代化若干重大问题的决定辅导读本 [M]. 北京：人民出版社，2019：21.

亡，这样国家所有就变成社会所有。由于马克思、恩格斯设想的未来社会的所有制理论是以高度发达的社会生产力和"共同胜利论"为基础的，并且他们也只是运用科学的抽象法对未来社会所有制进行了原则性的抽象，提出的是一种理论上的理想状态，所以这一理论能否真正实现或在多大程度上实现，都取决于现实的社会主义国家的具体经济实践。总的来看，我国社会主义制度建立的先天基础不足，落后低下的生产力基础和复杂的社会条件，导致我们的社会主义与经典理论没有直接对接且没有直接学习借鉴的条件。但是，在中华人民共和国成立初期，我们党在理论上没有完全、彻底地理解科学社会主义关于消灭私有制的理论观点，加之受到苏联模式的影响，在实践中超阶段地追求了较为高级的生产关系，形成了"一大二公三纯"的社会经济结构和所有制理论，钳制和禁锢了社会生产力的蓬勃发展。改革开放后，我们党解放思想、实事求是，科学地界定了我们当前的历史方位和基本国情，认识到我们现在的社会主义实际上不够格的特点。因此，根据生产关系必须适应生产力状况的规律，我们党对不适合生产力的生产关系特别是所有制关系进行了改革和调整，经过不懈探索终于形成了较为科学的认知。党的十五大报告对这一基本经济制度进行了系统说明。一方面，十五大报告明确指出作为社会主义国家，必须坚持公有制的基础性、主导性地位和作用夯实制度根基；另一方面，初级阶段实际的复杂性不容忽视，需要发展多种所有制经济、探索公有制多样化的实现形式来与此相匹配、相对应，以进一步解放和发展生产力。可见，这一思想既坚持了科学社会主义的基本理论，又立足中国国情实事求是地为科学社会主义基本理论增添了新的、具体的内容，使得科学社会主义的生命力更加旺盛。例如，我们党对社会主义公有制的理解，使其内涵得以扩充；例如，我们党对公有制地位的认识，不再局限于量和纯度上，还创造性地瞄准质的提升、控制力和竞争力等方面；还正确区分了公有制及其实现形式问题，提出了积极探索和创新公有制有效实现形式的观点；对个体、外资和私营经济等非公有制经济提出了要根据我国生产力水平的多层次性进行支持、鼓励、引导的方针；等等。以上这些思想观点是中国共产党立足中国实际和社会主义现代化建设实践对所有制问题的正确认识，是中国共产党的伟大理论创新，它有效化解了公有制和非公有制的矛盾，拓展了对公有制的认识，科学客观地为科学社会主义基本理论添加了新的色彩。

第二，社会主义初级阶段分配制度创造性地发展了科学社会主义的分配理论。在马克思、恩格斯的视域中，分配问题或说分配关系与生产力发展水平、生产方式和未来社会发展阶段紧密联系在一起。[①] 他们认为，未来社会没有商品交换，生产的产品不表现为商品属性，个人劳动是作为总劳动的组成部分存在的，但是由于生产力发展程度的差异，与此相适应的未来社会中劳动的性质、分配的方式和社会总产品的数量都不尽相同，使得可以分为经济成熟程度不同的两个发展阶段。在共产主义第一阶段即社会主义社会，由于劳动的性质还是作为谋生的手段，劳动产品还不十分丰富，只能实行按劳分配原则即"等量劳动领取等量报酬"。这时虽然无法实现事实上的平等，但这也是不可避免的，只能等到高级阶段才能实现按需分配。这是科学社会主义的基本理论，这一理论被运用于 20 世纪各个社会主义国家的实践中，但是由于这一分配原则与单一公有制和指令性计划经济联系在一起，并且在实践中的社会主义国家对"劳"的判断标准认识僵化（如我国的实行级差极小的八级工资制、评工记分），导致出现了平均主义和"吃大锅饭""干好干坏一个样"的不良倾向，严重挫伤了领导者的积极性、主动性。改革开放以后，我们党在对社会主义再认识的过程中，深刻认识到平均主义、普遍贫穷都不是社会主义。随着社会主义初级阶段理论和社会主义市场经济理论的形成，党对分配问题的认识也更为深刻、更为具体，在坚持按劳分配原则的同时，充分考虑了初级阶段条件下市场经济在利益分配、生产要素配置等方面的必要性，并认识到各类市场主体在市场交换过程中产生不同的分配结果和一定程度的收入分配差距的必然性。在此基础上，我们党制定了科学正确的分配制度，允许和鼓励多种不同的生产要素按贡献参与分配，允许、鼓励先富的人群和地区出现并使其发挥带动作用。这一分配制度，一方面充分体现了我国的社会主义性质，能够有力地防止收入差距悬殊，规范收入分配秩序，体现出公平正义的社会主义原则；另一方面，肯定各类生产要素在市场体制中按贡献参与分配，是我国发展社会生产力的必经之路，也是在此基础上逐步

---

① 马克思在《哥达纲领批判》中指出："消费资料的任何一种分配，都不过是生产条件本身分配的结果；而生产条件本身的分配，则表现生产方式本身的性质。……如果生产的物质条件是劳动者自己的集体财产，那么同样要产生一种和现在不同的消费资料的分配。"参见马克思恩格斯文集：第 3 卷 ［M］. 北京：人民出版社，2009：436.

实现共同富裕的重要举措，这充分反映了我国社会主义初级阶段的特点，实现了中国共产党对马克思主义分配理论的中国化、时代化。

第七节　以"三个代表"重要思想丰富执政党建设学说

进入新世纪，我们党针对执政党建设的情况，及时更新认识、丰富理论，形成了"三个代表"重要思想，实现了党的指导思想的与时俱进，它的创造性主要体现在对执政党建设的一系列重大问题的科学回答上。这一科学回答深刻揭示了马克思主义执政党建设的基本规律，形成了对科学社会主义经典理论中执政党建设学说的新发展。"三个代表"重要思想的三方面内容不是新提法了，但是将作为一个整体来强化新世纪党的先进性和深化对社会主义本质的理解，则是我们党一个十分重大的理论创新了。[①]

一、"三个代表"重要思想提出的时代背景和发展历程

"三个代表"重要思想的产生适应了时代发展的客观要求，符合中国特色社会主义建设的实际需要，这一重要思想的提出与世纪之交世情、国情和党情出现的深刻变化有密切的联系。江泽民同志早在2000年2月25日视察广东时就明确要求，全党同志要在新的历史条件下深刻思考我们党如何更好地做到"三个代表"[②]。这说明"三个代表"重要思想的提出是基于党对新的时代背景的深刻观察和对由此产生的新的发展要求的科学回应展开的，反映了形势发展对党和国家工作的新要求。具体来说，第一，国际形势的深刻变化，世界进入大变动的历史时期。东欧剧变、苏联解体，两极格局被打破，1997年爆发的亚洲金融危机和随之而来的世界经济低迷，以及以1991年海湾战争、1999年科索沃战争为代表的地区冲突，成为影响我国外交工作和外部安全的"三大外部挑战"，展现出国际环境的动荡不安和不确定性。到了世纪之交，新阶段国际局势的特点逐渐清晰起来，集中表现为世界格局多极化、经济全球化、科学技术信息化、总体和平与局部战争并存等特点。对此，江泽民同志认为，世界多极化和经济全球化趋势的发展对我国来讲是一把双刃刀。在当前国际条件下，争

---

① 余品华．"三个代表"重要思想与中国特色社会主义 [J]．毛泽东邓小平理论研究，2003（2）．

取较长时间的和平国际环境和良好周边环境是可以实现的，我国必须紧紧抓住这一重要的战略机遇期。第二，我国社会生活由于改革的纵深发展出现了许多前所未有的变化，多样化、多元化等特点随处可见，这就对党和国家的领导和执政能力提出了更高的要求。具体来说，我国社会发展的矛盾性主要集中在以下几个方面：如经济建设与政治文化建设的不平衡性，亟待进一步解决"一手硬、一手软"的问题；经济结构与经济发展要求不相协调；人民群众具体利益日益多样化，群体性矛盾明显增多以及阶层之间差距拉大等。国情的深刻变化和发展中凸显的深层次问题对我们党在新的历史条件下如何进一步推进中国特色社会主义道路、完善社会主义制度提出了重大考验。第三，加强党的领导和建设也面临新形势，随着党和国家事业的发展及党所处的历史方位的深刻变化，党的原有组织和领导方式不再能够适应新情况，在人们就业和生产经营流动性增强的情况下，党的领导如何更加切实有效覆盖社会和市场发展的广泛领域，是党面临的重要问题，同时，随着社会主义市场经济的发展，如何加强对私营企业和广大非公有制企业从业人员的领导，成为探索新时期加强党的组织基础和群众基础的主要内容；此外，社会主义市场经济的消极影响使党的队伍发生重大变化，对党的建设提出了更高的要求，全党和广大党员干部需要按照新世纪产生的新要求继续推进党建工作。这充分说明了"三个代表"重要思想是紧跟时代发展新变化、着眼于我国改革和建设的全局和战略需要而提出的科学理论，有着面向世界的开阔视野和把握时代脉搏的创新精神。

　　"三个代表"重要思想是经过长期思考而提出的，深刻体现了我们党善于将历史经验和现代化建设新鲜经验进行深刻总结。这一思想在实践中还经历了一个认识升华与体系完善的过程，自2000年春天提出后，经过两年多的阐发，到党的十六大正式确立其指导地位，并写入党章。纵观这一历程，对其产生重要影响的关键节点主要有：一是2000年春天，江泽民同志在广东首次提出"三个代表"的基本要求，并在华东之行中论述了它的重要意义，要求把它贯彻到党的全部工作中去，这凸显了它的重要意义。二是江泽民同志在2001年"七一"讲话中对它进行了全面的理论阐释，使其内容更为完善，其理论体系初步形成。三是党的十六大进一步对其进行明确定位和系统阐述，标志着"三个代表"重要思想已成为一个内涵丰富的理论体系。

　　总体来看，"三个代表"重要思想的提出和形成，是以江泽民同志为核心的党的第三代领导集体，立足于变化着的中国实际，以科学社会主义基本理论为指导来"化解"中国现实矛盾，并把党的历史经验和现实的时代课题凝练起来，使其上升为党的指导思想的过程，它贯通了党的建设和国家发展首要的基本问题，为加强和改善党的领导以及建设和完善我国社会制度提供了重要理论上的指引和支撑，开辟了坚持和发展邓小平理论的新境界。

二、"三个代表"重要思想的理论贡献及其对科学社会主义基本理论的丰富和发展

江泽民同志坚持以研究中国实际问题为中心，勇于回答时代性课题，在不断推进理论创新中取得了重大理论成果。他从党建立论，贯通了对社会主义理解的问题，既回答了新时期党的建设的问题，又根据新的实践和新的经验深化了对社会主义的认识，其理论特质是由治党及至治国的理论。[①] 这一理论使党的指导思想实现了与时俱进，既进一步丰富和拓展了中国特色社会主义理论，又为科学社会主义的理论宝库注入了富有时代特色的新内容。

第一，这一重要思想确立了执政党建设的全新理念和思路，从党的先进性入手治党，实现了对马克思党建学说的理论拓展。江泽民同志牢记邓小平同志的政治嘱托，聚精会神地抓党的建设，加大了党建工作力度，在党建理论上有了重要建树，这就是逐步找到了治党的重要抓手，提出了关于党的先进性的新理念。2000年2月25日，江泽民同志视察广州时首次从党的历史经验的高度对党的先进性内涵作出概括，并提出了全党同志立足新的历史条件做到"三个代表"的要求，此后江泽民同志多次就按照这一要求抓党的建设作出重要指示和部署。他强调，这是我们党保持先进性，始终成为我们事业坚强领导核心的基本要求。可见，体现党的先进性是贯穿于这一重要思想的基本线索，是新的历史条件下党的建设的重要内容，抓住党的先进性就是在理论上占据了制高点，能以此高屋建瓴、纲举目张地主导和统领党的各方面建设。例如，江泽民从"三个代表"的要求出发在"七一"讲话中对党的性质进行了新阐释，提出了"两个先锋队"理论，实现了党的先进性与广泛代表性的统一；又如，为了实现"三个代表"，当好两个先锋队，我们党及时

---

① 石仲泉. 百年党史视野下的中国共产党理论创新 [J]. 中共党史研究，2021（2）.

增强和扩大了党的阶级基础和群众基础，吸纳新社会阶层优秀成员加入党组织；再如，为了适应党的历史方位的两个转变，他提出了加强党建的两大历史性课题和新的伟大工程的总目标；等等。这些新思路实际上都是围绕着先进性问题展开的，根本目的是使党在新的历史条件下，更好地代表先进生产力、先进文化，更好地执政为民。

"三个代表"重要思想以其对党的先进性理论的新概括和新要求，丰富和发展了科学社会主义关于执政党建设的理论。在科学社会主义发展史上，马克思、恩格斯最早对无产阶级政党的先进性进行了论述，他们认为，共产党的先进性首先取决于共产党的阶级性，即中国共产党所领导的运动是为绝大多数人谋利益的独立的运动，能够代表整个无产阶级的根本利益。其次，共产党又不是一般的无产阶级政党，而是由优秀分子组成的、有能力在无产阶级运动中代表运动的先进政党。列宁继承了马克思、恩格斯的思想，并着重从共产党的组织性、纪律性、领导力等方面发展了无产阶级先锋队理论。在中国共产党的历史上，党的领导人都十分重视党的先进性和代表性问题，并针对执政党建设都提出过富有指导意义的理论回答。江泽民同志对这一理论和实践的贡献，主要在于他面向新世纪，特别是在实现改革开放和发展社会主义市场经济的新条件下，继续推进党的建设新的伟大工程，并第一次明确地将"三个代表"要求与执政党建设联系起来，与时俱进地为党的先进性理论加入了新内容，即从代表先进生产力、先进文化和人民根本利益方面来具体地定义党的先进性的内涵，将这三个方面联系到"如何建设执政党这个主题上"，是对党建理论的重大创新，是以新鲜经验丰富和发展科学社会主义执政党建设学说的重要理论成果。

第二，这一重要思想是治国的理论创新，它体现了党的建设与执政兴国的紧密联系，并以此提出了一系列新的思想观点，进一步深化了党对社会主义本质的认识。胡锦涛同志曾明确指出，这一思想的形成和发展所围绕的主题是中国特色社会主义建设，它的提出标志着党对国家建设作用的认识更加深化了。确实如此，江泽民同志对"三个代表"重要思想历史地位的表述，可以看出他不仅将其作为"立党之本"，还将其看作"执政之基"和"力量之源"。这是因为共产党与社会主义是休戚与共的关系，中国共产党作为一个大国的执政党，治党和治国始终是统一于党的事业之中的，离开治国孤立地治党是难以为继的，治党也不是目的本身，永葆党的先进性的根本目的在于执政为民、安邦定国。无论是将解释和发展生产力作为社会主义根本任务和社会主义初级阶段党的中心工作，还是以先进文化满足大众日常需要、加强社会主义思想文化建设，抑或满足人民群众物质方面的现实需要和根本利益，都涉及了党治国理政的根本问题，它没有仅仅局限于党建方面，也从更加宏观的视角即党与社会主义的内在联系出发，它立足于不断发展的实际，紧紧围绕党对中国特色社会主义事业的领导，来思考部署执政党建设问题。①

"三个代表"重要思想与时俱进地为社会主义本质理论注入了新的内容，全面体现了社会主义本质、社会主义制度优越性和党的先进性的统一。马克思、恩格斯在《共产党宣言》中，不仅深刻阐释了科学社会主义的根本原则，还揭示了共产党与社会主义的密切关系。他们一方面透过社会矛盾运动规律，破解了历史发展的规律，论述了未来社会的历史必然性，另一方面指出了这一美好社会要变为现实，需要有代表先进生产力的无产阶级组织成为自己的政党，变为具有理论和实践先进性的"自为阶级"。这就从根本上说明了共产党与社会主义休戚与共的关系。因此，共产党离不开社会主义运动，社会主义运动离不开共产党成为当今世界科学社会主义中流砥柱的理论前提，这也是被世界社会主义运动所证明的颠扑不破的真理。中国共产党是坚定的马克思主义执政党，中国共产党人始终坚持在实践基础上认识和回答党与社会主义的关系问题，且认识还在不断深化。改革开放以来，邓小平同志紧密联系建设中国特色社会主义事业，加强和改善党的领导，他晚年更是从党与社会主义关系的高度郑重地对第三代领导集体进行政治交代，提出了要"警惕党内部出现问题"的思想。江泽民同志接过历史的接力棒后，以新的指导思想实现了社会主义本质和党的先进性的辩证统一。一方面，他从党的先进性角度，抓住了对国家和社会发展起关键性作用的因素，如对社会发展起最终决定作用的生产力和具有能动反作用的文化，并将这二者最终落到人民群众根本利益的实现上，体现了中国共产党坚持客观规律与主体利益相统一的发展思路，体现了社会主义发展对党的先进性的内在要求。另一方面，这一思想任何一方面的内容都是从本质对人民实际需要的把握及对我国建设本质的把握。它根据新形势对党和国家工作的新要

---

① 余品华．"三个代表"重要思想与中国特色社会主义 [J]．毛泽东邓小平理论研究，2003（2）.

求，将我们制度优越之处更加具体地落到先进生产力、先进文化和人民根本利益等方面，这就从根本上把握了我们现代化建设的本质，这既是我们党立足新的发展条件和时代特征对党建工作提出的更高要求，也是对社会主义本质认识深化的表现，标志着我们党在党与社会主义关系问题上实现了重大的理论飞跃。

第八节　形成以人为本全面协调可持续的发展思想

以胡锦涛同志为核心的党中央，立足对新阶段发展新问题的深切思考，创造性地回答和更新了党的发展思想，形成了科学发展观，形成了一套包括多方面内容在内的完整理论体系，实现了党的发展思想的深化和提升，为我们党和国家事业的继续推进提供了重要理论指导。这一发展思想实现了对长期存在的以社会为本的发展观的重大突破，取得了立足新的阶段性特征对社会主义发展理论的长足进步。

一、科学发展观提出的背景及其科学内涵

科学发展观的提出是对我国发展过程中呈现出的一系列新的阶段性特征和新发展要求的理论回应，有着很强的理论价值和现实针对性。胡锦涛同志指出，这是对改革开放实践经验、"非典"疫情总结，也是回应未来如何发展之亟须。[1] 具体地，一方面我国社会在全面建设小康社会中所呈现的突出矛盾，指出了走科学发展道路的必要性和紧迫性。总的来说，这些突出矛盾表现在：①生产力水平总体不高，创新能力不强，经济结构不合理、粗放；②深层次体制机制障碍明显；③社会发展的多领域、多方面表现出不协调；④政治体制改革不充分的制约性更加突出地表现出来；⑤人民思想文化需求旺盛与供给不够的矛盾显现；⑥社会处于深刻变动之中，社会管理及群体性问题多发；⑦国际竞争和风险增大；⑧人口资源环境压力加大。另一方面，抗击"非典"斗争使我们党深刻地认识到不协调的问题和公共卫生事业滞后的弊端，并且应急能力不强导致问题容易扩大化。同时，全面建设小康社会的目标要求以全面的发展观为支撑。针对以上的新问题、新要求、新形势，胡锦涛同志明确提出，要更加

---

① 胡锦涛文选：第 2 卷［M］．北京：人民出版社，2016：104.

自觉地走科学发展道路，使发展观念、发展模式、发展质量得到真正优化和提升，以此来解决现已出现的种种突出问题，奋力开辟中国特色社会主义更为广阔的发展前景。科学发展观的正式提出是在 2003 年。胡锦涛同志在广东考察时，提出和强调我们在发展问题上的两条原则，即"一要坚持发展是硬道理；二是发展要有新思路"，并提出了"统筹城乡经济社会发展""坚持全面的发展观"等要求，初步提及了一些新的发展观点。到 7 月全国防治"非典"工作会议召开时，他正式提出了"科学发展观"这一科学概念。① 党的十六届三中全会明确将其作为指导经济体制改革进一步深化的重要观点，这标志着科学发展观及其内涵的正式确立。此后，胡锦涛对科学发展观的地位和内涵做过多次阐发和强调，特别是党的十七大对其阐释得更为系统。经过十年实践检验，党的十八大将其提升为新的指导思想，成为全党理论创新的又一伟大成果。

科学发展观的内涵和各要素功能定位都十分明确。党的十七大报告指出："科学发展观，第一要义是发展、核心是以人为本，基本要求是全面协调可持续，根本方法是统筹兼顾。"② 必须将发展作为党执政兴国的第一要务，为国家建设打下坚实基础，牢牢抓住经济建设这个中心，不断解放和发展社会生产力；必须坚持以人为本这一核心，为发展中国特色社会主义打下坚实群众基础，做到发展的出发点和归宿是人民及其根本利益；必须坚持全面协调可持续发展的基本要求，全面性是社会主义的内在特征，我国社会主义总体布局是全面推进各项建设的方向指引，它能够为现代化各个方面、各个领域及各个环节的协调提供保障，使人民更好地生产生活；必须坚持正确的方法来搞现代化建设，其中统筹兼顾是根本方法，它是社会主义这一新制度包容性的体现，也是指导我们搞建设的正确方法，它能够指引我们以正确的方法和思路看待经济社会的矛盾问题，从而很好地增强发展的科学性、协调性。这一全新的发展观，集中围绕着发展问题并系统回答了关于发展的一系列根本性问题，端正了发展观念，为全党树立起了科学发展所要遵循的原则，这表明中国共产党人对发展规律的把握更加全面深刻，更能立足发展实际，以强烈的问题导向为科学社会主义理论注入了新的时代内容。

---

① 胡锦涛文选：第 2 卷 [M]. 北京：人民出版社，2016：67.
② 十一届三中全会以来党和国家重要文献选编：1978.12—2007.10 [M]. 北京：中央党校出版社，2008：734.

二、科学发展观对科学社会主义基本理论的丰富和发展

以胡锦涛同志为核心的党中央，继续立足中国发展实际，推进党的理论创新，经过不断思考和深刻反思，科学回答了新世纪新阶段关于如何发展的一系列重大问题，既进一步从内涵上更新了党的发展理论，又实现了对马克思主义发展理论时代化。总之，这是中国共产党在新阶段对科学社会主义理论的重要贡献之一。

第一，以人为本的科学发展观实现了对马克思主义发展理论的重大发展，也实现了对长期存在的以社会为本的发展观的重大突破。马克思主义和科学社会主义的发展观是依据发展的一般规律对社会和人的发展提出的总体看法和根本观点。值得注意的是，马克思在唯物史观的基础上，将人理解为处于一定社会关系、一定时代和社会形态下的具体的人，因此他的发展理论实现了社会发展与人的发展的有机统一，因而他们才强调共产主义社会形态是人们的社会关系能够得到全面发展的形态，是以人的存在和发展为根本价值取向的社会。科学发展观在坚持这一根本观点的基础上，根据现阶段人的发展的现实性与可能性，提出科学发展观的核心是以人为本，它要求将人民作为国家建设事业的目标主体，发展为的是最广大人民能够在其中获益，也要看到不同条件下人民群众的具体利益存在差异性，因而妥善协调这些各异的利益关系，要充分考虑人民群众发展的多样性，使根本利益与具体的个人利益最大限度地得到同向满足，这对于社会主义国家来说具有很强现实性和可能性。因此，可以说我们党提出的以人为本的科学发展观，即以人民为本的发展观。虽然"人"的外延比"人民"更加宽泛，但是在我们的这一基本制度下，基于人们之间根本利益的一致性，二者能够实现一个有机转化。以人为本的科学发展观，既体现了科学社会主义的根本价值追求和基本观点，又充分彰显了我们的社会制度能够实现人和社会发展的统一、人民群众的根本利益和个体具体利益的协调，以及共产党执政目标的根本性与广泛性的统一等，这都极大丰富了马克思主义经典的发展理论。①

第二，科学发展观对全面、协调、可持续发展的强调，表明我们党对社

---

① 石仲泉. 百年党史视野下的中国共产党理论创新［J］. 中共党史研究，2021（2）.

会主义发展规律有了更为科学深入的把握。改革开放以来，随着党的工作重心转向经济建设，我们党的发展观的显著特点是追求经济社会快速发展，GDP 成为衡量发展水平的首要标准，"以经济发展为主要特征的发展观"① 为指导，我们确确实实实现了经济社会的快速腾飞。进入新世纪新阶段，以胡锦涛同志为核心的党中央根据出现的阶段性特征和矛盾问题，面对产业结构、劳动生产率、资源环境等方面提出的新要求，适时调整和更新了党的发展观，将全面、协调、可持续的新要求、新原则作为科学发展观的内容纳入党的发展思想中，体现了我们党的发展观正朝着以经济社会全面进步的方向迈进的发展趋势，开始向着"以物为本"到"以人为本"的转变，正在实现着由局部发展到全面发展的拓展，这就使我们党的发展理论有了质的提升，为我国现代化指出了更高的评价标准和目标指引。科学发展观要求经济社会、人民群众、生态环境等方面相协调，在发展中不仅关注经济指标，还要关注人文指标、资源环境指标，从而使得城乡、区域、经济与社会、人与自然、国内与国外成为一个发展整体，这样的发展观符合社会主义全面进步之要求，也使党的执政理念更加丰盈、充实、科学了。

第九节　形成社会主义和谐社会思想

从古至今，和谐都是一种理想的社会发展状态，对于中国共产党来说，这一发展状态更是我们在实践中的不懈追求。社会主义需要社会和谐，也能够实现社会和谐。制度优势使我们具备建立和谐社会的一般条件，但在当前的初级阶段，要构建起一个充满生机又安定团结有序的社会，复杂性和困难程度都不容小觑，这就更有赖于科学的指导和理念的创新。② 社会主义和谐社会理论与中国特色社会主义理论存在共通性，即在内容上，它们都是覆盖全社会的；在形式上，它们是贯穿于我们事业的始终的，它们是一个长期的历史任务和始终不懈的追求③，只有能够不断科学有效地化解各种社会矛盾，

---

① 胡雪艳，郭立宏. 马克思主义发展观的坚守与突破：以人为中心的发展思想 [J]. 人文杂志，2018（4）.

② 黄枬森. 关于科学发展观和构建社会主义和谐社会理论的哲学思考 [J]. 北京大学学报（哲学社会科学版），2007（5）.

③ 荣长海. 关于社会主义和谐社会的若干重要理论问题 [J]. 天津社会科学，2007（2）.

实现社会长期繁荣有序，才能实现这一目标。因此，可以说社会主义和谐社会理论是从社会领域对现阶段建设总目标的具体化。按照科学发展观的要求，以胡锦涛同志为核心的党中央，在构建这一理想社会的实践中逐步形成了关于社会主义和谐社会的科学认识，标志着我们党对社会领域发展目标和规律的认识有了质的提升。

一、社会主义和谐社会理论的提出

提出这一理论是我们党对现实要求作出积极回应的表现。一方面，国际政治局势多极化、经济全球化和文化多样化成为不容忽视的时代特征，使得受国际局势影响的不确定性和矛盾风险日益增多，世界力量失衡的局面短期内难以改变，给我国经济社会发展带来前所未有的挑战，使全党必须站在时代前列，考虑国际因素的变化对我国社会和谐发展、安全发展带来的潜在风险点；另一方面，它的提出适应了我国改革发展进入关键时期的客观要求，最近 30 多年改革开放引发了我国社会最深刻的整体性转型，使得社会结构从单一型向多重型社会结构转变。例如，在我国公有制与包括各种所有制同时存在，使得我国的各类关系都比单纯的、成熟的社会形态要复杂得多；如在我国社会主义市场经济体制下，分化出许多崭新的社会阶层，形成了许多新的经济组织和社会组织，它们之间存在着利益冲突，加剧了社会矛盾的出现。例如，社会发展很不平衡；与人民生活联系紧密的领域问题多而杂；体制机制方面和社会道德风尚方面也存在大量问题；一些领导干部能力、素质作风与新形势新任务不相符以及国家安全稳定容易受到敌对势力渗透活动的影响。这些矛盾和问题，虽然是我国初级阶段条件下的阶段性产物，但如果对这些风险因素不加以重视，它们将影响甚至破坏社会和谐。我们党正是把握住了社会主义制度与社会主义和谐状态之间的一致性，实事求是地看到了构建这样一个社会的艰巨性、复杂性和动态性，从而提出构建社会主义和谐社会这一重大战略任务，以科学理论和理念的创新为指导，为达到一种和谐的社会状态、巩固党的执政地位创造条件。

这一理论的形成有一个逐步成熟的过程。我们党首次提到"社会和谐"是在党的十六大报告中。"社会更加和谐"被作为我们党要建设的更高水平的小康社会所呈现出的 6 种状态①之一向全党提了出来，这表明社会和谐问题已经开始进入全党的理论视域中。党的重要文献中第一次出现"构建社会主义和谐社会"是在 2004 年 9 月，党的十六届四中全会明确要求全党不断提高构建社会主义和谐社会的能力，这表明我们党对其重要性的认识上升到关系党的执政能力和地位的高度，标志着党对这一问题的认识更加深化。此后，以胡锦涛同志的多次讲话和我们党在十六届六中全会、十七大上的报告等对这一问题的阐释为标志，中国共产党对社会主义和谐社会的理论认识已达到系统化、理论化的程度，从对社会主义和谐社会的基本内涵、特征、指导思想、原则、目标、任务等一系列基本问题的系统阐释和科学回答中，形成和发展了一套系统阐释社会主义和谐社会的科学理论。

具体来说，社会主义和谐社会的理论内容主要有：第一，明确指出构建这一社会的重要意义和战略地位。主要有两个十分重要的方面：一方面，社会和谐作为我们社会的本质属性之一，它是保障国家、社会、个人有一个良好的发展环境和发展前景的基础，广大人民对这一社会有着美好的憧憬和强烈的希冀，要求我们建设现代化的过程中将社会和谐这一维度纳入建设和发展的视域之中，从人民利益、执政基础、现代化全局、国家长治久安等战略高度认识其重大意义和紧迫性；另一方面，构建社会主义和谐社会反映了我们党对执政内容和形式的新认识，基于社会领域和群众基础对党执政的根本性作用，要求党在治国理政的过程中，对社会领域的相关工作和问题越来越以具体、细致的态度来认识和解决，越来越要求社会领域从传统的"大政治"领域中独立出来，要求全党立足新形势新阶段，科学认识和把握建设这一社会的特点和规律，以更加符合社会领域特点的形式和方法处理与人民联系非常直接的问题，这都对党员干部的素质能力提出了更严格的要求，使全党在加强对社会领域领导的同时，更使这一领导有序有效。第二，对于这一理论的基本内涵，党的重要文献中明确指出，我们所要建设的和谐社会，应该是民主法治、公平正义、诚信友善、充满活力、安定有序、人与自然和谐相处的社会，是党领导全体人民共同建设、共同享有的和谐社会。这一基本

---

① 党的十六大报告指出："我们要在本世纪头二十年，集中力量，全面建设惠及十几亿人口的更高水平的小康社会，使经济更加发展、民主更加健全、科学更加进步、文化更加繁荣、社会更加和谐、人民生活更加殷实。"参见十一届三中全会以来党和国家重要文献选编：1978.12—2007.10［M］．北京：中央党校出版社，2008：451.

内涵体现了我们党对构建这一社会的总体思路，表明我们党是从总体上、宏观上理解这一社会状态的，即一个和谐的社会应当在经济、政治、生态、社会环境、社会秩序、社会交往等各方面达到一种动态平衡，而不单单从一方面着手，这样的认识是对以往发展理论的一大创新和发展，是一种综合全面的发展观之体现。因此，我们党在贯彻这一理论时，立足的是与人民各方面联系紧密的利益关系，大力发展多种性质的社会事业、建设和谐的社会文化，多途径多方面完善社会管理来增强社会活力，通过对生态环境的治理与提升来为人民提供更加安全舒适健康的生活空间，等等。第三，这一理论包含对构建这一社会有利条件和基本任务的科学概括。构建这一社会是目标性和阶段性、稳定性和动态性的有机统一，追求社会和谐是马克思主义政党和社会主义国家的一贯目标，但是在我国社会主义初级阶段条件下，我们党清醒地看到我国发展的阶段性特征和已经具备的条件，可以立足国情，根据已经具备的条件，积极地推进这一战略任务。现阶段，我国构建和谐社会的有利条件：有党的领导和社会主义制度的根本保证、改革开放以来生产力发展的物质保障、全体人民政治上的平等地位和根本利益的一致性，以及马克思主义在党和国家和社会中的指导地位的思想保证等。

二、社会主义和谐社会理论对科学社会主义基本理论的丰富和发展

社会主义和谐社会理论在本质上符合科学社会主义关于社会领域建设的一般设想。我们党建设和谐社会的理论和实践，实现了对经典科学社会主义理论内涵、视角的扩充和方法、思路的优化。通过以上对这一理论内容的大致梳理，不难看出，这一理论的发展性体现于以下几个方面。

第一，中国共产党从执政全局和全过程对社会主义和谐社会的构建，统一最近目标和长远任务，使这一理论的现实性增强，相比于科学社会主义经典理论中的社会发展理论来说，我们党的这一理论创新更加具体可感。马克思曾根据经济关系与人的发展状况将社会划分为人的依赖性社会、物的依赖性社会以及个人全面发展的社会，在第一形态和第二形态下，人要么处于人身依附关系下，要么处于被物所支配、所奴役、所蒙蔽的物化状态下，在这两种社会形态中，和谐不仅无迹可寻，也无法企及。马克思认为，氏族社会、亚细亚所有制、奴隶制、封建制的社会关系即前资本主义的社会关系属于

"人的依赖关系"这一形态；资本主义私有制下的社会关系则属于物的依赖性社会。① 只有具备了一定社会条件使人的自由个性得以施展时，和谐状态才能真真正正、真真实实地达到。马克思的理论为我们党指明了社会建设方面应遵循的前进方向，并提出了所应努力创设的积极条件。实际上，我们党自创立后所进行的一切实践都为我们现在能够提出这一理论打下了坚实的基础，如社会主义制度的确立，人民民主的实现为其创造了根本政治前提；生产力水平的逐步提高则奠定了坚实的社会物质基础等。党的十六大以来，以胡锦涛同志为核心的党中央，立足我国现已具备的积极条件，及时适应世情、国情、党情的新变化，及时正确地处理由此产生的一系列矛盾和问题，统一当下和长远的目标，为构建和谐社会做了许多实际有效的工作，将构建社会主义和谐社会作为贯穿我们党长期历史任务的重要抓手，同时，始终将"和谐社会建设"看作我们党在执政过程中要努力实现的一种状态、一种不断化解社会矛盾的持续性过程，而不是与共产主义形态下的和谐社会（那种社会和谐是近乎完美状态下的和谐，是与共产主义的基本制度相匹配的和谐）相等同。从远近目标的统一中，我们党实现了对科学社会主义基本理论的运用和发展，表明了中国共产党作为执政党的能力水平和历史担当。

第二，这一理论对社会主义本质观的内容进行了扩充。马克思、恩格斯对未来取代资本主义社会的更高发展阶段的社会进行过合规律的理论设想，他们明确指出了未来社会的根本原则即实现人的自由全面发展，形成人的全面和谐关系（人与自身、所处的主客观环境等）。以胡锦涛同志为核心的党中央，在坚持科学社会主义基本原则的基础上，继承和发展了邓小平同志和江泽民同志对本质问题的认识，提出了在新形势下对社会本质的新见解，立足新视角加入了新的内容，将社会领域的和谐状态作为社会主义的内在要求和本质属性，提出了国家建设应当着眼和着力的新方向，这就极大地深化了我们对本质问题的认知深度。不仅如此，由于社会和谐的实现不是一蹴而就的，是需要立足当下、久久为功的大事业，所以我们党将社会和谐作为我们现阶段中国特色社会主义的本质属性，要求全党不要停留于理论构想中，而

---

① 刘同舫. 马克思人类解放思想史 [M]. 北京：人民出版社，2019：136；赵曜. 论构建社会主义和谐社会的理论基石 [J]. 马克思主义研究，2007（1）；史艺军，马桂萍. 社会主义和谐社会思想：马克思主义中国化的重大理论创新 [J]. 求实，2007（2）.

是要从中国特色社会主义本质的高度加快推进各项工作，为其创造更加积极的实现条件。这标志着中国共产党对社会主义建设一般规律和现实特殊规律的认识都上升到新的更高水平之上了。

　　第三，这一理论从视角的扩展方面发展了马克思社会有机体理论，深化了对政党、国家、社会关系的认识，提高了社会建设的重要性及其地位。马克思社会有机体理论认为，人类社会由多要素构成，各要素之间互联共生，彼此联系、相互照应、有序衔接，且能够进行自我调节、自我修复、自我更新，使其向着更为高级的方面不断发展完善。马克思的社会有机体理论建立在唯物史观基础之上，以物质生产方式为基础，主要着眼于经济、政治、文化三者之间的互动关系。我们党在社会主义现代化建设过程中，对这一有机体思想的认识不断深化拓展，从以经济要素为主向物质文明和精神文明两手抓、两手硬转变，随着我们事业的深入推进，党的十五大明确提出经济、政治和文化的"三位一体"总体布局，明确了社会主义是全面发展、全面进步的社会。"三位一体"的总体布局实际上继承了马克思关于人类社会发展一般规律的考察，将人类社会现象总体上分为三大类。但随着形势的发展，这三类现象中的交集即小社会因素更加凸显出来了，现实发展要求理论回应，作出专门的、更为详细、更为全面的概括，于是我们党形成了"四位一体"的建设布局，以使不够和谐的社会关系得到足够重视并逐步协调起来。① 此外，将社会建设专列出来进行具体部署，同样是中国共产党在执政过程中对政党、社会、国家三者关系认识深化的重要表现。随着改革的推进，我们党越来越认识到在政党、国家之外的社会所占据的战略性地位，以及社会方面的问题和矛盾，如社会结构、秩序、管理等，直接关系到人民群众最核心的利益，它已经发展成为党长期执政和实现现代化过程中不得不加以关注的重要领域。因此，此时提出构建社会主义和谐社会的重大战略任务，通过协调各种社会因素之间的关系，巩固党和国家发展的社会基础，就显得极其必要。

---

　　① 黄枬森. 关于科学发展观和构建社会主义和谐社会理论的哲学思考［J］. 北京大学学报（哲学社会科学版），2007（5）.

第十节　形成社会主义核心价值观

核心价值观有着重要的宏观意义，它作为能够主导人民行为取向和评价体系的观念，是一个民族、一个国家赖以生存的精神纽带和共同思想基础，能否形成具有强大吸引力、感召力和向心力的核心价值观关系到国家前途命运和发展方向。中国共产党始终高度重视思想文化领域的建设，改革开放之初，党就将建设高度的精神文明作为重要战略。随着我国改革开放和社会主义市场经济的深入发展带来的思想意识领域的新特点，以及世界范围内价值观较量的愈演愈烈，迫切要求凝练出能够指导中国改革开放取得成功的深层次思想文化内容和价值观念。以胡锦涛同志为核心的党中央立足新形势下的现实需要，按照科学发展观的要求，依据对社会主义本质的深刻思考，首次在科学社会主义发展史上提出了这一科学概念和建设任务，并不断将其作出理论凝练，这构成了对于科学社会主义基本理论的原创性的理论贡献，丰富和拓展了科学社会主义的基本价值，加深了人民对社会主义本质更加全面的认识。

一、社会主义核心价值观的提出

为应对外国各类思潮的大举侵入和世界范围内思想文化、价值观领域较量的新局面，全党以科学的理论对此进行积极回应和部署。党的十六届六中全会首次就社会主义核心价值与社会和谐的关联性上进行阐释，并提出了"社会主义核心价值体系"的概念和内容①，将这一体系的建设作为和谐文化建设的大方向和路径，其主要内容包含着的"指导思想""共同理想""民族精神""时代精神"属于思想建设内容，"荣辱观"属于道德建设内容，集中体现了社会主义意识形态的本质属性。这一科学概念的凝练在科学社会主义发展史上是首次，这是我们党重大的理论贡献和思想创新。随着这一体系认同度的大幅提升，我们党开始从更高的层面思考这一问题，党的十七大报告将其作为体现社会主义意识形态本质的东西，并针对它的重要性提出了发挥

---

① 十一届三中全会以来党和国家重要文献选编：1978.12—2007.10 ［M］. 北京：中央党校出版社，2008：715.

其作用的一系列办法和途径，如将它融入国民教育及精神文明建设中，使之内化为人民的内在追求。党的十八大报告更加明确地指出了社会主义核心价值体系的地位和作用，将其提到兴国之魂的高度，认为它是决定着中国特色社会主义方向的重大问题。① 基于这一认识，我们党进一步进行理论凝练并首次提出了 24 个字的较为简练、传播力影响力都更强的社会主义核心价值观。至此，当代中国的核心价值观得以完整地呈现出来并在实践中得到不断发展和完善。

二、社会主义核心价值观的内涵及其对科学社会主义的丰富和发展

社会主义核心价值观是价值体系的内核，它能够精炼并体现出这个体系的根本性质和突出特征。它的提出标志着中国共产党对社会主义精神文明建设规律性认识的不断深化，有助于党在新的历史条件下筑牢马克思主义阵地，强化社会主义意识和价值的影响力、感染力，凝聚起全体儿女建设中国特色社会主义的磅礴力量。具体来说，我们的社会主义核心价值观是一个三位一体的价值观，党和国家、社会、个人是三位一体。其中，第一层面的倡导指明了我们党奋斗的价值目标，它们分别对应了中国共产党在领导人民不懈奋斗的物质文明追求、政治文明追求、精神文明追求和社会文明追求。这一层面的价值目标充分体现了我们党对科学社会主义关于社会主义社会是全面发展、全面进步的社会这一原则的认识，在价值目标层面为科学社会主义基本理论增添了吸引力和生命力，使它能够不断激发出广大人民群众推动改革创新、共建中国特色社会主义的积极性、主动性和创造性。社会层面的倡导则指向了美好社会应然的状态，它们既是对客观存在的经济、政治、社会结构和发展状况的反映，也是人们对自身发展目标的映射和美好希冀。自由、平等、公正、法治这一社会层面价值导向，集中体现了社会主义社会对人的行为的基本规范和人与人之间应然关系的价值认定。与资产阶级社会在形式层面推行"普世价值"，在实质上以少数人利益或以资本增殖为导向的社会价值目标根本不同。自由、平等、公正、法治的价值规范和价值取向是对科学社会主义关于建立美好社会在共产主义第一阶段的生动表述，充分揭示了社

---

① 十八大以来重要文献选编：上 ［M］. 北京：中央文献出版社，2014：24.

会主义的本质属性，展现了中国特色社会主义的基本特征，能够充分发挥社会层面价值观在引导、凝聚、调节、整合等方面的积极作用，推动社会主义社会朝着和谐有序的方向前进。个人层面的倡导标定了公民个人应守的基本道德准则和公民在进行行为选择时的标准，这四个方面的价值要求既体现了社会主义社会对个人在集体生活中、在工作时、在人际交往时的基本要求，又充分体现了中华民族历史文化传统和传统美德对人行为的规范。这一层面价值规范的集中表述，是科学社会主义基本取向与我们优秀历史文化有机结合的表现，创造性地使科学社会主义价值体系更加丰盈充实。

这三个方面的倡导，是一个有机整体，它们既是在改革开放的进程中逐步形成发展起来的，也真正地为我国改革开放和社会主义现代化建设提供了不竭的内在精神动力和重要价值引领，能够形成在各个领域推动社会进步和国家长治久安的强大感召力和向心力。中国共产党在科学社会主义发展史上第一次集中概括出"社会主义核心价值观"的新概念和科学内涵，是对科学社会主义基本理论作出的原创性贡献，为科学社会主义的理论宝库注入了价值层面上的吸引力和认同感，全方位展现了科学社会主义理论的优越性、科学性和人民性。①

---

① 王怀超，张瑞. 中国共产党对科学社会主义的理论贡献 [J]. 前线，2021 (4).

第四章

习近平新时代中国特色社会主义思想对科学社会主义的丰富和发展

　　面对国内外形势深刻变化的前所未有之势，加之我国改革发展面临不确定性和风险性更强的环境下，以习近平同志为核心的党中央，直面时代大势和尖锐复杂多样的矛盾，提出了反映时代特点和发展要求的新理念、新思想。在这些思想的指引下，党和国家制定了许多重大的方针政策，引领国家发展方位发生重大变化。进入新时代，我国发展进入提质升级的新车道。目前，我们党带领广大人民实现第一个百年奋斗目标之后，正式进入向第二个百年奋斗目标即全面建成社会主义现代化强国奋进的征程中，这标志着我们党开始引领着"中国号"巨轮向着强起来的新发展阶段进军，为实现社会主义现代化国家的历史宏愿而不懈奋斗，这是理解当代中国问题必须充分认识和思考的重要方面。

　　顺应新时代发展要求，立足国内外形势和我国事业发展新变化，以习近平同志为核心的党中央，坚持实践基础上的理论创新，以全新的视野深化对规律的把握，在深入思考和系统回答时代课题中，创立了党的最新指导思想。这一思想是代表了当今时代最现实、最鲜活的马克思主义，标志着党的理论创新达到一个新的境界，它为科学社会主义基本理论又增添了许多富有时代特点的原创性内容。具体来说，新思想的独创性和发展性主要集中在以下几方面：①全面深化了对中国特色社会主义的科学认识，极大地丰富和拓展了科学社会主义的时代视域、社会结构理论以及社会主义本质理论；②提出了全面建成社会主义现代化强国的全新战略思考，明确提出指导我们现代化的最新理论成果，从多方面丰富发展了科学社会主义基本理论；③高度重视制度成熟定型和国家治理现代化问题，创造性地形成了社会主义国家治理现代化理论，极大发展了马克思主义的国家学说；④以党的全面领导理论和全面从严治党思想开辟了执政党建设的新境界，极大丰富和发展了科学社会主义的党建学说；⑤提出构建人类命运共同体的思想，科学回答了关于世界发展和人类走向的时代之问，在理论和实践上进一步丰富和发展了科学社会主义的自由人联合体思想；⑥创立了习近平生态文明思想，实现了对马克思人与自然关系的学说升华。这些新思想新战略充分彰显了科学社会主义旺盛的生命力和真理性，充分体现了时代的发展和实践的深化，它们构成了当代中国马克思主义、21 世纪马克思主义的重要内容，不仅推动了中国特色社会主义的新发展，也将继续为国家的现代化建设事业和民族复兴伟业提供坚实的思想理论基础，朝着更符合中国实际和现实需要以及客观规律的方向阔步前行。

新时代必须始终坚持、深刻领悟习近平新时代中国特色社会主义思想中对科学社会主义经典理论丰富和发展的内容，深刻分析其中的原创性、拓展性和思想的全面性，明确其中的时代特色、民族色彩、中国气派，进而牢牢以新思想武装头脑、指导实践，推动理论创新继续走向深入，继续在新的实践中发挥行动指南的作用。

第一节　全面深化对中国特色社会主义的科学认识

党的十八大以来，习近平同志深入中国实际、脚踏当今时代、直面突出问题，及时总结经验、提升理论，由此产生了对中国特色社会主义更加深刻的认知和把握，如对发展方位的新定位、对时代课题的新回应、对社会本质的深刻总结等。这些内容是关乎我国社会主义前途的根本性、基础性内容，因而它们构成习近平新时代中国特色社会主义思想的重要组成部分。这些富于规律性的新观点，具有很强的现实性和原创性，它们极大丰富和发展了党的指导思想。作为党的最新理论成果中的关键性内容，这些科学认识从对特殊本质的思考中提升了一般理论，展现了中国共产党人将经典理论运用于时代发展中、将普遍真理活用于中国社会中的理论担当与自觉自信。

一、明确提出"中国特色社会主义进入新时代"的重大政治论断

历史方位是判定我们身处何方的坐标，是指引国家发展的灯塔。党的十

九大召开前夕，习近平同志在 2017 年 7 月 26 日省部级主要领导干部专题研讨班开班式讲话中提到"中国特色社会主义进入了新的发展阶段"①。党的十九大报告正式提出"新时代"的重大政治论断并对其进行了系统的理论阐释，这一政治论断是习近平新时代中国特色社会主义思想极其重要的理论前提，它以"五个是"和"三个意味着"界定和说明了"这个新时代是什么、它的来历、它要完成何种任务，它的前途是什么"等基本理论问题。它同时标注了我国社会主义和现代化新的历史方位，凸显了中国发展在世界发展进程中的作用，充分体现了中国共产党与时俱进的理论品格。

第一，它的提出立足于党的十八大以来取得的丰功伟绩，在回应时代性课题的过程中标定了新的历史方位。所谓历史方位，一方面它必须具有时间禀赋，能够体现出历史发展的纵向逻辑，更为重要的是，它能够精确展现事物在纵向发展过程中的不同时期的本质及突出特点。② 因此，要理解历史方位的变化，其根本依据和标志就是看某一事物运动发展过程中在特定时间阶段上是否发生了本质属性和特征的重大变迁。就党和国家发展历史方位是否发生变化的主要依据是看是否有关系社会性质的某些重大转折性变化。这种重大转折性变化是要关系到全局的，主要存在有三个大方面：一是党和国家事业是否出现史无前例的新情况，二是是否取得了某些前所未有的创举，三是社会主要矛盾相比于以前有无变化。

具体来说，一方面，党和国家确实遇到了史无前例的新情况。一是世界范围的新变化，即百年未有之大变局的到来，世界经济进入衰退期，发展动力不足，流动性因新冠疫情而大大减慢，经济全球化受阻，"黑天鹅"事件频现，不确定性极大增强，地区不安全事件频现等；二是国内新变化，如经济社会发展进入到减速提质的新时期，深层次矛盾亟待解决，具有时代特征的新思维对转变发展方式的要求更高了，社会需求更加多元、复兴愿望更加迫切等；三是党内出现的新变化，如对党员干部领导水平的考验更多了，党群的关系更需加强，重大风险考验和党内存在的突出问题更多了。世情、国情、党情出现的这些新情况，要求党中央以更宽广的视野、更长远的眼光思

① 习近平谈治国理政：第 2 卷［M］．北京：外文出版社，2017：62.
② 谢启华，谢海军．观察新时代历史方位的全景式坐标：中国向度与世界视野［J］．党政研究，2020（6）.

考和把握重大战略问题，抓住机遇，以推动党和国家事业上新台阶。

另一方面，党和国家确实取得了一些前所未有的创举。在统筹中华民族伟大复兴战略全局和世界百年未有之大变局，统筹推进总体布局与战略布局的过程中，各个领域的改革更加深化，使得我们取得了同深化改革相关联的深层次根本性的变化和全方位开创性的伟绩，如制度保障更完备了，物质基础更丰厚坚实了，人民的精神面貌更积极自信了。经过 40 多年的快速发展，我国已基本实现工业化，经济结构空前优化，供给侧结构性改革推动我国实现了动力变革、质量变革和效率变革，产业结构转型升级，经济水平向中高端迈进；在创新驱动发展战略下，我国科技创新取得重大突破；不断健全开放型经济体制，将自贸试验区扩容至 21 个，稳步走向经贸强国；采取果断措施阻隔突如其来的新冠疫情，并如期完成了脱贫攻坚的任务，对全球减贫贡献率超过 70%；等等。此外，在生态文明建设、国防军队建设、国际事务和党的建设等方面也采取了一系列新举措，出现了一系列积极的变化。这些都标志着我国现阶段的发展有了"部分质变"，实现了阶段性跃升和对不发达状态的阶段性克服、超越和扬弃。[1]

最后，社会主要矛盾确实转变了。这是我们之所以提出历史方位新论断的根本考量和现实依据。[2] 同时，它又是新时代的显著特征，二者互为表里、相互转化。作为关系全局的里程碑式的变动，它不可回避地就是对党和国家的工作提出了与此前众多不同的、更高的要求。为此，全党必须着力解决好发展不平衡不充分的突出矛盾，注重发展的全面性、协调性要求，更好适应需求侧多方面、多样化的新期待，满足人民群众对理想生活、美好未来的渴盼。

以上的新问题、新成就、新矛盾构成了理解新时代的重要现实依据，正是在对这些时代课题的深刻思考中，我们党才作出了这一重大的战略性政治论断。

第二，这一重大政治论断的提出有着重要的世界历史意义。世界局势日益深刻地影响我们对发展方位的战略判断。当今世界已经进入大发展、大变

---

① 魏志奇.论新时代的发展方位［J］.社会主义研究，2021（3）.
② 在社会制度稳定的条件下，生产关系集中体现为社会主要矛盾，即人民群众的需求与社会供给之间的矛盾，这是纷繁复杂的社会矛盾中的关系时代属性的主要矛盾。

革、大调整时期，动荡变革世界历史呈现相互激荡、风云变幻的多面性，迫切要求从大历史观、世界观上进行理论创新。

习近平同志综合考量国内外两方面的因素，提出"世界百年未有之大变局"的重大论断。在国际环境日趋复杂、不稳定性不确定性明显增强的形势下，需要全党不断强化认知世界格局剧烈变动的思想自觉。其次，放眼国际来检视我国历史方位的基准是现代化。虽然我国在世界现代化发展进程中仍处于发展中国家的地位，但经过多年量变的积累，我国与世界力量对比发生重大变化，位次有了很大的提升，发展差距显著缩小了。新的历史方位提出"打破西方现代化道路成为人类现代化唯一方案的境遇，强力证明了我们现代化的独特性和优越性"①。党的十九大报告即是从这一尺度来定义新时代的国际意义的，即明确指出了新时代我们党在现代化新路的开拓方面的贡献，以中国智慧和可行性方案彰显了科学社会主义在昭示人类社会发展方向方面的强大活力。因此，可以说"新时代"的政治论断在回应"世界百年未有之大变局"的同时指明了中国在新的世界格局演进过程中探索中国式现代化新道路和构建人类文明新形态对世界的重大影响。

第三，这一重大政治论断的提出有着重要的理论意义。"新时代"政治论断是习近平新时代中国特色社会主义思想的重要组成部分和极其重要的理论前提。习近平同志统筹"两个大局"并阐明其时代内涵及辩证关系，把中国发展与世界变化在新的发展阶段上有机统一起来了。党的十九大报告立足"新时代"这一中国特色社会主义新的历史方位，紧密结合新的时代条件和现实要求，进行了重大理论概括，形成了涵盖"十个明确"的理论内容，这些内容的基点即这一新时代的新定位。这一方面充分体现了它的极端重要性；另一方面，这一过程符合逻辑与历史相统一的认识原则，历史从哪里开始，逻辑也就要从哪里开始，两者辩证统一才能产生出客观真实的理论概括。这就使得习近平新时代中国特色社会主义思想既有对重大现实问题的科学解答，也有对时代规律的深度把握，具有强烈的现实针对性。

二、系统回答了一系列重大的时代课题

所谓重大时代课题是指能够集中反映时代要求、彰显时代所提出的重大

---

①　刘建军，范娇阳．正确把握历史方位和发展阶段［J］．前线，2021（7）．

历史任务的重大问题。每个时代的新问题层出不穷，但每个时代最主要的核心问题，构成了重大时代课题的内容。为在新的历史条件下继续引领时代发展，习近平同志对此进行了系统的回答，极大深化了我们党对建设和发展问题的规律性认识。

改革开放以来，党的全部理论和实践的主题即对中国特色社会主义的探索。经过 40 多年发展，我们的发展也进入历史关键时期，既有举世瞩目的成果，也有一系列亟待解决的深层次问题。这些问题属于发展起来以后的问题，带有很强的阶段性。要从根本上解决这些问题，续写这篇大文章并将其推向新的阶段，就必须首先回答清楚习近平新时代中国特色社会主义如何继续发展的这一重大时代课题，这是摆在党中央面前的重大理论和实践问题。因此，党的十八大以来，习近平所有理论创新和实践创新都是围绕这一时代课题展开的，党的十九大报告将其凝练为"八个明确"和"十四个坚持"，党的十九届六中全会进一步发展为"十个明确"，全面系统地从理论和实践两个方面回答了党治国理政的重大时代课题。可以说，这种思考和解答构成了新时代党的重大理论创新的核心要义，它深化了我们党对习近平新时代中国特色社会主义发展的理论认识，提供了指导发展的根本指南，体现了党的指导思想实践性、时代性、创新性的理论品格，为党实现新的历史使命提供了科学指南。

实现社会主义现代化是党成立以来的不懈追求和重大任务。经过改革开放和社会主义现代化建设 40 多年的发展，我们党所处的发展方位出现了新的阶段性特征，我国的生产力和生产关系、经济基础和上层建筑实现了新的总体性跃升，使我国推进社会主义现代化打开了崭新的局面，特别是全面建成小康社会的历史任务如期完成后，我国胜利解决了绝对贫困这一历史和世界难题，以习近平同志为核心的党中央，准确把握国内外环境变化，辩证分析当前阶段性典型性特点，适时对全面建设社会主义现代化国家作出系统谋划和战略部署，构成了实现社会主义现代化伟大事业的最新定位、最新认知、最新判断，形成了一套指导中国社会主义现代化发展的最新理论成果①，深化了对习近平新时代中国特色社会主义的科学认识。

作为长期执政的马克思主义政党，执政党建设是党的永恒课题。进入新时代，党肩负重大的发展任务和复兴使命，这对我们党提出的挑战、要求、标准都是很高的。习近平同志深入分析、统筹思考,在新的历史条件下开辟了加强党的全面领导和全面加强党的建设新境界。党的十八大以来,党中央以空前的决心和力度推进全面从严治党,切实在党的全面领导和全面加强党的建设上打攻坚战,实现了全党思想上的高度统一、组织上的坚强有力和行动上的高度一致,极大增强了党的领导力、组织力和向心力。以习近平同志为核心的党中央,开辟了党的全面领导和全面从严治党新境界的新理论新实践,深化了中国共产党对社会主义建设和执政党建设的规律性认识,对科学社会主义无产阶级政党建设学说作出了重要的原创性贡献。

三、深化了对社会主义本质和中国特色社会主义本质的认识

党的十八大以来,习近平同志在推动实践发展和深入理论思考的基础上,对国家制度、社会发展及其本质问题的认识都更加深刻、更加具象化,由此实现了对社会主义和中国特色社会主义规律性认识的巨大飞跃。

一方面,习近平同志深刻回答了中国特色社会主义与科学社会主义的关系,回应了国内外对中国特色社会主义本质的种种质疑,在明确其本质的同时,进一步增进了人们对社会主义本质的认识。随着我们制度优势的广泛凸显,国际社会对我们的关注度日益提升,越来越拿显微镜看待我们的制度,其中不乏许多认识上的谬误和主观上的挑衅。如有观点将其诬陷为"中国共产党领导的资本主义""新官僚资本主义"等;有的观点不谈我们制度的普遍性意义,仅从特殊性上对其理解,将其解构、排斥于社会主义之外;还有观点将其看作"修正主义",将其与经典马克思主义对立起来。针对国内外在这一问题的认识上存在的诸多误解、抹黑和打压,习近平同志旗帜鲜明、立场坚定地指出,我们的理论创新就是社会主义的,它没有也不容许丢掉科学社会主义基本原则,它的根本就是科学社会主义。① 这就体现了中国共产党一以贯之且旗帜鲜明的政治态度和根本立场。

另一方面,习近平对中国特色社会主义这一特殊本质作出了新论断即"最本质特征""内在要求""本质要求"等,这都使我们党对发展和建设规律的认识和把握更为科学了。其一,党的十九大报告明确在党的重要文献中

---

① 十八大以来重要文献选编(上)[M]. 北京:中央文献出版社,2014:109.

指明了"中国特色社会主义最本质特征"①。这一论断的提出，一方面对党的领导地位的强调更加深刻，较以往来说有了很大的升华，这一论断的作出是我们党基于百年实践的深刻总结，也为党继续更有力地推进我们现代化建设各项事业奠定了基础；另一方面，我们党此前有过对中国特色社会主义本质属性的表述，但是从上层建筑方面界定最本质特征还是首次，这表明我们党对社会主义本质以及我们正在干的事业的本质的认识更加全面深刻了，注意到了事业成功的根本保证和有力推动者的重大作用。特别是最本质特征的"最"字有点题和破题的效果，把党的领导与其他方面的特征进行了排序，极大突出了党的领导在制度建构和建设中的战略价值，体现了对中国共产党领导核心地位的进一步肯定，符合中国共产党在新的历史条件下要继续带领广大人民夺取新胜利的历史使命和要求。② 其二，党的十八届四中全会明确将依法治国作为"本质要求和重要保障"③ 向全党提了出来，突出了依法治国在我们事业中的重要地位和重大价值；习近平同志在党的十八届五中全会全面研究部署"十三五"时期我国发展的一系列重大问题时，首次明确将"共享"作为"本质要求"提了出来，这一新论断为共同富裕赋予了新时代的具体内涵，为社会公平正义问题的解决提供了方向指引，既体现了社会主义的本质要求，又符合现阶段中国实际，深化了党对一般本质和特殊本质的全面认识。

四、习近平在深化对中国特色社会主义的认识过程中 多角度深化发展了科学社会主义的基本理论

习近平在领导中国特色社会主义的实践中深化了它的理论认识，这些立足实践、总结经验并面向未来的重大论断和最新判断从多个方面多个角度实现了对科学社会主义基本理论的拓展与推进。

第一，提出"新时代"的重大政治论断以及系统回答一系列重大时代课题，极大丰富和拓展了科学社会主义的时代视域，增添了对重大现实问题的科

———

① 十九大以来重要文献选编：上 [M]．北京：中央文献出版社，2019：14.
② 康晓强．习近平关于科学社会主义重要论述的原创性贡献 [J]．马克思主义研究，2021（1）.
③ 党的十八届四中全会通过的《中共中央关于全面推进依法治国若干重大问题的决定》提出了"依法治国是坚持和发展中国特色社会主义的本质要求和重要保障"。参见十八大以来重要文献选编（中）[M]．北京：中央文献出版社，2016：166.

学解答，进一步焕发了科学社会主义的生命力。科学社会主义是一个开放性的、富有生命力的科学体系，它的开放性和科学性很大程度上取决于其对时代主题或与时代紧密联系的历史性前沿课题的关注和不断解决，正是在不断回答和解决历史性前沿课题中，科学社会主义得以不断丰富和发展。马克思在《〈政治经济学批判〉序言》中曾明确表达过这一思想，即人类只能提出具备解决条件或这一条件正在生成时的那些任务。这一思想具体体现在：马克思、恩格斯他们所处的时代，在批判资本主义旧世界的过程中，科学回答了关于"全人类解放"的重大时代课题；列宁在帝国主义时代在对帝国主义间矛盾不平衡性的分析中，科学回答了关于"社会主义革命"的重大时代课题；毛泽东基于我国半殖民地半封建的社会性质，科学回答了关于开辟具有"中国特色的无产阶级革命和社会主义革命道路"的时代课题；邓小平在时代主题变化的条件下，在深刻总结经验的基础上，科学回答了"对社会主义的再认识"问题，形成了对社会主义的一系列正确认识；江泽民在捍卫和坚持中国特色社会主义的进程中，针对党的建设面临的重大问题，科学回答了"关于执政党建设"的时代课题；胡锦涛在新世纪新阶段，针对我国发展的新要求新问题，科学回答了关于"发展"的重大时代课题。可见，科学社会主义的发展从来都是在具体时空条件下进行的，不同的时代特征赋予理论以鲜活的内容。之所以时代问题对科学社会主义理论实践发展有着如此重大的意义，其中一个很重要的原因是不同时代有不同的基本特征和主要矛盾，这些主要矛盾和特征往往决定着实践的路径和着力点，了解一个时代的基本特征后，才有可能得出关于推动国家发展更为具体的、更有可行性的举措、思路，才能形成科学有效、指导作用显著的理论。科学社会主义基本理论和实践的发展始终立足于对时代提出的社会的主要矛盾的回应和解决上，以此作为推动社会主义运动发展的根本依据。

　　立足我国的新问题、新成就、新矛盾，我们党适时更新了对我们所处历史和发展方位的论断，这正体现了我们党对社会主要矛盾问题和时代视域的关注。我们党面对重大时代课题并作出科学理性回应，不断创新理论、更新认识，形成了系统回答这一时代课题的马克思主义中国化的习近平新时代中国特色社会主义思想。同时，习近平密切结合当今时代本质特征来理解新时代的阶段性特征，指出我们依然处在马克思主义所指明的从资本主义向社会主义过渡的时代。① 因此，可以说，习近平新时代中国特色社会主义思想对重大时代课题的回答没有离开科学社会主义的时代域，相反它还紧紧抓住了时代的本质及其提出的重大历史任务和发展前景，既把准了时代的脉搏和世界格局的变动，提出了既符合全人类意愿和历史潮流，又符合我国社会现实需求和发展特征的理论观点和行动方案，并赋予了它新的时代内涵。这充分体现了理论创新要以马克思主义观察、解读、引领时代的双重要求，充分说明了中国共产党始终不懈地以鲜活丰富的当代中国实践和宏大宽广的时代视角与国际眼光来推动经典理论不断充实的大党担当和理论自觉。

第二，新时代对重大时代课题的系统回答丰富和发展了社会有机体理论，它以严整开放的科学解答为科学社会主义理论宝库增加了新的内容。马克思在研究社会问题时，始终从社会内部各要素之间的内在联系出发，整体把握社会发展全局，将社会看作一个有机整体。新时代对三大时代性课题的提出和回答就是遵循了这一社会结构理论和社会有机体思想，其中包括事关国家改革发展稳定、内政国防外交、治党治国治军等重大领域的战略性问题，无论是对中国特色社会主义完善和发展的思考，还是事关我国现代化战略的全新部署，抑或对执政党长期执政的理性思考等，都是将社会看作有机整体，看作动态发展、不断完善、相互联系的存在而提出的。这些逻辑严密、系统完整的理论体系是我们党对社会发展规律认识更加深入的时代展现，这些具有独创性的新理念、习近平新时代中国特色社会主义思想、新观点的有机整合，为我们事业的发展提供了方向指引和行动纲领，是推动新时代党和国家事业前进的科学指南。

第三，习近平对中国特色社会主义规律性认识的深化，将科学社会主义经典理论对未来社会的一般性本质进一步具体化了。具体来说，主要表现在两个大的方面：第一，鲜明地指出了其科学社会主义属性，提出了"科学社会主义基本原则"的概念并就其基本要义和基本内容进行了说明②，明确提

① 习近平谈治国理政：第 2 卷［M］．北京：外文出版社，2017：66.

② 2008 年 3 月 1 日，习近平在中央党校春季学期开学典礼上的讲话中把科学社会主义基本原则概括为 8 个方面，并从 12 个方面提炼了中国特色社会主义对科学社会主义的新发展；党的十八大后不久，他又进一步将科学社会主义基本原则概括为五方面内容。参见习近平．关于中国特色社会主义理论体系的几个问题［J］．求是，2019（7）；中共中央宣传部理论局．世界社会主义五百年［M］．北京：党建读物出版社、学习出版社，2014：54－61.

出了我们的新时代是社会主义的新时代，而不是其他主义的，这是因为我们现在所处的时代归根结底还是从属于向共产主义过渡的大时代，在这个新时代我们的党的任务是要将处于低潮的世界社会主义逐步推向高潮，在坚持根本制度属性和政治立场的同时，为科学社会主义注入新的生机。第二，为我们的特殊本质赋予了新的内容，提出了"最本质特征"和"本质要求"等新论断。这些新认识深刻体现了我们始终坚持"相结合"的思维方法，坚持将规定的基本原则与其实现的历史条件和现实基础相结合的理论定力和理论自觉；既展现了中国共产党随着中国特色社会主义事业的日益拓展对社会主义本质及其特征的理解不断深化，也与时俱进地展现了中国特色社会主义的独特制度优势。作为社会主义在 21 世纪的具体实现形式，我们当前的事业既彰显了社会主义的本质和优势，又展现了在世界社会主义中地位作用的历史性跃升，在实践中逐步体现了科学社会主义经典理论与当代中国、21 世纪的世界之有机统一。在当代，要了解和认识社会主义，离不开对社会主义具体形态的认识即对中国特色社会主义的认识。这符合辩证唯物主义认识论，它要求在认识到事物的共同本质、一般本质之后，还要以此为指导，深入考察具体事物的特殊本质，以此来补充、拓展对一般本质的认识，从而避免僵化。① 我们党立足新的条件对我们正在建设的社会主义之特殊本质的认识大大拓展了人们对社会主义的理解，起了极其重要且正面的示范效应和世界意义。

第二节　对全面建成社会主义现代化强国进行全面战略思考

经过 40 多年的发展，党所处的发展方位出现了新的阶段性特征，我国的生产力和生产关系、经济基础和上层建筑实现了新的总体性跃升，使我国的社会主义现代化迎来了崭新的局面，特别是全面建成小康社会的历史任务如期完成后，我国胜利解决了绝对贫困这一历史和世界难题。以习近平同志为核心的党中央，准确把握国内外环境变化，适时对全面建设社会主义现代化国家作出系统谋划和战略部署，构成了实现社会主义现代化伟大事业的最新

---

① 颜晓峰．坚持普遍性和特殊性相统一是中国共产党的成功之道 [J]．思想理论教育导刊，2021（4）．

定位、最新认知、最新判断，形成了一套涵盖发展步骤、理念、阶段及其路径的指导我国社会主义现代化事业全面推进的最新理论成果。这些意义重大的理论内容实际上是对我们当前全面建成社会主义现代化强国这一时代性课题的科学思考和有效解答，它们以体现鲜活的中国实践、包含深刻的中国智慧的理论方案极大地丰富了老祖宗关于发展的基本思想和观点，拓展了现代化发展理论。

一、提出习近平新时代中国特色社会主义现代化新"两步走"战略安排

建设现代化的国家是中国共产党自成立起一贯的历史使命和目标追求。改革开放40多年的发展，使得我国的生产力水平、综合国力、人民生活水平大幅度提高，摆脱了长期以来短缺经济的困扰。党的十八大以来，中国特色社会主义进入新时代，标志着我国发展水平在长期量变的基础上迎来了"部分质变"，社会主义现代化建设的发展方位出现了新的重大变化。基于此，在"三步走"前两步早已提前实现的大背景下，党的十九大提出并细化了未来30年的路线图、时间表，形成了新"两步走"战略安排。这一新"两步走"战略安排，充分立足于国内外形势和我国发展的条件，对新时代的现代化建设提出了更高的要求。一方面，将这一目标的实现缩短了15年，是中国共产党充分评估我国发展条件后的重大战略判断，体现了中国共产党人适应我国发展实际，与时俱进、实事求是、站在时代前列地推动发展的决心和魄力；另一方面，将中华人民共和国成立100周年时现代化国家的战略目标提升为建成涵盖5个领域发展目标的现代化强国，彰显出我们要实现的社会主义现代化是更高层次、更高质量、更为全面的现代化，而且我们要建成的是社会主义现代化强国，这就意味着无论是国家治理、国际影响力还是人民生活水平都将实现质的提升，从而使中华民族以更加昂扬的姿态屹立于世界民族之林。

二、明确提出以人民为中心的发展思想

党的十八届五中全会首次提出坚持以人民为中心的发展思想，这一发展思想的提出，从根本上说明了我们党搞现代化建设的根本立场和价值取向问题，集中体现了习近平新时代中国特色社会主义思想鲜明的人民性。坚持这

样的发展思想是贯穿于我国现代化建设的全过程的一根红线，它鲜明地回答了发展初衷是什么、发展的主体和动力、发展成果如何进行分配等直接发展质量的重大问题，这一发展思想的明确阐述是中国共产党长期总结历史和实践经验得出的根本结论。党的十九大正式确立了这一发展思想的重要地位，明确将其作为习近平新时代中国特色社会主义思想的重要内容之一，使全党更加深刻地认识到人民主体地位和决定性作用，从而在实际工作中更好地贯彻党的群众路线，坚定依靠人民开创新辉煌。2021 年 1 月 11 日，习近平同志进一步明确提出，只有坚持以人民为中心的发展思想，才会有正确的发展观、现代化观。① 这为我们的现代化事业立好了底线，打下了根基，标定了根本方向和价值归旨，使得我们的现代化以其极其鲜明的人民性，与西方现代化道路、模式、目标根本区别开来，同时，这一发展思想确立后，将更加科学而又鲜明地回答党的发展基准、发展主体、发展主力军、发展归宿、发展评价标准等方面的基本问题。

三、明确提出新发展阶段理论

2020 年 8 月 24 日，习近平同志首次指出"十四五"时期开启全面建设现代化国家新征程后，我国将进入新发展阶段，这是较之新时代我们党发展的新方位。2021 年 1 月 11 日，习近平同志再次重申和强调了这一点。这一新的重大战略判断，是继新时代重大政治论断后，党中央对我们事业发展的阶段性特征进行深入分析和综合研判的结果，它的提出进一步明确了我国发展的方位和使命，指明当代中国发展的现实坐标、演进趋势和进步逻辑而提出的重大战略举措，具有重要的理论和实践意义。

具体来说，新发展阶段首先依旧没有离开我们的初级阶段。习近平同志明确对其进行了科学界定，一方面，它是社会主义初级阶段的一个阶段，但又与进入初级阶段前期状况有很大差别，它是经过多年量变而达到的新的起点上的一个阶段，是我们向强起来跨越的阶段。① 这一阐释指明了新发展阶段的深刻内涵及其在社会主义初级阶段宏大历史背景中的坐标，显示了社会主义初级阶段随社会生产力水平的逐步提高和物质财富的逐渐累积其长期性

---

① 习近平. 深入学习坚决贯彻党的十九届五中全会精神确保全建设社会主义现代化国家开好局［N］.
人民日报，2021 – 01 – 12.

与阶段性、稳定性与动态性之间的辩证统一关系，有助于全党深化对社会主义初级阶段的理性认识，从而在明确它的动态性、变动性、发展性后，以积极有为的姿态推动初级阶段不断发展进步、不断向着质变的方向转化。在社会主义漫长的历史过程中，我们既要看到基本国情的相对稳定性，又要看到我国经济社会发展阶梯式递进，及时以新的概念来标识我们的方位，使主观世界更好地符合客观世界。其次，新发展阶段是从属于新时代的、推动初级阶段向更高阶段迈进的发展阶段。中国特色社会主义进入新时代以后，随着"十三五"规划的完成和全面建成小康社会目标的如期实现，第一个百年奋斗目标已达成，此时开启向现代化国家进军的新征程是完全顺理成章的。新发展阶段本质上就是全面建设社会主义现代化国家、向第二个百年奋斗目标进军的阶段，由大国向强国转变是其核心要义。① 新发展阶段将实现中华民族伟大复兴的更大历史跨越，在扎实推进全体人民共同富裕的进程中取得更加实质性进展，为人类社会发展作出更大的贡献。最后，新发展阶段是回应我国社会主要矛盾转化、积极探索和推动高质量发展的阶段。国内社会主要矛盾转化对发展质量提出了新的更高要求，现阶段我国经济发展的基本特征由追求物质财富高积累的高速增长阶段转入追求生活品质的高质量发展阶段，特别是全面建成小康社会后，人民群众的需求不断升级，需求与供给之间的矛盾会牵引产业转型升级，从而推动生产力和供给向更高水平迈进，经济进入更高质量的发展阶段。② 而要实现经济发展向高质量转变，必须依靠科技创新的引擎作用，实施创新驱动发展战略。因此，习近平同志多次指出，进入高质量发展阶段后，应主要依靠创新驱动和科技自立自强实现经济高质量的增长和发展，并将其作为国家发展的战略性支撑和内生性引擎。

四、明确提出全面贯彻新发展理念的新要求

党的十八届五中全会首次提出了以创新、协调、绿色、开放、共享为内容的新发展理念，这是应对我们党对时局发展提出的"新药方"，在这一发展理念的引领下，我国经济社会发展在"十三五"期间取得了瞩目的成就。党的十九大将坚持新发展理念作为习近平新时代中国特色社会主义思想14个

---

① 黄力之. 新时代与新阶段：唯物史观对历史方位的判断 [J]. 思想理论教育，2021（10）.
② 王东京. 我国进入新发展阶段的理论逻辑、历史逻辑与现实逻辑 [N]. 光明日报，2021－02－02.

基本方略中的重要内容加以强调。党的十九届五中全会将"坚持新发展理念"作为必须遵循的原则之一，并明确要求把它贯穿发展全过程和各领域之中。2021 年，在小康社会如期胜利建成之后，我们开启了向第二个百年奋斗目标进军的新发展阶段，全党开始为全面建设现代化国家而奋斗了。习近平同志为了我们在"十四五"时期能够开好局、起好步，多次强调必须在新发展阶段完整、准确、全面贯彻新发展理念，将其贯彻到发展全过程和全方位、各领域，通过深化改革建立好坚实的体制机制保障，更加注重共同富裕问题等。2021 年 3 月 15 日，全国两会审议通过了坚持"三新"发展的逻辑主线③，对进入新发展阶段后，全面贯彻新发展理念提出了新的要求与新的规定，这更加凸显了这一新理念的针对性和引领性，从而能够有效保障更高质量、更为安全、更加公平、更可持续的发展的实现。

新发展理念对经济社会发展十分重要，甚至是我们党最主要、最基本的理念。它之所以有如此重要性，是因为它是一个系统的关于创新、协调、绿色、开放、共享的新发展理念或理论体系；它是对我们党在发展问题上的系统回答，如发展的目的、动力、路径、着力点、侧重点、价值导向等；它充分体现了中国发展理论的又一次重大创新，集中反映了我们党对经济社会发展规律的认识深化以及普遍性发展规律与中国发展实际的深度融合，已然成为事关中华民族伟大复兴伟业的政治问题。总之，新发展理念是对新发展的科学理性认识，构成了新实践的理论导向，能够为新局面和新事业提供指导性原则，是管全局、管根本、管方向、管长远的。基于新发展理念对实践的先导作用和我国发展进入新发展阶段的客观事实，我们必须进一步将这些反映人类发展的普遍性原则与我国发展实际深度融合，有机统一起来，进一步将新发展阶段与新发展格局统一起来，统筹安全与发展，不断推动高质量发展，进一步彰显中国现代化以人民为中心的价值逻辑，使新发展理念真正成为指导强国之路的根本性理念和评价标准。

五、明确提出构建新发展格局的战略要求

在新发展理念引领下，2020 年年底，我国 GDP 总量超 100 万亿元并在完成脱贫攻坚任务的基础上取得了全面建成小康社会决定性胜利，乘势而上进入了新发展阶段。根据习近平同志重要讲话精神，我们要逐步构建起以国内

大循环为主体、畅通国内国际双循环相互促进的新发展格局，这是"十四五"期间关系我国发展全局的重大战略任务，这将大幅度提升我国经济发展的质量，为我国参与国际经济合作和竞争塑造更加强劲的优势，并将有助于我国长远发展和长治久安。对此，习近平同志指出，之所以要加快构建新发展格局，就是要使我们党在各种不确定的狂风暴雨、惊涛骇浪中有很强的生存发展能力、竞争实力和长久的续航能力，这样才能确保我们的复兴大业顺利展开与推进，特别是针对百年未有之大变局的国际背景，安全与稳定已成为发展必须考虑的基础和前提，这就要求我们更加注重统筹发展和安全的关系，以实现高水平的自立自强、保持经济循环的畅通无阻和实行高水平对外开放为重点。其中，实现高水平的自立自强是构建这一格局最要具备的特点。这就要大力加强科技创新，以创新驱动发展，在关键核心技术研发、生产等方面根本解决受制于人、"卡脖子"的问题；要保持经济循环的畅通无阻，就需要建立高水平供给和需求体系，一方面，把扩大内需作为战略基点，形成良性内循环，另一方面，坚持供给侧结构性改革，使供给体系符合国内真实需求，打通经济循环中的堵点断点，使我国的产业链、供应链更加完整、质量更高、信誉更好、吸引力更强，使国内需求更加充分、更加健康地释放出来，成为驱动发展的主要来源，形成高水平供需、产销动态平衡的新局面；还需要实行更高水平对外开放，这一新格局是内外联通、两个积极性兼具的发展格局，因此要以更高水平体制使开放包容成为发展的又一引擎，形成参与国际经济合作和竞争新优势。

六、习近平对中国特色社会主义现代化的全新战略思考多方面发展了科学社会主义基本理论

习近平对现代化国家建设问题进行的一系列新的探索，特别是自小康社会全面建成和胜利收官后，是党中央以实事求是态度不断深化对现代化理论和国家建设规律认识的结果，这些事关向第二个百年奋斗目标挺进的重大战略思考和部署，进一步丰富和发展了科学社会主义的发展理论。

第一，以人民为中心的发展思想的提出，坚持了科学社会主义的根本政治立场，丰富和发展了科学社会主义关于实现人的自由全面发展的学说。社会主义、共产主义的价值感召力主要源于其对人的价值的彰显。我们党这一

发展思想的正式提出和明确表述进一步明晰了我国发展的指向性，我国的现代化建设是以人民为本位的现代化，这样的发展思想符合国家建设的根本规律和本质要求，体现了中国共产党的人民情怀、人民担当，是科学社会主义根本立场的时代表达，指明了社会主义初级阶段条件下实现社会主义现代化强国目标的出发点和落脚点。中国共产党提出以人民为中心的发展思想后，将其体现于经济社会发展的各个环节中，例如，我们党把减贫脱贫作为全面建成小康社会的底线任务；在新冠疫情的突发情况下始终坚持人民至上、生命至上，并抓紧恢复生产生活秩序等。这些都是这一发展思想的真实体现，是中国共产党对人民主体地位的尊重和彰显，也是在促进人的全面发展上不懈努力的生动写照。

第二，习近平新时代中国特色社会主义现代化新"两步走"战略安排和新发展阶段理论的提出标志着我们党对发展阶段问题的认识又向前迈进了一大步，实现了理论的深化和更新。习近平新时代中国特色社会主义现代化新"两步走"战略安排，进一步具体化了科学社会主义关于不同国家以何种方式过渡到未来社会的理论设想，是我们党立足发展带来的历史性成就和变化对邓小平提出的社会主义现代化"三步走"战略构想的进一步细化和深化，既立足社会主义初级阶段的基本国情，又对现代化建设目标提出了更高的要求，丰富和发展了社会主义初级阶段理论，激发了全国人民干事创业的信心与决心。新发展阶段理论的提出，充分体现了以习近平同志为核心的党中央，坚持将变与不变辩证统一起来看待社会发展阶段性升级问题。首先，新发展阶段是我们初级阶段宏大历史坐标下的新阶段，从世界范围和宏观视野来看，这一阶段仍在马克思指明的大历史时代下。但是这个阶段显示了初级阶段随社会生产力水平的逐步提高和物质财富的逐渐累积的阶段性特征与动态性变化，揭示了我们初级阶段动态发展的内生性特点。因此，新发展阶段理论极大深化了我们党对社会主义本质的特征和内涵的认识，使得我们党能够更加自觉地把握社会主义初级阶段的特点，推动我国经济社会向着更高质量、更加安全高效、更可持续的方向发展。其次，新发展阶段是在中国特色社会主义新时代中的一个发展阶段，是中国共产党根据我国全面建成小康社会如期实现的客观条件以及经济社会发展向高质量转变的现实要求，与时俱进、实事求是地深化对"中国特色社会主义新时代"理性认识的结果。因此，新发展阶段理论体现了党对我国建设事业规律性把握的日益深化，展现了中国共产党人将继续带领全国人民由大国向强国发展的时代责任和历史担当，极大丰富了科学社会主义的理论宝库，为其增添了更多具有时代特点的新内容。

第三，新发展理念的提出实现了中国共产党对社会主义发展理论的重大创新，它在坚持科学社会主义关于发展的理论的同时，立足时代发展，系统地回答了关于新时代新条件新背景下的发展问题，这就深刻明确地阐释了我们党的政治立场、价值导向。科学社会主义创始人十分重视对发展的研究，提出过内容较全面的关于发展的基础性理论。例如，经济社会发展根本动力的理论；未来社会的计划生产理论；人是经济发展的根本目的的理论；关于人与环境（社会环境、自然环境）协调发展的理论；等等。① 这些理论无疑对当代中国的经济社会发展仍具有重要指导意义。但是，时代是不断延续的，发展也是不断推进的，阶段性特征的更新是不以人的意志为转移的，中国共产党必须将科学社会主义基本理论与当代中国实际相结合，在世界百年未有之大变局和中国特色社会主义进入新发展阶段后，提出能够引领新发展的新理念，以进一步体现新发展阶段和现代化强国的发展目标。这一理念的提出实现了人类发展的普遍性原则与中国发展实际的有机融合，将能够实现人类发展进步的新发展理念以系统性、整体化的方式，构成了一套推动高质量发展的逻辑严密、相互融合、高度耦合、相互支撑的有机整体，从而使全党更好地从发展的动力、结构、方式、路径、目的 5 个方面理解"实现什么样的发展、怎样实现发展""建设什么样的现代化国家和如何建设现代化国家"的重大问题，为科学社会主义发展理论增添了具有时代特色和普遍性特征的内容，极大地发展了科学社会主义的理论与实践。

第四，构建"双循环"新发展格局是我们党推动经济现代化、实现高质量发展的原创性的路径选择，极大地丰富和发展了科学社会主义的发展理论和世界历史理论。对于经济全球化趋势，马克思、恩格斯当年系统研究资本主义的本质和规律时就注意到了，他们指出，由于资本主义生产方式使原本地域性、封闭性的生产和消费都变为世界性的了，这就彻底打破民族国家的狭隘自守。但是，马克思、恩格斯所指出的世界历史理论或曰世界市场理论，

---

① 逄锦聚. 完整贯彻新发展理念全面建设社会主义现代化国家 [J]. 人民论坛·学术前沿, 2021 (7).

其广度、深度、复杂程度都是当今世界所不能同日而语的。特别是近年来，经济全球化遭遇了逆流和回头浪，单边主义和贸易保护的势头增强，使得世界经济深度融合的形势变得更加复杂。面对这些新情况新挑战，习近平同志及时作出了以国内为主体的、内外双循环为引擎的新战略决策，意在提高对外开放的质量和发展的内外联动性。这是我们党顺应经济发展规律，立足我国发展优势，与时俱进地对既有发展战略认识提升和深化的表现，既坚持了科学社会主义的世界历史理论，积极顺应经济全球化这一不可阻挡的历史潮流，又坚持以独立自主、自力更生为立足点，努力依托内部可循环结构的市场体系、有效扩大内需的制度以及自主创新，实现高水平自立自强，标志着中国共产党应对复杂局势的能力有了新的飞跃。

第三节　在全面深化改革的实践中创造性地形成了 社会主义国家治理现代化理论

党的十八大以来，习近平同志高度重视国家治理现代化和制度成熟定型的问题，由此开启了以国家治理现代化全面推进改革大业的新征程，这已经成为新时代的突出标识。国家治理现代化具有明确的制度内涵，而制度化程度又是国家政治发展的核心标志和首要任务。所以说，新时代的国家治理现代化，本身内涵是通过推进制度完善和制度改革逐步实现我国各项制度成熟定型以满足人民群众美好生活的需要的要求。与邓小平1992年南方谈话时指出的"再有30年制度才能成熟定型"的政治设计相适应，根据习近平新时代中国特色社会主义所面临的需求侧变化以及百年来中国共产党在建国、立国、兴国的过程中所积累的各种积极条件的基础上，我们党将治理现代化提上议事日程，可以说恰逢其时且意义重大，关乎社会主义政治前途和中华民族伟大复兴伟业。

一、在全面深化改革的实践中深化对社会主义国家治理现代化的认识

党的十八届三中全会首次对全面深化改革的总目标进行了全新的概括，首次以制度完善为出发点提出了国家治理现代化的重大命题，我们党在新时代对全面深化改革作出的重大战略部署，极大深化了党对中国特色社会主义

制度和治理现代化的认识。总体来看，习近平关于新时代中国特色社会主义制度和国家治理现代化问题的战略性思考，深刻体现于两个大的方面：一是对制度成熟定型问题的高度重视；二是对国家治理体系和治理能力现代化问题进行系统部署。

（一）习近平关于治理现代化的战略思考

关于制度成熟定型问题，早在 2012 年 11 月的第十八届中共中央政治局第一次集体学习时，习近平就提出了"坚持和完善现有制度"和"构建系统完备、科学规范、运行有效的制度体系"的思想[①]；党的十八届三中全会更是进一步明确了这一要求和时间表[②]；党的十八届五中全会提出了"十三五"时期要在国家治理现代化和基础性制度体系上取得重大进展的要求即各领域的基础性制度体系要基本形成[③]；党的十九大和党的十九届四中全会、五中全会都有提及制度和治理能力现代化建设的目标规划，即到 2035 年基本实现和 21 世纪中叶全面实现的时间规划更加深入人心。关于对国家治理问题的集中部署，一次是党的十八届三中全会，首次明确将其作为全面深化改革的总目标，这次会议使国家治理现代化首次系统化地进入党的文献中，既有了根本方向和初衷的明确规定，又有了较为细致全面的具体路径和着力点；一次是党的十九届四中全会进一步专门对其作出原则性规定和部署，由此把这一问题上升到国家建设和发展的重大战略任务的层面。

可见，习近平关于新时代国家治理问题的战略性思考深刻体现了国家治理与制度的内在耦合关系，即推进国家治理的现代化就是为了继续完善我们的基本制度，而进入新时代后随着体制机制约束趋紧、要求更高，需要以高于器物层面的国家治理体系和能力等方面的现代化来推动，以使我们的这套制度更加成熟定型，使形成的这套基本制度能够为党和国家事业发展、经济社会繁荣、人民幸福安康提供长久的、明确的、坚实的保障，也使治理主体在运用这套制度时，产生正向高效的治理效能、治理结果和绩效，使不断满足人民群众美好生活需要有更为现实性的制度和效能依托，其中的意义非常

---

① 习近平谈治国理政 [M]. 北京：外文出版社，2014：10.
② 十八大以来重要文献选编（上）[M]. 北京：中央文献出版社，2014：514.
③ 十八大以来重要文献选编（中）[M]. 北京：中央文献出版社，2016：719.

重大。一方面，习近平曾对"国家治理现代化"做过明确阐释，将其定为国家制度和制度执行能力之现实体现。因此，国家治理现代化具有明确的制度内涵，而一个国家的制度建设是最根本、最具有长远性的建设，历史和现实都在证明并将继续证明：制度稳则国家稳，治理强则国家强。特别是在当今国际环境日趋复杂，不确定性激增，新冠疫情的负面影响深远，以及我国全面深化改革面临的任务越发繁重的条件下，越要坚定不移地健全制度，完善治理体系，以制度的完善激发正向的治理效能，使二者在良性的转化融合中更好地应急处突。另一方面，推进国家制度和治理现代化，关乎社会主义政治的前途。从国际比较的视野来看，制度优势日益从根本上决定着国家间的竞争优势。因此，中国特色社会主义的优势，不仅体现在它能创造出比资本主义更多物质财富上，更重要的是体现在它能通过创设一套体现社会主义方向和原则的国家治理制度体系，以高度的政治文明彰显制度生命力和优越性。对此，习近平曾深刻指出过我们制度的这一优势，即除了我国，尚无其他一种制度和治理体系在短时间内创造出如此的经济社会奇迹。正是基于此，我们党要继续将制度建设与完善作为一件大事来抓。一方面要推动它更加成熟更加定型，另一方面要使它能够随实践要求和需要而动态发展、与时俱进、不断优化，更加致力于探索制度优势转化为治理效能的具体路径，使中国特色社会主义制度和治理体系无论是在价值理念还是在具体实践上，都能够超越资本主义的政治建构，使得发展更有质量、治理更有水平、人民生活更加幸福。

（二）习近平关于治理现代化思想的基本内涵

习近平关于新时代治理体系建设的思想，创造性地揭示了制度现代化的科学内涵和基本规律，这是这一理论的基本逻辑。在这个逻辑中，所谓新时代国家治理现代化是指在坚持根本方向和核心价值理念的基础上，在坚持和完善中国特色社会主义制度的意义上，通过全面深化改革和与时俱进的制度建设，提升国家治理效能，使党更好地领导人民奔向美好未来。因此，理解习近平新时代中国特色社会主义制度和国家治理现代化，必须深刻理解以下内容。

第一，党的领导是新时代国家治理现代化理论的内在根基，必须以其全面领导为根本遵循，必须在党中央集中统一领导下进行整体推进。习近平同志指出，这是我们治国理政的本根之一，必须理直气壮、旗帜鲜明地讲①，这就要使我们党的领导制度必须在制度体系中发挥领衔地位、统摄作用。为此，党的十九届四中全会明确提出了这一要求，并对党在制度现代化的进程中发挥领导作用进行了专章部署，明确要求把这种领导作用落实到国家治理各方各面，真正从制度安排上发挥出最大优势，确保党长期执政和国家长治久安。

第二，以人民为中心是新时代国家治理现代化理论的核心价值取向和原则。人民成为国家的主人和国家治理的主体，是我国相较于其他社会类型深刻质变之表现，于是国家与社会在彻底摆脱了旧有的对抗性二元对立之后具备了真实而又广泛人民民主，使得"人民政治共同体"成为现实。② 因此，推进国家制度和治理体系建设，必须将公平正义、人民福祉作为根本依托，坚持全体人民共同富裕的社会主义原则，一方面尊重他们的首创精神，汇集广泛的智慧和力量。同时，着眼于人民利益和现实需求的满足。党的十九届四中全会提出以渐趋完善的"为人民执政、靠人民执政各项制度"保证人民在国家治理中能够发挥出自身作用，保证国家治理是基于真实意愿的治理，是广泛性、有代表性的治理，是主体地位能够充分发挥出来的治理；还提出完善党员干部联系群众制度等举措，将群众紧密联系团结在党周围。此外，党的十九届四中全会还专章对"人民当家作主制度体系与社会主义民主政治"的问题进行了部署，这些都体现了我国各方面制度和国家治理的人民性，体现了社会主义国家治理现代化是人民的现代化的本质。

第三，新时代国家治理现代化理论具有鲜明的中国特色和厚重的历史文化底蕴。习近平多次就我国政治制度设计的原则问题进行强调，他指出，政治制度在每个国家因其现实条件的不同而带有很大的差异性、特殊性，它们都是在这个国家内部经过长期发展而渐进演化形成的。因此，不能脱离特定的、具体的社会政治条件来评判它，必须从历史和现实、普遍与特殊的有机统一中进行选择，不容许突然搬来一座政治制度上的"飞来峰"。这要求我们看待和理解我国国家治理现代化，必须始终秉承"以我为主，为我所用"的观点，坚持将我国实际和国情特点与历史文化传统、社会现实需求、人民

---

① 习近平. 毫不动摇坚持和加强党的全面领导 [J]. 求是, 2021 (18).
② 王浦劬. 推进国际治理现代化的基本理论问题 [J]. 中国党政干部论坛, 2021 (11).

向度以及过往政治经验等因素结合起来，不照抄照搬，不全盘西化，不割断历史，绝不放弃我国政治制度的根本。

第四，新时代国家治理现代化理论对现代化的理解是系统性、全局性、总体性的。这是由于进入新时代，全面深化改革进入攻坚期、深水区，改革的对象变为深层次的体制机制，这要求改革有全面系统的顶层设计来应对。改革初期是以打破旧体制束缚为主要任务而进行适应性调整，缺乏经验和反馈时，只能是"摸着石头过河"，尚且不能立足国家治理全局进行系统性的顶层设计，但随着改革进入全面攻坚阶段，我国改革的战略重点合乎逻辑地从"破"转向了"立"，即转向了从战略高度对制度体系建设进行总体性设计和统筹安排上。① 正基于此，有学者将我国国家治理现代化的新征程看作"现代化建设思路的'3.0版'"②。此时对现代化的强调不是再单单局限于领域的拓展或技术层面、经济基础层面的提升，而是突出强调贯穿于现代化各领域的制度性建构，国家治理这种由部门到整体的扩展，是一种全新的现代化视野的呈现，是我们党对现代化建设规律认识新高度的体现。这一观点与我们党对制度体系建设要求和目标（系统完备、科学规范、运行有效）方向是统一的。党的十九届四中全会通过的决定明确要求，要以突出我们的根本制度、基本制度、重要制度为宗旨，加强依法治理、综合治理、系统治理和源头治理，以使国家治理效能能够发挥出来。③ 可以说，系统化的制度体系建设是我们党探索"如何大幅度有效提升国家治理"这一历史课题而得出的科学结论和作出的重要贡献。

第五，新时代国家治理现代化理论的要义在于以制度提升国家治理能力，以实现国家治理效能最大化。国家治理效能的提出说明我们党开始注意到治理实践中"唯GDP导向"和"短视绩效导向"带来的负面效应，要以国家治理的综合效能来纠正这些不足和问题，这是全面深化改革的攻坚之举。习近平同志特别强调国家治理效能是为了从宏观上提升治理和发展的整体性、均衡性与可持续性。他指出，要更加注重治理能力建设，善于运用制度法律

① 何显明. 习近平国家治理体系和治理能力现代化重要论述的理论创新意蕴 [J]. 观察与思考，2019（1）.

② 李海青. 国家治理现代化的理论创新和理论地位 [J]. 马克思主义与现实，2015（3）.

③ 中共中央关于坚持和完善中国特色社会主义制度、推进国家治理体系和治理能力现代化若干重大问题的决定辅导读本 [M]. 北京：人民出版社，2019：5.

等刚性手段治理国家，强化依法依规办事意识和能力，以此来加强治理能力建设，实现转化制度优势的现实转化。制度治理的有效性，代表着国家治理能力现代化的实际水平，是制度生命力和科学性的根本体现，是当代国际竞争的重要场域和维度。只有建立起一套能够转化为治理效能的制度，提升了国家治理的整体能力，才能说制度建设真正成熟且完备有效，才能真正获得国际竞争的比较优势。若建立起众多制度，但是无法发挥出制度治理的绩效，那么制度的社会功能将不复存在。对此，应将提升制度执行力作为制度建设中的题中应有之义，强化广大党员干部的制度意识，自觉维护制度权威性，加强对制度执行的监督等。继党的十九届四中全会提出"把我国制度优势更好转化为国家治理效能"的要求后，党的十九届五中全会则进一步提出将其上升为今后一个时期经济社会发展的主要目标之一，使这方面的内容得到了前所未有的重视和强调。

二、习近平社会主义国家治理理论对科学社会主义国家学说的丰富与发展

纵观社会主义五百年的发展历程，怎样有效治理社会主义社会在实践中还没有很好的案例可依循，以往的社会主义国家都没有能够对此产生有建设性的答案。新时代国家治理现代化理论在继承科学社会主义国家学说基本理论的基础上，立足新的历史条件，科学地回答了如何有效治理社会主义国家的重大的历史课题，创造性地超越并发展了科学社会主义国家学说和世界社会主义运动实践，为人类制度文明的演进提供了一套全新的中国方案。

第一，习近平通过对国家与社会主义、国家与社会关系的再认识，提出了在新的历史条件下强化社会主义国家建设、完善社会主义制度的重大创新举措，超越了国家与社会二元对立的传统思维模式，创造性地推动了科学社会主义国家学说的长足发展。科学社会主义国家学说对国家的起源、本质、职能和资本主义国家的性质进行了原则性的总结，他们认为：国家是社会发展到一定程度，但又没有充分发展的产物，是产生于社会内部，防止社会在不可调和的矛盾中陷于毁灭，但又日益凌驾于社会之上，同社会相脱离的力量。因此，国家职能具有二重性，政治统治和社会管理职能，这两方面职能的发展趋势是随着社会生产力的发展，未来社会中国家的政治职能将趋于萎缩并最终走向消亡，而社会自治的职能将扩大，国家将回归社会，并完成于

社会的统一。这就是他们对国家一般原理的理论阐释和预测。此外，他们的理论还是立足于 19 世纪 40 年代欧洲资本主义自由放任资本主义发展早期的社会历史背景而提出的，此时在严重的劳资对立和阶级冲突中，国家扮演的主要角色是维护资本、镇压劳动。因此，马克思、恩格斯在对这一社会背景进行批判性分析的基础上而得出的国家学说本质上属于资本主义国家批判理论[1]，他们更倾向于将国家的本质属性定位于阶级统治的工具，而国家的社会管理职能则只是统治阶级为了维护或扩大这一统治的利益而不得已而为之的，这样性质的国家在未来的共产主义社会形态中是无须存在的。但是，现实的社会主义社会，由于诞生的历史起点和条件与科学社会主义理论设想有很大的差别，在经济文化落后的条件下，不具备国家消亡的历史和现实条件。列宁根据苏联特殊的历史条件，已经看到了必须借助国家强制力量组织社会生产和分配工作，斯大林则进一步提出"社会主义国家"的概念，但是又过度强调了国家的强制作用，使得国家与社会形成一种二元对立、此消彼长的关系，社会成为从属于国家的消极力量。

习近平同志提出的这一思想，是立足于对治理实践经验的全面反思和深刻总结，对国家与社会主义的关系、国家与社会的关系进行的再认识。一方面，中国特色社会主义的现实发展条件表明，现实的社会主义建设恰恰只能依托国家来展开。因此，国家反而要强化而非"消亡"，这是一种现实的、必然的选择。如党的十八届三中全会深刻说明了当前我国推进治理现代化的根本方向问题，其根本上还是为了完善和发展基本制度，使其在成熟定型的过程中彰显优势，发挥治理绩效。因此，这一思想是关于制度完善发展和制度执行能力提升相统一的理论，提出了新时代强化国家建设和管理、完善社会主义制度的全新思路，是对科学社会主义国家学说理解进一步跃升的表现。

另一方面，中国国家治理现代化思想是对传统国家 - 社会二元对立模式的重大突破，深化了对国家 - 社会双向互动、相互补充关系的认识。无论是马克思、恩格斯提出的国家与社会由分离到回归的总体思路，还是斯大林时期，过多强调国家力量，使社会成为趋于从属国家的消极力量，都是一种将国家 - 社会关系对立起来，将二者职能看作此消彼长关系的观点。而我们的

① 赵文东 . 国家治理现代化：马克思主义国家理论的重大突破与创新 [J]. 学术探索，2016（10）.

国家治理思想，突破了二元对立的思维，既吸收了多元主体共治的一面，又规定了治理中主体地位和主导作用的承担者，这样国家、市场、社会三者之间就能够实现良性的并存、互动、合作与协同发展了，从而使中国特色社会主义国家治理体系展现出兼容并包的制度优势和发挥出多元主体的治理效能，这也是对科学社会主义国家学说超越和发展的重要表现。

第二，习近平关于国家治理现代化的思想为人类制度文明的演进提供了中国智慧和中国方案。由于治理社会主义国家在马克思、恩格斯的时代尚未成真，他们对此提出的预测性思考对指导鲜活真实的治理实践来说是不充分的。现实的社会主义实践和国家治理，必须不断以完善、超越和创新的思维模式，探索社会主义国家治理的全新方式和实际方案，以展现出社会主义制度优于资本主义制度的特点。并且，世界社会主义500多年的实践充分表明，社会主义国家治理这一全新课题的复杂性、艰巨性，以往的经验并没有能够很好地解答这一问题，这就需要在新时代探索符合中国实际和时代特征的国家治理制度，推动社会主义政治文明不断向前发展，为人类提供一套既符合现代经济社会运行逻辑，又充分彰显我们制度的价值取向与正义性；既打破旧治理体制局限，又积极吸收了已有的有益成果。

我们党提出的国家治理现代化思想为何能够为人类制度文明提供一个全新视角，是因为中国的国家治理是社会主义的国家治理，这种国家治理基于人民根本利益的一致性，能够实现国家双重职能之有机统一，实现公权力与公民权利之一致。因此，我国的社会主义国家治理根植于国家、政党和社会的人民性之中，这是我国治理和制度现代化的根本遵循和价值内核。正是这样，我国国家治理现代化在促进社会生产力发展的同时，将人的发展纳入发展的现实向度，从而使我们的现代化具备全面性，并在协调共进中不断探索创造一种人类文明的新形态，为满足中国人民和世界人民对更美好的社会制度的向往和追求上作出实质性贡献。以习近平同志为核心的党中央，不断着眼于制度的完善和发展以及制度的成熟与定型问题，不断推进制度和治理现代化，为创造更好的社会制度提供了中国方案，极大地丰富和拓展了人们对经典作家的国家观的理解，也以实践拓宽了世界社会主义运动中的国家治理路径。

第四节　开辟加强党的全面领导和全面从严治党理论新境界

　　新时代面对的历史使命依旧繁重艰巨，甚至在国内外深度交融、利益链条错综复杂、不确定性此起彼伏的形势和条件下，大国执政党需要以更高的标准和要求，引领国家继续乘风破浪、逆流而上。习近平同志对此进行了深入的分析和统筹的思考，在新的历史条件下深刻回答了党如何长期执政的历史性课题，以丰富的内涵和深刻的内容，开辟加强党的全面领导和全面加强党的建设新境界，成为习近平新时代中国特色社会主义思想的重要组成部分，具有根本性、战略性、长远性和全局性意义。党的十八大以来，党中央在习近平新时代中国特色社会主义思想的指导下，以坚强的决心、空前的力度推进全面从严治党，切实坚持和加强党的全面领导和全面加强党的建设，极大增强了党的领导力、组织力和向心力。以习近平同志为核心的党中央，开辟党的全面领导和全面从严治党新境界的新理论新实践，极大地丰富和发展了经典作家的党建学说，深化了中国共产党对社会主义建设和执政党建设的规律性认识，作出了符合大国执政党要求的、符合新的世情、国情、党情发展特点和要求的重要的原创性贡献。

一、与时俱进地提出新时代坚持和加强党的全面领导理论

　　党的十八大以来，我们党的领导在理论上有了新跃升。针对党内存在的在坚持党的领导问题上的突出矛盾，以习近平同志为核心的党中央，对坚持和加强党的全面领导的重大意义、性质内涵、方向原则、体制机制、方式方法、实践要求等重大问题作出了新的科学判断和深刻阐述，使全党加深了对党的核心领导地位的科学认识，明确了新时代加强党的全面领导的实践要求。

（一）提出党的领导地位和作用的新定位

　　习近平同志提出："中国特色社会主义有很多特点和特征，但最本质的特征就是坚持中国共产党领导。"① 这是我们党历史上首次从中国特色社会主义

───────────────

　　①　习近平. 毫不动摇坚持和加强党的全面领导 [J]. 求是，2021（18）.

本质特征的角度来认识和把握二者的关系①，并且一个"最"字充分凸显了党的领导这一本质特征的重要性和位阶，深刻点明了党的领导在中国特色社会主义事业中的根本性地位。此后，习近平同志庆祝全国人民代表大会成立60周年大会上的讲话和党的十八届四中全会第二次全体会议上的讲话中，分别从党领导政治建设和领导法治建设的角度，进一步对这一重大论断进行丰富。2015年2月，他又明确将党的领导与我国政治制度优越性相联系，并鲜明指出了党在国家政治体系的政治定位，即党是领导一切的最高的政治力量，没有大于她的什么力量②，这次会议的论断具有重大的政治和理论意义。之后，习近平在庆祝党成立95周年大会上的讲话中，正式地完整地提出了党的领导的"新定位"③，即正式将其定位为最本质特征和最大优势，并将二者联系起来。这个体现了我们党对党的领导地位和作用的重大提升，以往我们对党的领导是从历史的选择、实践之代表的角度进行理论阐释，现在我们党将其深化升级为我们道路和制度的必然，是我们党在理论上更加自信、更加理性、更加具体的表现。党的十九大重申了这一重大论断并将其写入党章，十三届全国人大一次会议把"最本质的特征"的定位写入宪法修正案总纲，实现了党的领导由政治原则向法律规范的转化，为新时代坚持和加强党的全面领导提供了根本遵循和法治支撑。党的十九届四中全会明确将"坚持党的集中统一领导"作为第一大优势被提出来。通过以上梳理可知，党的十八大以来，以习近平同志为核心的党中央，对坚持和加强党的全面领导作出的许多新概括、新提法，将党的领导的地位和作用上升到更新的战略性高度，标志着中国共产党对领导中国特色社会主义事业更加自信和自觉。

（二）系统阐释新时代坚持和加强党的全面领导的基本内涵

进入新时代，中国共产党面临的情况和任务较之以往，更具挑战性、复杂性和不确定性。就治国理政所面临的新情况而言，各种矛盾交织叠加，形势变化急遽；国际环境不佳，西方国家对我国的防范、遏制逐步升级，对我国的质疑声不绝于耳，增大了我们发展的难度与不确定性。就党内情况而言，

① 穆兆勇. 中国共产党对党的领导地位作用的认识——百年历程与经验启示 [J]. 南开学报（哲学社会科学版），2021（4）.

② 习近平. 毫不动摇坚持和加强党的全面领导 [J]. 求是，2021（18）.

③ 十八大以来重要文献选编（下）[M]. 北京：中央文献出版社，2018：355.

过去一段时间"不设前提的党政分开"，使党的领导出现了被弱化和边缘化等负面的问题。而当前，我们党正担负着带领全体人民乘胜而上开启全面建设社会主义现代化国家的重大历史任务。对此，越是面对千头万绪、重重艰难困苦的情形，坚持和加强党的全面领导的要求就越是紧迫和艰巨。党的十九届五中全会明确将"坚持党的全面领导"作为我国经济社会发展的第一要求，这正体现了以习近平同志为核心的党中央对新的历史条件下党的领导必要性和重要性的深刻把握，这将为我国现代化建设事业指明正确方向，提供坚强保障。

　　具体来说，坚持和加强党的全面领导有以下几个方面的基本内涵：第一，就国家治理体系的大棋局而言，党是最高政治领导力量，这实际上标定了党的领导理论的根本方向。作为执政党，党的领导是否坚强有力、是否科学有效、是否积极有为，决定着国家民族的兴衰，从根本上讲，我国政治是否稳定、经济是否持续发展、民族是否长久团结、社会是否长期稳定都取决于此。为此，全党必须坚决在思想政治组织上团结一致，积极进取，为了达到这一状态，必须坚决实践中始终不渝做到"两个维护"，必须思想上始终一贯坚守"两个明确"，这是坚持和加强党的全面领导的最高政治原则和根本规矩。第二，就党的领导的范围而言，她是领导一切的。所谓领导一切，则要求党的领导从范围上涵盖各个方面、各个领域，不允许存在无领导的情况。[1] 从领域上看，包括"党政军民学"，五位一体外加国防军队、祖国统一、外交、党建等各方面；从地域上看，包括"东西南北中"；从时间上看，包括"过去、现在、未来"[2]；从组织体系上看，包括所有机构、单位、组织，如人大、政协、政府、团体、军队、民主党派、人民团体等等。第三，就党的领导的方式而言，总揽全局、协调各方的核心领导作用必须一以贯之并不断增进。所谓总揽全局、协调各方，是指党的领导不是对具体业务事无巨细地管理，也不是包办、包揽一切小事，取代其他机构的职能，而是以法律等制度性安排发挥出对其他国家机构有力的政治领导。在改革开放以来至党的十九大之前，党的领导的具体方式基本上都是一致的——政治领导、思想领导和组织领导。进入新时代，党的全面领导越来越要求各级党委从全局和战略上

①　韩强．准确把握新时代党的全面领导的科学内涵［J］．广西社会科学，2018（8）．
②　欧阳淞．坚持和加强党的全面领导——建党原则论［J］．中共党史研究，2020（5）．

考虑问题。其中，"把方向"主要是把政治方向，即远大理想和共同理想、党的奋斗目标以及基本理论路线方略等。"谋大局"要求各级党委在制定和落实各方面决策部署时，站在大局上谋划，同中央保持一致。"定政策"要求各级党委以实事求是的态度和以人民为中心的立场，制定方针政策。"促改革"要求党委深刻把握改革的全局和核心问题，以扎实积极的工作推动党的各项事业顺利开展、保证党的正确主张能够原原本本、卓有成效地落地。

（三）明确提出新时代坚持和加强党的全面领导的实践要求

习近平不断深化对党的全面领导制度性安排的认识，明确提出了一系列实践要求。一方面，党的全面领导是具体的，必须贯穿于治国理政的各个领域和各种重大关系的处理之中，必须在国家政权的运行中体现出党的这种领导作用和坚强的领导力，其中根本性的举措在于要不断完善党的领导体制机制。党的十九届三中全会对优化党的组织机构、完善其制度作出了战略安排。党的十九届四中全会在对完善国家治理制度体系进行部署时，首先聚焦党的领导制度体系，这对确保党的全面领导真实落地提供了坚实有力的制度保障，从而有利于极大提高党执政能力和水平。另一方面，党的全面领导要求党的全面建设，打铁还须自身硬，党要通过革命性锻造实现自身过硬、本领高强，在长期执政的过程中真真正正担负起民族复兴和国家富强大业。党的十八大以来，习近平同志以前所未有的力度强调管党治党，他把党的政治建设摆在了首位，改变了党内长期存在的"有领导无建设"的现象，明确提出了新时代党的建设总要求，极大地提高了党的建设的质量和水平，使党在人民心目中的形象及党自身的战斗力都有了大幅度提升。

二、以自我革命精神丰富和发展全面从严治党思想

党的十八大以来，习近平同志站在战略和全局的高度毅然决定加紧整党治党，解决党内长期存在的重大风险点和突出的问题，他以一针见血地抓住党的建设的根本性问题，提出了一系列重大战略观点。这一新时代管党治党思想形成了一个科学完整的理论系统，它已经成为习近平新时代中国特色社会主义思想的显著标识和重要组成部分。这些思想观点很好地实现了科学社会主义政党建设学说与新时代中国共产党建设实际的有机结合，推动党的整

体面貌发生了前所未有、翻天覆地的变化，产生了不小的警示效应和正向示范，推动了党和国家事业的蓬勃发展。具体来说，习近平全面从严治党思想对党的建设理论和实践的重大原创性贡献，集中在以下几个方面。

（一）深化对党的自身建设和全面从严治党战略性地位的认识

党的十八大以来，习近平一语中的地指明了新时代党的建设的一系列关键性问题，直面这些问题，是解决问题的前提，这极大深化了我们党对管党治党重要性和地位的认识。党的建设很大程度上就是管党治党，或者更准确地说党的建设的主要方面是管党治党，特别在政党取得国家政权后。党不是从就党建搞党建，而是始终联系治国理政的整体任务和阶段性目标来加以把握，如具体表现在各个时期党的建设都与党的政治路线紧密联系在一起等。习近平同志在继承这一历史传统的基础上，把党的自身建设上升到国家战略布局的高度来检视，立足党的全面领导和国家治理现代化的全局视野将"治党"与"治国"紧密联系在一起。因之，他多次强调党要发挥出应有的作用，引领国家发展必须自身过硬。自身过硬是指什么呢？本质上是指党要能够在革命性锻造中成为永葆先进性的马克思主义执政党。为什么要使党始终自身过硬呢？习近平同志认为，这源于党的执政地位和党长期执政的历史要求。自身过硬、本领高强关系到党治国理政的实绩，关系到领导民族国家的发展进程，符合党强则国强、党治则国治、党兴则国兴的历史逻辑。

对党的自身建设战略地位的提升的原创性具体表现在：第一，习近平同志将全面从严治党提升为中国特色社会主义战略布局之一，使其从过去的外部保障变成内在的不可或缺的部分和要求。[①] 这是我们对党和社会主义关系认识升华的表现，是新时代中国共产党人对共产党执政规律和社会主义建设规律认识的飞跃。第二，习近平同志将党的建设新的伟大工程作为新时代中国共产党历史使命之"四个伟大"的内容之一，并明确指出了它在其中起决定性作用，这就实现了党的建设与党的执政的有机统一，揭示了党的自身建设水平从根本上决定其他三者。因此，新时代必须结合这三者来进行党的自身建设，从而确保党执政地位的巩固和执政效能的彰显。第三，习近平同志明确将"坚持

---

　　① 任晓伟. 习近平关于新时代党的建设重要论述的原创性贡献 ［J］. 陕西师范大学学报（哲学社会科学版），2019（4）.

和加强党的全面领导"纳入新时代党的建设总要求中,实现了"治国"与"治党"一体推进,党的领导与党的建设同向发力的新飞跃。习近平明确提出的"以伟大自我革命精神推进伟大社会革命"的思想可以看作他对党的领导与党的建设关系的新概括。他认为,党的建设决定党的领导,要把新时代伟大社会革命进行好,必须勇于自我革命,使其自身能力本领高强,素质形象良好,组织力引领力、向心力强劲,以坚强有力地推动伟大社会革命。同时,坚持和加强党的全面领导是新时代党的建设的根本目的,社会革命在新时代越来越显示出前所未有的深刻性、复杂性、艰巨性、广泛性等特点,这要求全党必须增强忧患意识、责任意识,将党的领导和党的建设统一起来,这样的党才能真正起到先进战士的作用,这样的先进战士才能自觉地把自我革命进行到底,才能引领社会革命取得成功。这就是"两个革命"的辩证统一,也是党的领导与党的建设的有机统一,坚持这样的两点论,才能形成正确科学的党建理论。

(二) 深化对党的自身建设和全面从严治党目标的认识

中国共产党始终是最高纲领和最低纲领统一论者,最高纲领体现在党的建设目标上即党的一般性目标,即我们要建设的党是一个人民性的、为人民服务的、以先锋队理论为指导的马克思主义政党;党的最低纲领表现在党的建设目标上即党在各个历史时期形成的具有阶段性特点的、有重点的党的建设目标,如党在各个不同历史时期有着不同的党的建设要求。

习近平对党的自身建设目标的原创性贡献主要表现在两个方面:第一,党的十八大以来,习近平立足对中国共产党在新的征程上所担负历史使命的认识,更新了对党的一般性目标的表述。对于党的一般性目标,习近平同志在党的十九大报告中对"初心和使命"的阐述即集中的理论体现。他首先提出并为党的初心和使命赋予了特定内容和时代内涵,指明了党的建设必须围绕着这一目标进行,以党的初心和使命引领党的建设是新时代的新内涵。①党的十九届四中全会明确提出要将初心和使命以制度来建设,这标志着中国共产党对执政党建设规律的认识日益深刻,从而在理论和实践上都实现了对

① 张士海,刘丹璇. 习近平关于党的建设理论和实践的重大原创性贡献 [J]. 科学社会主义,2020 (4);郑吉峰. 习近平关于新时代党的建设重要论述对马克思主义党建理论的原创性贡献 [J]. 湖南社会科学,2021 (3).

党的建设目标的创新。第二，习近平同志立足新时代中国共产党建设的实际要求，深化了对新时代党的建设阶段性目标的认识。对于党的阶段性目标，党的十九大报告科学界定了新时代党建的目标。这一目标以清晰的目标内容突出党建工作的目标导向和建设布局，以鲜明的时代性、实践性、人民性、科学性、革命性赋予了党的建设新的时代内涵。

（三）深化对党的建设和全面从严治党总体布局和理论体系的认识

习近平在深刻思考党的建设总体布局的基础上，极大地深化了对党的自身建设和全面从严治党总体布局和理论体系的认识。其原创性贡献在于：第一，形成了政治、思想、组织、作风、纪律、制度和反腐败斗争七大建设有机贯通与统筹推进党建理论体系和总体布局，并对新时代的党的各项建设提出了新的要求，形成了党的建设在新时代的最新布局，标志着党的建设理论体系发生了历史性变化①，是一种"大党建思维"②的生动体现，开创了经典党建理论中国化的新境界。除了理论体系整体性的变化，他还对党的各项具体建设加入了具有时代性的要求和部署。第二，将政治建设从思想建设中分离出来作为相对独立的领域，并首次明确了它在党建总体布局中的先决性地位，极大地拓展了党的建设总体布局的主要内容，充分表明了我们党的马克思主义政治属性和根本要求。如果轻易放弃或忽视党的政治性，把党组织等同于一般的社会组织，党在政治上的先进性就随之不复存在了，党的历史上凡是高度重视政治建设的时期，党就团结统一，兴旺发达，反之，就会犯错误。因此，无论是理论还是实践都要求我们必须始终重视党的政治建设。此外，党的政治建设是党建的"纲"，对其他方面的建设有着内容上的统摄和方向上的引领作用，所以直接关系党的领导与建设的实现。如党内许多问题的根源在于政治上的问题，有赖于加强政治建设来解决，党内干部在思想上的、行动上、工作中反映出的问题，也有赖于从政治上加以解决。习近平加

---

① 党的七大上，党的建设总体布局是思想建设、组织建设、作风建设"三位一体"。虽然党的十三大已提出要加强制度建设，但直到党的十六大才正式形成包含制度建设的"四位一体"的总体布局。党的十七大在作风建设中单列出"反腐倡廉建设"，党的建设总体布局变为"五位一体"。党的十九大将政治建设从思想建设中分离出来，纳入新时代党的建设总体布局，从而将党的建设总体布局拓展为"5+2"。

② 大党建思维本质就是一种将党的各项建设视为一个有机整体，注重党的各项建设之间的联动互促，形成党的建设效能最优化的系统思维与集成思维。参见魏晓文，秦雪. 中国共产党百年治党历程及经验启示［J］. 思想教育研究，2021（10）.

强党的政治建设的思想不仅有理论支撑还有具体部署，如对政治方向、政治立场、政治生态、政治能力等多方面都有具体要求。

（四）深化对新时代党的建设理论主线和全面从严治党根本路径的认识

党的十八大以来，习近平立足于新时代党的建设实践，深化了对新时代党的建设理论主线和全面从严治党根本路径的规律性认识。中国共产党在百年党的建设史中，在不同历史时期，党建理论指导和主线都根据党的所处环境和中心任务的不同而有所侧重。党的建设的重点起初是党的思想建设，这是由当时落后国家建设马克思主义政党的艰巨任务决定的。改革开放后，加强制度建设成为新时期党的建设的重点和党建理论与实践的指针。早在2014年，习近平在总结群众路线教育活动经验时就讲到要将具有柔性的思想建设和刚性的制度约束相结合运用于党的建设之中，使二者同向发力、双管齐下，发挥出一加一大于二的效果和作用。① 这一重大论断立足于新时代党的建设实践，明确了从严治党的双重抓手和新路径，极大深化了对其理论主线和根本路径的规律性认识，是我们党对马克思主义政党执政规律的新探索和党的建设理论的新突破。

思想建设自始至终都是党的基础性建设，它能够为党的建设提供源源不断的思想支撑和政治力量，能够为全面从严治党构筑起有力的思想防线；制度治党则作为刚性约束，能够为党的建设和全面从严治党标定"红线"，竖起"高压线"，特别是在全面依法治国有序推进的条件下，构筑一套完备科学的党内法规制度体系，并在其约束下规范党内权力运行和党员干部行为，能够为党的建设提供强有力的硬支撑，提高党的建设和管党治党的效力和效果。这两大对党的建设至关重要的抓手，在全面深化改革进入深水区的条件下，需要相结合并同向发力，从而达到更好的管党治党效果。因之党的思想建设只有与制度建设相结合才能保证思想建设不流于形式，制度建设辅以思想建设方能更显其效。为此，党中央坚持以持续性、常态化的思想政治教育活动提高党员的思想政治素养和理论水平，又反复强调加强党规党纪的制定和执行工作，使守纪律的意识以有形的制度规则确立下来，使之更深刻地铭

---

① 十八大以来重要文献选编（中）[M]. 北京：中央文献出版社，2016：94－95.

记于全体党员领导干部的心上，这样就实现了内生性柔性自律与外生硬性他律的有效统一，为新时代加强党的建设和全面从严治党提供根本遵循，确保党的建设沿着正确健康的轨道平稳推进。

三、党的全面领导理论发展了无产阶级政党的领导权学说

领导权就如执政党的命根子，没有领导权就有名无实甚至名存实亡。马克思很早就认识到这一点，因此他们历来重视这一问题，他们始终将这一领导与科学社会主义事业成败紧密连在一起，认为只有党的领导与科学社会主义的结合才能体现出社会主义最本质的特征。一方面，他们坚信科学社会主义事业的成功离不开无产阶级政党的领导，若无产阶级政党在夺取政权的斗争中或进行社会主义革命和建设的实践中不能独立自主地发挥领导作用，只是充当随声附和的尾巴，那么社会主义事业归于失败。另一方面，党的领导作用的实现离不开科学社会主义理论的指导，否则，无产阶级政党无法体现出在理论和实践中的先进性，这将难以担负起解放无产阶级和解放全人类的历史重任。列宁继承了马克思、恩格斯的基本观点，进一步说明了党的领导源于党的先锋队性质，他们能有力抵制动摇性、狭隘性，从而发挥出正确的引领作用。

党的十八大以来，习近平高度重视加强党的领导的问题，并在长期治国理政实践和理论思考的基础上，从理论和实践的结合上，全面系统地提出了新时代关于坚持和加强党的全面领导的新观点、新论断，反映了党的领导理论的一脉相承和与时俱进，深化和拓展了科学社会主义无产阶级政党领导学说的内涵和外延。

第一，习近平对党的领导重要性和地位作用的科学概括，深化了科学社会主义关于领导权学说的内涵。党的十八大以来，习近平立足中华民族伟大复兴全局和党的领导中存在的新情况，逐步认识到新时代面对日益复杂的形势和严峻的发展环境，特别是站在日益接近伟大复兴目标的历史节点上，必须坚持和加强党的全面领导，唯此才能引领中国特色社会主义事业继续远航。经过系统的理论思考，党的十九大更新了关于党的领导的重大政治定位，特别是将其作为我们道路最本质特征和我们制度最大优势的观点，将中国共产党的领导与我们的事业更加紧密地联系起来，深化了经典作家关于共产党领

导关系社会主义事业成败的基本观点，说明我们党对社会主义一般本质和当前初级阶段下的社会主义特殊本质的认识都更进一步了。同时，对党的领导的新定位十分科学且形象地说明了其战略性、根本性、全局性地位作用，能够使全党更深刻地理解党的领导所处的历史进程及其理论内容；所谓中国特色社会主义制度的优势，就是指它在比较和竞争中所体现出来的优越性，将党的领导作为我们制度的最大优势，既表现出我们始终坚持和加强党的领导决心，又凸显出在中国共产党领导下亿万人民走向富强与幸福的这一社会主义制度根本优势，若没有这一根本优势，就没有中国特色社会主义的开创和发展，就没有中国奇迹的创造，就没有当今中国的一切发展进步；党是最高政治领导力量，是针对党在国家治理体系中所处地位的定位，这一定位深刻体现了中国共产党在国家政治体系中"众星捧月""定海神针"的地位，指明了完善坚持党的领导体制机制和统筹党和国家机构设置所要遵循的根本依据和核心原则。

第二，习近平对坚持和加强党的全面领导内涵的规定，拓展了科学社会主义领导权学说的外延。由于科学社会主义创始人所处的时代，无产阶级政党领导社会主义国家建设的理想尚未实现，因而他们创立的无产阶级政党领导学说无法在具体的领导方式、组织体系等方面有深入的阐述。党的十九大明确对党的全面领导之全面性进行了强调，即必须坚持党对一切工作的领导，这极大凸显了党的领导范围的全覆盖、全方位、全过程性；它将整个国家和社会的各个方面、各个领域都置于党的领导下；"总揽全局、协调各方"的领导核心地位，既阐明了党的领导方式问题是总揽不是包揽，又说明了党的领导范围问题是全局不是局部；关于"党的集中统一领导与支持其他国家机构依法履职、发挥作用相统一"的论述，更是进一步具体化了党的领导的运行机制问题；关于"坚持党中央权威和集中统一领导是党的领导的最高原则"的要求，更加明确了向党中央看齐、同党中央保持高度一致的内涵等。总之，习近平对坚持和加强党的全面领导内涵的阐述，极大拓展并具体化了科学社会主义领导学说，为马克思主义党的建设学说注入了时代化的新内容。

第三，提出党的全面领导制度性安排以及实践要求，是对科学社会主义理论的原创性贡献。随着时代的进步和党情与国情、世情深刻交织、深度影响的程度日益加深，坚持和加强党的全面领导问题已经不能只局限于理论了，必须将其体现于、贯穿于党的治国理政的方方面面，在落实中真正体现党的领导地位和作用。正如习近平讲道，要将党对一切工作的领导落实和体现于各方各面，而不能停留于喊口号，使之流于抽象。为此，党的十八大以来，习近平对推动党的全面领导落地作出了很多重大部署和实际工作。这些实践要求使理论原则更加具有直接性、现实性，新时代坚持和加强党的全面领导的实践要求越来越明确，部署越来越细致，制度化、法治化特征日益明显，这都是对科学社会主义领导学说的原创性贡献，是遵循时代发展逻辑的新创造，为科学社会主义发展注入了新活力。

四、全面从严治党思想发展了无产阶级政党的自身建设理论

马克思、恩格斯对无产阶级政党建设规律和基本原则做过基础性的阐发。首先，他们论述了建立无产阶级政党的必要性和必然性，即无产阶级与资产阶级的阶级斗争发展到一定阶段必然要求建立一个自觉的、与资产阶级政党相对立的政党，以带领无产阶级完成历史使命，这一历史使命只能靠在共产党的领导下克服阶级自发性、摆脱各种非社会主义流派思想影响而完成。其次，他们论述了无产阶级政党的阶级性与先进性等。列宁在领导社会主义革命和建设的实践中，提出以党的先锋队理论为基础，对从严治党提出了更多具体措施和要求，如严格入党条件，注重党员质量；严肃党的纪律；清除党内腐败分子；严格对党和国家机关工作人员的监督；等等。这些基本理论观点是习近平推进全面从严治党的最新理论成果的理论基础。

党的十八大以来，习近平坚持科学社会主义党的建设基本理论，对新时代执政党建设实践作出理论概括和总结，从多方面具体地丰富和发展了科学社会主义党建学说，对其作出了原创性、时代性的贡献。

第一，习近平对党的自身建设和全面从严治党战略性地位认识的深化，发展了科学社会主义党建学说中关于党的自身建设与科学社会主义事业关系的基本观点。在科学社会主义基本理论中，马克思、恩格斯认为，无产阶级政党之所以能够带领无产阶级完成解放的历史使命，是基于党在理论与实践中的先进性品格。这一基本观点实际上表明党的建设与科学社会主义事业是外在的、既相互联系又相对独立的关系。西方无产阶级政党先有国家后有政党的生成逻辑可以看作二者相对独立性的一种表现。我们党在领导革命、建

设和改革的实践中，对党的建设的高度重视，也是基于党的建设的外在保障性作用。党的十八大以来，习近平将党的建设放在中国特色社会主义事业战略布局框架内，并提出"四个伟大"，以自我革命推进社会革命等新论断，表明党的建设的地位已经发生重大变化，已经作为中国特色社会主义事业内在的、不可或缺的、意义重大的部分了。这是对党的建设和社会主义建设事业关系的认识升华，是对党的建设地位的重要提升。

第二，习近平对全面从严治党目标认识的深化，发展了科学社会主义关于党的建设目标的基本观点。无产阶级政党最低目的是使无产阶级成为统治阶级，而这一目标的实现远不是终点，他们当前的运动指向的是运动的未来即全人类解放大业。党的十八大以来，习近平立足对中国共产党在新的征程上所担负历史使命的认识，深化了对党的奋斗目标认识，一方面，首次以"党的初心和使命"更新了对无产阶级政党的最终目标的表述，并把为人民谋幸福、为民族谋复兴、为人类谋和平与发展作为中国共产党人初心的三个基本方面，表明中国共产党强烈的历史责任感和不懈的奋斗精神，是一个重大的原创性贡献；另一方面，立足新时代中国共产党建设的实际要求，对新时代党的建设阶段性奋斗目标作出了新的表述，使党要能够走在时代前列具有敏锐的时代性，要能够为人民衷心支持认可具备广泛引领性，要能够在发展勇于自我革命具备革命精神，要能够在风浪面前屹立不倒具备稳定性，要能够朝气蓬勃谋发展具有不竭生命力。这些新要求突出了新时代党的建设目标传承性与时代性相统一的丰富内涵。

第三，习近平对党的自身建设和全面从严治党总体布局和理论体系的拓展，是对科学社会主义党建学说的原创性贡献。科学社会主义对党的建设理论提出的一般性原理和原则中，尚未形成关于党的自身建设总体布局的系统性思想，只是在党的组织性、纪律性、成员入党条件、组织架构等方面进行过一些论述。党的自身建设总体布局的系统化是中国共产党的理论贡献，党的十九大上，习近平将政治建设从思想建设中分离出来，纳入新时代党的建设总体布局，从而将党的建设总体布局拓展为"5＋2"或"4＋1＋1"，并强调政治建设的领衔作用。这是中国共产党积极适应习近平新时代中国特色社会主义现代化建设现实需要的重大理论创新，有助于党的建设和全面从严治党的效果得到更好的保障，从而使党的全面领导在党加强的自身建设的过程中更好地实现。

第四，习近平对新时代党的建设理论主线和全面从严治党根本路径的规律性认识，以一种全新的思路实现了对科学社会主义党建学说的原创性贡献。科学社会主义党建学说的理论主线与其所处时代密切联系，即马克思、恩格斯主要思考的问题是无产阶级革命条件下无产阶级政党的原则、使命、策略等基本问题。随着时代发展和社会主义建设事业的全面开启，党的建设理论主题有了新的时代条件和内容要求，并随着党在建设时期中心任务的变化有所侧重。着重从思想上建党是毛泽东时代党建的突出特征；而进入新时期，制度治党因其特点鲜明（如邓小平指出的长期性、稳定性、根本性）被提到很重要的位置上；党的十八大以来，党的建设更加注重思想和制度的"两点论"，这就像在经历了否定之否定的内在发展后达到了新的认识综合一般。①这是习近平立足新时代复杂多变的形势对党的建设理论重点和实践路径的重大创新，为科学社会主义党的建设学说增添了至关重要又极其可贵的理论内容，提供了十分灵活有用的思路。

第五节　创造性地提出人类命运共同体思想

为人类谋解放谋幸福是马克思主义政党承担的伟大历史任务，中国共产党以这一思想为指导，不仅为民族复兴奋斗不息，也始终踔厉奋发为人类事业贡献自身力量。新时代的中国日益走近世界舞台中央，中国与世界深度交融的程度、规模前所未有。对此，习近平同志以宏大广阔的历史视野和世界眼光，形成人类命运共同体的思想，科学回答了 21 世纪关乎世界发展和人类走向的时代之问，为全球化问题的解决提供的中国智慧和中国方案，极大地引领了时代潮流和人类文明的进步方向，在理论和实践上为自由人联合体思想在当前条件下赋予了了新的生命力。

一、习近平创造性地提出人类命运共同体思想

面对 21 世纪世界发生的深刻变化和世界百年未有之大变局，习近平同志

① 任晓伟. 习近平关于新时代党的建设重要论述的原创性贡献 ［J］. 陕西师范大学学报（哲学社会科学版），2019（4）.

以宏大广阔的历史视野和远见卓识的世界眼光，形成了分析世界和人类发展性质与前景的人类命运共同体的思想，这一理论以其丰富的理论内涵，充分体现了中国共产党在新时代历史条件下的开拓创新。

（一）人类命运共同体思想的提出

人类命运共同体思想的确立经历了一个形成和发展的过程。虽然党的十八大报告已首次提及"人类命运共同体"一词，认为人类日益生活在一个你中有我、我中有你的地球村中，但将这一思想放到关系人类文明走向的高度进行认识和论述，是在党的十八大以后。党的十八大以来，习近平在外事访问及国际场合多次提及人类命运共同体理念，为其赋予了丰富的理论内涵，引起了国际社会的强烈反响。特别是，他在第七十届联合国大会上发表的重要讲话，从政治、发展、安全、文明和生态五个层面阐述了这一思想的内涵，标志着这一思想开始走向成熟了。他在联合国日内瓦总部首次以"构建人类命运共同体"为专题发表的主旨演讲，对其作出了更为系统的阐释。习近平指出，人类正处在大发展、大变革、大调整时期，世界充满不确定性，这种大变动大调整极度困扰着世界各个角落的人们。在世界多极化、经济全球化、社会信息化、文化多样化的持续推进以及科技和产业革命加速进行的时代大背景下，中国针对其中出现的无限挑战和日益增多的风险，给出了以共赢共享为内核的新方案，这要求世界各国要行动起来，坚持在重大问题上对话协商、坚持在发展思路上共建共享、坚持在具体事务上合作共赢、坚持在文化发展上交流互鉴、坚持在发展空间上绿色低碳。2017年3月，这一理念被写入联合国安理会第2344号决议中。基于这一思想的强大生命力和实践可行性，人类命运共同体思想被写入党的十九大报告和新修改的《中国共产党章程》，成为习近平新时代中国特色社会主义思想的重要组成部分。它以解决人类发展问题的包容性和中国智慧，实现了对经典理论的新发展，使自由人联合体思想找到了当今社会中得以推进、得以贯彻的新的理论依托。

（二）人类命运共同体思想的理论内涵

首先，人类命运共同体理念的提出是对以"西方中心论"为主导的西方治理困境的应对和超越。当今世界不确定因素的增多，加剧了人类面临挑战的严峻性，地区冲突、恐怖主义、气候变化以及全球性传染病成为全球性挑战，这些挑战属于单一国家难以处理和应对的全球性公共问题，本质上这是第二次世界大战后以西方为主导的全球化和国际治理体系的副产品，是由以资本逻辑为主导的西方文明的制度性、内生性缺陷造成的。例如，习近平指出的当今世界尚未有效解决的三大突出矛盾都是现行全球治理体系中根本机制出现问题的鲜明体现。长期以来，资本逐利、增殖和扩张的天性使得资本主义的经济全球化本质上成为发达资本主义国家在全球谋取经济利益和超额剩余价值的过程，使得现行的全球化在带来物质财富积累的同时，严重忽视、牺牲和挤压了广大发展中国家的发展空间，加剧了地区发展的非均衡性和非正义性，由此产生了诸多失衡现象。这些制度性、结构性弊端是在资本主义主导的世界治理框架中无法克服的。正如有学者指出的，发轫于资本主义的经济全球化，主观上是利己的（超额剩余价值），利他则只是客观上的边际效应。[1] 人类要朝着理想生活奋进，必须构建能够破解这一世界性难题的新理论。其次，中国作为负责任大国，积极引领时代和世界历史走向，将全人类共同价值与全球治理新行动路径相结合，找到了一条包容发展、普惠共赢的新路子。习近平在纽约第七十届联合国大会一般性辩论的讲话中，首次指出了全人类的共同价值的概念和内容，并在2021年"七一"讲话中重申了继续弘扬这一共同价值的决心和坚定主张，明确了国与国之间坚持合作共赢、不搞零和博弈的原则。[2] 这一主张超越了意识形态的对立，充分体现了人类文明中的思想精华，符合人类社会发展规律，弥补了长久以来西方资本主义仅停留在抽象层面虚伪地大谈"普世价值"带给人们的落差感。此外，人类命运共同体思想不仅是理念层面的美好设想或价值追求，更是我们党关于构建新型国际治理体系，以回应"世界向何处去，人类向何处去"的问题。例如，在政治上，各国要坚持对话协商，建设性管控分歧，构建平等相待、互商互谅伙伴关系，建设持久和平的世界；在安全问题上，各国要共建共享，树立起共同、综合、合作、可持续新安全观，建立普遍安全的世界；在经济发展上，各国要坚持合作共赢，构建开放型世界经济，使世界各国经济都能

---

① 黄正元，禹立婷，杨春艳. 人类命运共同体思想：对马克思主义世界历史观的继承和发展 [J]. 湖南工业大学学报（社会科学版），2021（4）.

② 习近平. 在庆祝中国共产党成立100周年大会上的讲话 [M]. 北京：人民出版社，2021：16.

蓬勃发展；在文化方面，各国要坚持交流互鉴，尊重各国文明和文化传统，形成兼收并蓄、和而不同的文化观，重视文化共享和积极多元的文化互动，建设包容互通的世界；在生态方面，各国要坚持绿色、节约、低碳发展，构筑绿色发展全球生态体系，建设可持续的、清洁美丽的世界。这些主张都是针对当今世界突出矛盾和发展困境而提出的现实可行的中国方案。最后，人类命运共同体理论建构和实践方案的核心是基于世界各国根本利益上的一致性，这种利益的一致性一方面表现在时空维度的国家之间高度融合与依存中，即时空上的"你中有我、我中有你"；另一方面表现在各国在追求发展上的平等性与均衡性要求上，每个国家都有共建、共享、共进、共治的权利与义务，过去那种"零和博弈""你死我活""赢者通吃"式的发展思路，根本上不符合世界各国人民追求美好生活的现实要求，而人类命运共同体在共同利益一致性上找到了汇聚全球共识的契合点，这一理念的发展必将促进现行国际治理体制机制的改革创新，使其更加公正、合理和有效。

总之，这一思想正确揭示了人类社会发展大势和时代发展潮流，并站在世界百年未有之大变局的时代潮头，比较系统地提出了关于人类社会发展走向和世界治理体系改革的许多重大理念、思想和主张，彰显了中国共产党对世界和平与发展事业的责任与担当，成为引领时代发展、解决世界难题的科学方案和行动指南，具有重要的世界意义。

二、人类命运共同体思想发展了科学社会主义的世界历史理论和共同体思想

人类命运共同体思想是以习近平同志为核心的党中央立足 21 世纪世界正在经历的百年未有之大变局，对科学社会主义基本理论进行创造性发展所作出的独创性理论贡献，充分体现了中国共产党对人类社会发展规律的深刻把握，极大丰富和拓展了科学社会主义的世界历史理论和共同体思想，高瞻远瞩地对当今世界发展及走向问题作出了重大战略性部署。

第一，人类命运共同体思想继承和发展了科学社会主义的世界历史理论，在揭示以往经济全球化资本主义性质的同时，深化了对未来世界历史走向和路径的认识。马克思、恩格斯是最早觉察到全球化发展势头初现的思想家，他们通过对资本主义生产方式形成发展的分析，深刻揭示了随着资本主义机器大工业的发展，资产阶级将推动分工和资本在全球范围内扩展，形成以资

本主义为主导的世界市场，从而打破一切封闭性、地域性的生产、分配、交换和消费，造就一个具有资本主义属性的世界历史，但是由于这一生产方式的内在矛盾不可克服，他们认为，这种资产阶级属性的世界历史到头来要进入无产阶级属性的世界历史之中。可以说，马克思、恩格斯创立世界历史理论的时代是世界市场初步形成，经济全球化弊端尚未完全呈现的起步阶段，虽然他们对资本主义生产方式造就的世界历史发展趋势的预言是完全科学的，但是随着时代的发展，当今社会经济全球化的发展、人类交往的普遍性较之过去更加深刻、复杂，西方发达资本主义国家主导的经济全球化的各种弊端一一浮现，其复杂性、多样性、严重性与马克思、恩格斯所处时代不能相比拟，需要与时俱进地发展科学社会主义的世界历史理论，为其赋予新的时代内涵。习近平提出的人类命运共同体思想直面人类社会面临的全球性问题，深刻揭示了当前全球化问题的资本主义根源，点明了旧的国际经济体制秩序的非正义性，呼吁构建新型国际关系和新秩序。一直以来经济全球化就是一种以西方发达国家为主导的、由其制定游戏规则的历史过程，这一历史过程以资本逐利、增殖为基本逻辑，在国内以残酷剥削为特点，在国外以武力压迫、殖民掠夺开辟道路，造成了严重的负面影响和失衡。这样的世界市场不符合世界历史的未来走向，不符合人的自由全面发展的要求。针对 21 世纪全球化出现逆流、回潮等的不利形势，习近平从人类社会发展大势的高度，提出坚持合作共赢，建设一个共同繁荣的世界，推动经济全球化朝健康方向发展，维护开放型经济体制，着力推动国际秩序和全球治理体系更好反映国际格局变化，更加符合公平正义的要求，更加体现出新兴市场的利益和意愿。这一构想和主张是与世界历史公正合理、公平正义的总体走向相一致的，这既是中国共产党人对人类社会发展规律性的科学把握，也是一种蕴含中国智慧的中国方案。同时，习近平强调不同社会制度、不同文明之间能够进行广泛而有益的交流与合作，能够实现彼此的共生和共赢，而不片面地以意识形态划界。各国之间应该秉承广泛而真实的"共同价值"，而非标榜西方主流价值观为主导的"普世价值"。

　　第二，构建人类命运共同体契合了科学社会主义的共同体思想，是马克思所指出的"真正共同体"在当今时空条件下的具体化、系统化的时代表达。① 马克思曾根据人类历史发展规律将共同体依次划分为三个阶段②,其中第二阶段的形态对应的是资本主义全球化的历史时期,之所以说这一共同体是虚幻的,是由于资本主义私有制条件下的社会只完成了政治解放,即只强调在政治制度、思想文化层面抽象强调平等、自由、民主人权等符合人类命运共同体利益的价值观,但在现实经济生活领域不断制造着尖锐的阶级矛盾、阶级对立和不平等现象。因此,在生产资料私有制的资本主义社会中,个人与社会、私人利益与共同利益之间存在一种撕裂的张力,这决定了资本主义社会的"共同体"只能是名不副实的,它无法真正遵从和实现一种共同的价值。而"真正的共同体"则超越了资本主义的"虚假共同体",它以生产力的高度发达和生产资料公有制为前提,赋予了个体充分的发展和高度的自由。因此,这是一种能够真正实现人的解放的自由人联合体,是全人类共同追求的共同体形态。马克思还指出,个人不能离开群体而生存,个体解放不能脱离联合体这一社会形态。而构建人类命运共同体正契合了这一思想,并将其应用到处理国际关系中。一方面,动荡变革的国际环境,越来越要求各国之间紧密合作,携手前进,没有哪个国家能够单打独斗、独来独往;另一方面,现实中由资本主义主导的世界却在相当长的时期内未能结成真正的人类命运共同体。在资本主义主导下,竞争机制加剧利益冲突,威胁到世界的和平与稳定,制约了人类社会的繁荣和发展,损害了全世界人民的共同利益。而人类命运共同体的构建能够为未来"真正共同体"的实现提供强有力的价值遵循、社会物质支持、秩序保障和中间环节,为人类最终走向自由人联合体这一理想社会形态增加了更多的现实可能性。建设这样一个更加美好的新世界和弘扬全人类共同价值,是中国共产党人为实现科学社会主义所昭示的美好理想而立足当代作出的关于实现世界繁荣发展的科学回答,从本质上符合人类社会生存发展的必然要求,能够在实践中维护和实现世界人民的共同利益,这极大地增强了科学社会主义的感召力和吸引力。

---

① 张雷声. 唯物史观视野中的人类命运共同体 [J]. 马克思主义研究, 2018 (12);孙来斌. 论"人类命运共同体"与马克思共同体思想的关系 [J]. 马克思主义研究, 2019 (2).

第六节　形成习近平生态文明思想

党的十八大以来，习近平同志敏锐地发现了我国当下严峻的生态环境问题，并站在人类文明演进的高度，学习借鉴全球生态治理经验，总结我国生态文明建设实践经验，在此基础上提出了符合我国实际国情的生态文明建设战略，创立了内涵丰富、体系完备、科学有效的习近平生态文明思想。这一思想全面回答了我们党当前进行生态文明建设的原因、思路、举措和路径，体现了我们党在国家治理现代化方面的进步，是走向生态文明新时代的思想指南，关系人民福祉和民族未来。这一思想实现了对科学社会主义人与自然关系学说的理论升华，拓展了国家建设的目标体系、理论内涵和着力点，展现了新时代中国共产党人的高度的问题导向和生态自觉。

一、十八大以来习近平生态文明思想逐步形成

党的十八大以来，习近平同志直面我国生态领域长期缺位而带来的突出问题和困境，针砭时弊地提出了符合我们现实情况、解决生态欠账的战略和政策措施，创立了内涵丰富、体系完备、科学有效的习近平生态文明思想，对我们党当前进行的生态文明建设的原因、思路、举措和路径进行了较为系统地展开。

（一）习近平生态文明思想的生成逻辑

习近平同志历来重视生态环境保护和生态文明建设，在地方工作期间就曾提出"两山论"等具有开创性的重要思想。党的十八大对建设事业总体布局进行了更新，将生态文明建设纳入改革发展和现代化建设全局思考，从此我国对生态环境的重视达到前所未有的水平。党的十八大以来，习近平深刻认识到当下我国严峻的生态环境治理困境和人民群众对良好生态环境的新需求新期待，明确将生态治理能力纳入党的执政能力体系，让其成为衡量治理水平的重要标志和国家治理现代化的重要抓手。习近平十分重视这一领域工作的推进和生态文明的建设，多次针对这一问题发表重要讲话，作出指示批示。党的十九大明确将我国社会主义现代化强国的目标进行拓展，加入了

"美丽中国"的新目标，十三届全国人大一次会议正式将其载入我国根本大法，奠定了它的战略性地位和重大现实作用。2018年5月18日，全国生态环境保护大会的召开正式确立了这一思想的标志性、创新性、战略性地位，使之成为新时代生态文明建设的最高遵循和最权威的行动指南。①

习近平生态文明思想不是凭空而来的，它的形成和确立遵循了鲜明的问题导向，其生成逻辑有着主客观背景的统一。一方面，从客观形势来看，严峻的国内外生态环境形势，越来越成为进一步发展的限制因素。就我国而言，改革开放40多年的高速发展具有粗放式经济增长模式的特征，使我国在生态环境方面欠账不少，生态环境恶化，资源环境承载力已接近上限，部分地区甚至出现了不可逆转的破坏和污染，造成了很恶劣的影响和很多复杂的问题，这都无时无刻不提醒我们到了正视生态环境问题，积极采取措施解决问题的地步了，否则，将付出很大的发展代价。我国的生态国情是很脆弱的，就世界而言，全球生态环境也不容乐观，工业文明的发展长期忽视生态环境保护的重要性，当代强大的科技创新、工具进步、人工智能发展更使得人们征服自然的欲望膨胀和能力加倍，使得全球生态破坏、资源短缺、能源匮乏、环境污染、粮食危机等现象频发，全球气候变化、海平面上升、温室气体排放等全球性问题，越来越要求各国行动起来，转变发展方式、更新发展理念，将可持续发展、绿色发展作为各国发展的基本方式和目标。另一方面，从主观要求来看，就国内而言，习近平对我国的生态国情做过精确定位，即"我国总体上仍然是一个缺林少绿、生态脆弱的国家"。改革开放40年来经济快速发展的过程中，由于对生态环境的忽视积累了大量的问题，这些问题越来越突出，越来越直接地影响人民的基本生活。进入新时代以后，人民群众迫切希望在生态环境良好、自然条件优美的环境中生产生活，生态环境越来越成为人民幸福感的重要评价指标，解决这些发展起来产生的问题，迫在眉睫且至关重要；同时，随着社会主义现代化事业的推进，人民生活品质有了大幅度提高，人民不再仅仅满足于物质文化需要的层次，而对生态环境方面有着更加美好的期待和憧憬，因此，新时代要提供优质的生态产品和优良的生活空间。对此，必须把这一领域的建设作为关系党执政基础的关键性任务，

---

① 李干杰.开创社会主义生态文明新时代：深入学习领会和贯彻落实习近平生态文明思想［J］.紫光阁，2018（9）.

始终不懈地推进，使之真正行之有效。而从世界维度来看，全球生态环境约束趋紧和全球性生态危机频发的事实，促发全球环境保护意识的觉醒，国际社会和世界人民高度关注生态文明建设，我们在经济迅速崛起的同时，也承担着重大的国际生态责任，减排的任务艰巨、压力很大，加之国际社会恶意抹黑和声讨的论调不绝于耳，这促使我国要积极行动起来，以切实有效的措施和积极有为的态度同国际社会一道应对全球气候变化，积极参与可持续发展的全球治理，自觉担负起崛起大国在构建优良国际环境和发展空间中的责任。

（二）习近平生态文明思想的理论内涵

习近平生态文明思想是一个内涵丰富、体系完备、科学有力的生态文明思想体系。其理论内涵主要包含以下几方面：第一，从生态环境与文明关系的高度，揭示出生态兴则文明兴、生态衰则文明衰的重大意义，说明了生态文明对文明存续和更替的重大历史意义，揭示了生态文明自身的发展规律，明确提出要尊重自然规律，防止无度利用自然资源以致最终伤及人类自身的恶果。基于此，习近平从民族未来、长远利益、永续发展的角度强调这一建设关系的重大意义及其迫切性。第二，在生态文明建设的根本目的的认识上，明确提出"环境就是民生""良好生态环境是最公平的公共产品，是最普惠的民生福祉"等思想，充分体现了习近平生态文明思想以人民为本位、为主体的价值取向。第三，从生态环境与经济发展的关系出发，深入阐发了二者的辩证统一关系，扫除了错误认识和思想误区，推动形成了将二者统一起来的生态生产力理念和人与自然和谐的新共识。"两山论"突破了以规模、数量为重点的经济增长思维，而更加强调发展的质量效益，极大地深化了我们对生态文明本质的认识。第四，在生态文明建设的思路和措施上，以系统思维作为生态文明建设的根本遵循。习近平在生态文明建设问题上十分重视运用系统治理的思维方法，一方面，他指出大自然是一个生命共同体，因此要按以整体性思维系统把握其内在规律，统筹保护，整体考量和推进工作；另一方面，生态文明建设要放在整个中国特色社会主义建设总体布局中整体谋划，将其融入其他建设各方面和全过程中，明确生态文明建设不仅关系经济转型和发展的问题，还关系党的执政地位、国家治理能力提升等内容，其中蕴含着很大的政治意义。因此，就需要依靠严格的制度和法治促进生态文明建设，将生态文明理念真正落到实处，如出台了关于建立产权制度、保护制度、管理制度等的方案，为生态文明制度体系的加快建立提供了很大的保障。第五，在生态文明的国际治理问题上，积极倡导构建一个清洁美丽的世界，呼吁世界各国共同采取相应措施应对出现的问题，真正实现全人类与自然和谐共生。

二、习近平生态文明思想发展了科学社会主义关于人与自然关系的学说

习近平生态文明思想立足世界百年未有之大变局和中国特色社会主义新时代，创造性地提出了一系列关于生态文明建设的习近平新时代中国特色社会主义思想新观点、新论断，丰富和发展了人与自然关系学说，为经典科学社会主义理论作出了重要丰富。具体来说，这种丰富和发展主要表现在以下几个方面：第一，科学社会主义经典作家在人与自然关系问题上，明确提出人源于自然界、属于自然界、存在于自然之中，人不能脱离自然界；劳动实现了人与自然之间分化与统一，人与自然在劳动中形成一种共同体。可见，自然先于人而存在，自然界有着不以人的意志为转移的客观规律，人要顺应、保护自然，才能使人与自然这一共同体健康发展。习近平提出的"人与自然是生命共同体"和"坚持人与自然和谐共生"的思想，坚持以系统性、全局性、长远性的认识方式来把握人与自然之间的共同体关系，强调发展要充分考虑到人与自然之间的相互依存、相互作用的关系。这就科学回答了新时代生态文明建设的规律性问题，将对人与自然关系的认识上升到了新的高度，发展了马克思、恩格斯关于"人与自然是有机统一体"的思想。

第二，科学社会主义经典作家对自然界价值和作用的认识主要有两点：一是认为自然界本身蕴藏着有助于物质财富生产的能力，即自然界的存续价值；二是在劳动中产生了人与自然之间的价值结合，创造出满足人自身需要的劳动产品。近代资本主义大工业社会在资本逻辑的驱使下，仅注重对人与自然结合价值的挖掘，忽视了自然界的存续价值，如自然界在为人类提供新鲜的空气、清洁的水源等方面的作用，导致过度开发利用自然的过程中产生了种种突出的生态环境问题，自然界对人的报复日益频发，生态环境制约性凸显。针对这些严峻的问题，习近平提出的绿色发展观，深刻说明了生态环

境本身也是一种生产力的观点，实现了生态与经济关系的重新认识，使人们深刻认识到绿水青山不仅能够为人们提供宜居的自然环境，而且能够长期给一个地区带来经济效益和社会效益。这一思想继承和发展了科学社会主义对自然界价值的观点，以生动的语言推动了发展思路的重大转变。

第三，科学社会主义经典作家对资本主义社会中破坏生态环境造成的种种问题的反思中，破坏环境最终危及的是人类自身。因此，他们认为保护生态环境实际上就是保护人类自身。这一思想在习近平生态文明思想中得到了重大的发展，他深刻认识到环境就是民生，就是福祉，并明确将新时代生态文明建设的根本目标和价值取向定位为以人民群众的需要为本，这一思想极大超越了西方现代化过程中以物质生产、财富积累为中心的短视思维，真正做到了将生态与民生相结合，丰富和发展了科学社会主义对生态环境保护中以人为本位的观点。

第四，科学社会主义经典作家的自然观是在资本主义社会初期根据资本主义社会的现实创立的，这一自然观从宏观上看到了人与自然之间的矛盾性，并对人类不合理开发利用自然将造成的恶果进行了分析和提醒，但在当时资本主义制度下体现出人与自然的矛盾不可能得以真正化解，因为在资本为主导的发展模式下，资源环境甚至人本身都不是优先项。随着生态恶化的程度、规模的加深加大，习近平立足新时代对生态环境的新要求，明确提出了一系列生态环境治理的举措，将生态治理作为国家治理现代化中的重要内容，并采取严格的制度保障绿色生态理念真正落地。这些思想和举措，为科学社会主义的生态观注入了新的时代性内涵。

第五章

中国共产党百年来丰富和发展科学
社会主义的理论贡献和基本经验

伟大历史凝练思想结晶，百年奋斗浓缩宝贵经验。纵观党的百年奋斗历程，党对革命和建设的统领，对建设新道路的开辟及推动它进入新时代的伟大实践和伟大征程是中华民族发展史、世界社会主义运动发展史和人类文明发展史上浓墨重彩的一笔。回顾这一伟大奋斗历程，展现在我们面前的是一部生动的寻求理论武装、推动理论创新的理论探索史，同时也是一部实事求是、与时俱进、继往开来的马克思主义中国化史，其中蕴藏着中国共产党百年理论创新的理论贡献和历史经验，它以理性认识和理论概括的形式呈现着党的百年奋斗历程，反映着中国共产党对社会主义革命、建设、改革规律的科学认识和准确把握。

中国共产党百年辉煌与科学社会主义在中国的发展交相辉映，科学社会主义在与中国的双向互动中，实现了改变中国和以中国经验丰富发展科学社会主义理论的双重目标。党在推进理论创新百年进程中，逐渐形成了对科学社会主义基本原则、本质属性、突出特征及其发展规律的科学认知以及对科学社会主义信念和理念的科学坚持，中国共产党以马克思主义和科学社会主义的真理力量、人民情怀、实践理性点燃了中国革命、建设和改革的实践之火，激活了中华民族的发展活力；而科学社会主义的创造性运用和发展则是马克思主义的伟大胜利，使科学社会主义重新在全世界人民心中树立起具有感召力、吸引力、凝聚力的正面形象。

时值中国共产党成立一百周年，立足中国共产党百年来对丰富和发展科学社会主义所作出的重大理论贡献，总结其中蕴含的宝贵经验，有助于我们更加准确地把握科学社会主义中国化的基本规律，更有力地推动马克思主义中国化时代化，有助于更好地贯通过去、现在、将来，更好地以此指导现代化国家建设的伟大实践。

第一节　中国共产党百年来丰富和发展科学社会主义的理论贡献

通过对中国共产党在领导社会主义革命、建设和改革历史征程中对科学社会主义三次历史性飞跃的系统梳理，不难看出其中蕴藏着贯穿百年党史的理论贡献。这些理论贡献以理性认识和理论概括的形式呈现着党的百年奋斗历程，反映着中国共产党对社会主义革命、建设、改革规律的科学认识和规律性把握。中国共产党在百年波澜壮阔的历史发展中，形成了对科学社会主义多方面的理论贡献，本节将主要的、意义重大的、具有独创性的理论贡献归纳为以下七个方面。

一、形成了符合中国国情的革命理论

形成具有中国特色、符合我国实际的革命理论是我们党以实事求是的科学态度，对科学社会主义重大、首要的理论贡献。新民主主义革命浴血奋战、艰苦卓绝的 28 年，是中国共产党百年奋斗征程的起始阶段；中华人民共和国的成立，则标志着社会主义革命阶段的开始。新民主主义革命理论和社会主义革命理论或者说社会主义改造理论的探索，是以毛泽东同志为核心的中国共产党统领中国革命、把握中国社会全局取得的伟大胜利和独创性理论成果。以这些科学理论为指导而进行的革命实践和历史进程，使我们党关于这两个阶段革命的理论被实践有力地证明了。这些理论是我们党的理论珍宝，它们有力地推动了经典理论与中国实际相结合的具有里程碑意义的跃进、跃升。

符合中国国情的革命理论逐步形成于新民主主义革命时期，它包括革命初期党对革命新道路探索的理论概括，也包括党对整个革命规律性把握的理论结晶。土地革命战争时期逐步形成的中国革命新道路思想是以毛泽东同志为核心的中国共产党立足中国国情独立探索的重要理论成果，是党对革命道路初步认识之理论总结。建党初期，由于党的领导层对半殖民地半封建社会的基本国情和马克思列宁主义的基本理论缺乏深刻的理解和认识，加之党在组织上不独立，作为共产国际的一个支部，凡属重大决策须经过共产国际的批准或认可，党的路线和方针政策的制定上存在着教条主义和照抄照搬的倾向，严重阻碍了革命形势的发展。以毛泽东同志为主要代表的中国共产党人，坚持从中国具体实际和实践出发，坚持科学态度分析实际情况，打破城市中心论的束缚，探索出具有中国特色、符合中国实际的革命新道路，逐步形成了反映这一实践的革命道路思想。这一理论是指走以农村为中心的、工人农民为主体的革命根据地武装割据的道路，最终夺取全国政权的思想。这一思想的出发点在于中国半殖民地半封建的社会性质决定了中国革命具有其他国家所不具有的特殊性，同时中国疆域广阔、有党的坚强领导、有群众的广泛支持和红军的力量等现实条件，决定了中国革命的中心应当在农村。检视国际共产主义运动史，虽然以往革命都先发生在城市，再以中心城市为依托将革命推向农村，最后取得全国胜利，此前还没有通过农村革命就能完成目标的例子和经验，但是毛泽东不为传统思想所束缚禁锢，他充分考虑中国实际，经过反复探索，卓有成效地探索出通过工农武装割据，农村包围城市最后夺取全国政权的正确道路。毛泽东对中国革命新道路的探索说明中国共产党没有离开中国特点和实际，空洞地、抽象地理解经典理论，而是将其与中国具体实际相结合，使中国革命焕发出了新的生机。

新民主主义革命理论是毛泽东立足对中国革命规律性的科学把握而形成的对科学社会主义理论的创造性发展，是党对革命道路规律性把握更加自觉之理论表现。经过北伐战争、土地革命战争和抗日战争的磨砺和考验，依据积累起的正反两方面经验，此时的党已成为政治上成熟的政党，具备了系统地回答有关中国革命和未来建设的相关重大理论问题。全民族抗战爆发后，中国前途命运尚未可知，形势迫切要求党旗帜鲜明地表明自己的立场和观点，提出科学的政治主张，在理论和实践上更好地领导中国革命向前推进。到1939 年年底至 1940 年年初，毛泽东从中国实际出发创造性地提出并阐述了这一科学理论，系统分析了中国革命要联合哪些阶级、是何种主义之革命、是哪些主体提供支持的、步骤和次序及其依据为何、前途是达到何种社会状态等基本问题，独立自主地探索出了先进行新民主主义革命再进行社会主义革命的革命道路，为新民主主义革命的最后胜利做好了理论准备。新民主主义的理论是在马克思主义指导下，将其与中国具体实际相结合的正确理论，填补了无产阶级革命在落后国家进行的理论空白，为受封建主义和殖民主义压迫剥削的民族指明了一条实现民族独立和解放的现实之路。

符合中国国情的革命理论不仅包括革命战争时期之理论，还包括向社会主义过渡时形成的社会主义改造理论，这是我们党对社会主义革命科学总结的理论结果，是党的重大理论创新点。中华人民共和国成立后到社会主义改造之前是社会主义革命时期，这一时期是承前启后、对我们社会发展前途命运起关键作用的时期，这一时期能否继续将经典理论与我们的国情特征和实际需求相结合，产生有效指导实践的理论，关系党和国家的性质与未来。毛泽东坚持以马克思主义世界观方法论为指导，将科学社会主义所有制理论同中国更加复杂的社会情况、更具异质性的社会阶级关系及欠发达的生产力状况进行了客观分析和有机结合，探索出了一条有中国特色鲜明的改造道路，使所有制的性质得到根本转变。面对这鲜活实际的经验，以毛泽东同志为核心的党中央及时进行理论总结和科学概括，形成了符合国情的社会主义改造理论，顺利平稳地完成了社会根本性质的转变，使以公有制为基础的社会主义制度基本确立起来，社会主义实现了对资本主义的决定性胜利。这一理论在农业和手工业的改造上采取了"先合作化，后机械化"的思路，采取了由低级向高级的"三步走"过渡的方式，以稳步发展、积极引导为方针，既实现了对苏联向社会主义过渡方法的超越，又在理论上提出了新思路和新形式；这一理论对工商业的改造则引入国家资本主义这一中间环节，采取了"利用、限制、改造"的方针，首次实现了对资产阶级的和平赎买，这些内容实现了对"间接过渡"理论的具体化，使社会主义过渡理论更加完善具体，对经典理论来说填补了一大空白。总之，这些理论和实践都创造性地丰富和发展了科学社会主义过渡时期所有制改造理论，是中国共产党立足中国实际、实事求是地探索向社会主义过渡的理论结晶。

二、形成了具有中国特色的改革理论

党的十一届三中全会以来，改革开放是我们党总结经验、不断反思后理论认识与实践推进的根本主题，它贯穿于我们党40多年的历史发展之中，也将是我们党继续向前发展、不断取得新胜利的关键一招和重大战略支撑。总的来说，"两个一百年"奋斗目标的实现离不开我们党对改革认识的深化和在实践中坚定不移地对其贯穿执行。具有中国特色的改革理论是我们党将科学社会主义经典理论中关于改革的思想与我国国情、时代特征、实践要求相结合，与国际共产主义运动实践经验相结合而形成的科学认识，它是不断发展的理论，它的与时俱进和日益具体是我们党对改革规律把握深刻、全面的结果和体现，它以现实性和鲜明的问题导向为科学社会主义的丰富和发展贡献了前所未有的理论珍宝。

社会主义基本制度建立之后，其进一步发展的动力是什么，这类社会要不要改进，这在理论和实践中都是一个重大的问题，我们对这一问题的认识经历了一个逐步深化的过程。马克思、恩格斯对未来社会的发展问题有过两个方面的基本认识，一方面，他们明确指出了阶级社会发展的动力是阶级斗争；另一方面，他们运用最彻底的发展观，指出了社会主义社会应当具有变动性，会时而变化与改革。但是囿于时代局限，他们没有机会和可能对于阶级对立的社会主义社会的发展动力是什么、为什么要改革、如何进行改革等问题作出明确论述。列宁从革命和改良相区别的意义上提出无产阶级夺取政权后，要分清楚革命和改良对社会的作用范围，他这里指出的改良就是改革，但是列宁对于改革的认识还局限于将其作为区别于革命的社会变革的手段，还没有将其上升到作为社会主义社会发展动力的高度加以认识，并且由于列宁领导社会主义建设的时间尚短，没有机会对改革问题进行更加深入的认识。而列宁的后继者斯大林更是否认社会主义社会存在矛盾，将社会主义社会发展的动力看作"政治和道义上的一致"，这样就从理论上阻塞和否认了社会主义改革的可能。

中国共产党在社会主义基本制度建立后，对这一问题进行了一系列的探索，在很大程度上丰富和发展了科学社会主义的基本理论。毛泽东首先提出了社会主义社会矛盾学说，明确了这一对矛盾的内容和性质，深刻地指出了它具有的既相适应又相矛盾的特点及这种非对抗性质的矛盾可以在社会主义制度下得以解决的缘由，这是科学社会主义发展史上的一个重大突破。但是，这一矛盾学说此时还没有将其与改革联系起来，还没有找到解决这一基本矛盾的根本方法，也没有将之转化为实践。党的十一届三中全会以来，邓小平深刻总结社会主义历史经验特别是我国改革开放以来的实践经验，抓住了我国生产力发展同当时僵化的经济体制之间的矛盾，找到了"又相矛盾"的环节在于体制问题，并从"改革是中国第二次革命"的高度，也就是从社会主义社会发展的动力看待改革，成功指导了我国的改革开放大业。邓小平的社会主义改革理论是一个系统的理论体系，它包含了对改革性质的明确、对改革地位的升华、对改革评价标准和目的的全面认识，对改革核心问题即经济体制改革中僵化认识的澄清以及对政治体制、文化体制、对外关系等方面改革的重视。这些对改革的理论认识为我们党改革事业的推进，对我们道路的探索起了至关重要的、基础性、建设性的作用。

此后，一代代中国共产党人在不同的历史时期继续坚持了这一改革理论，推动我国经济社会在 40 多年间发生了巨大的历史性转折。其中，最突出的表现就是：我们党在这一理论的基础上不断完善和发展社会主义市场经济体制，使其引领中国经济实现了大踏步地腾飞。自邓小平在南方谈话明确澄清了对计划和市场定位的错误认知后，我国第二轮改革开放新高潮正式开启了。以江泽民同志为核心的第三代领导集体对社会主义市场经济体制的认识不断深化，在实践上也取得了较大的突破——确立起了承认市场基础性作用的市场经济体制。党的十四届三中全会全面系统地规划了如何建立起这一体制基本框架，以九个大方面的具体举措推动各领域体制改革大踏步展开；又如党的十五大及时关注并提出了实现这一体制完善的目标，在建立统一开放、竞争有序的市场体系上取得了新的重要突破；党的十六大，江泽民同志正式宣布了这一体制的初步建立。以党的十六届三中全会为标志，我国进入到完善和发展社会主义市场经济体制的新时期，我们党不断深化对政府和市场关系的认识，不断对市场发挥作用的程度方式进行优化，例如党的十七大提出以制度对其基础性作用进行保障，党的十八大强调要对其作用范围进行拓展等。

党的十八大以来，我国改革进入攻坚期、深水区，必须将改革推向深入，对改革理论进行更新和拓宽。以习近平同志为核心的党中央，深刻总结过去取得的伟大成就和积累的历史经验，面向新时代吹响了全面深化改革的"时代号角"，在理论和实践上推动改革开放走向新阶段，以全新的国家治理理论和全面深化改革实践极大丰富了科学社会主义的理论和运动。例如，习近平在党的十八届三中全会上更新了改革的总目标，使我们的改革进入以制度现代化引领和保障的新阶段，有了新的具体路径和着力点。国家治理现代化问题是党的十八大后首次提出的，这是习近平对新时代中国特色社会主义改革作出的原创性贡献，标志着我们党对国家治理和社会主义现代化建设规律的认识更加深刻，在世界社会主义发展史上意义重大。他的全面深化改革理论和治理现代化理论有着鲜明的理论特点，即它规定了全面深化改革的领导主体，从制度最大优势和最本质特征的高度强调党的领导在国家治理中的必要性和重要性；它申明了全面深化改革的核心价值，将人民及其根本利益作为我们改革的根本归旨；它针对深层次体制机制提出了系统性、整体性、协调性的改革要求；它明确了全面深化改革阶段要将国家治理效能落到实处；等等。以此为指导，我们党对全面深化改革的重大领域有了更精准、更有针对性的部署。例如，在党的十八届三中全会上，我们党对政府和市场关系的认识又有了重大的突破，确定了市场在资源配置中的决定性作用；党的十九大提出了完善产权和要素市场化等新举措。这些内容使党的改革理论日臻完善、更加丰满，更加符合经济社会发展的现实要求。总之，习近平立足新时代新发展阶段的新要求，在我国全面深化改革的实践中实现了理论的重大发展，以原创性的内容进一步为科学社会主义经典理论的百宝箱加入了新的理论内容，使马克思主义国家学说、社会有机体思想等都更加鲜活了。

可以说，百年来中国共产党对改革这一社会主义发展根本动力问题的定位和认识经历了一个认识深化、实践拓展的过程，并坚定地将改革开放作为发展中国、发展社会主义、发展科学社会主义的根本途径和必由之路。这是党的百年理论探索和理论创新得出的科学结论和宝贵经验，对科学社会主义发展作出了开创性贡献。

三、形成了中国式现代化发展理论

现代化是符合客观规律和人类美好希冀的世界潮流。我们的中国式现代化发展理论是中国共产党以发达国家为标杆，以社会主义制度优越性为根基，在国际比较的过程中逐步形成和不断深化的重要理论成果，它是我们党肩负的重大历史使命进行科学规划和部署的结果，也是中国共产党对不可阻挡的世界潮流的一种积极回应。中国式现代化发展理论是贯穿百年党史的重要理论创新，它以中国实际发展阶段和特点为根据，形成了一套异于西方现代化思想的具有中国特色的理论，这一理论对科学社会主义经典作家提出的社会发展理论来讲也实现了很多方面的创新，是党对科学社会主义基本理论的重要理论贡献之一。

带领国家实现现代化是党自成立以来的不懈追求。我们党在新民主主义革命时期的一切牺牲、一切奋斗都是为了能够获得引领发展的制度前提。中华人民共和国成立后，我们党根据我国发展的需要和实际情况，逐步确定了实现"四个现代化"发展目标，用以指导我国社会主义建设事业。在为这一目标奋斗的过程中，我们党逐渐积累起了一定的物质基础，使得国家发展和现代化有了一定的根基，但此时由于对发展引擎和发展理念的理解尚未完全科学，致使我们的现代化发展力度不够。党的十一届三中全会将全党工作重点转移到社会主义现代化建设后，这一事业就此迈出了新的征程，获得了长足发展的空间和条件。邓小平根据中国现实国情特点，提出了"中国式现代化"的概念即到 20 世纪末人均 GDP 达到 1000 美元的"小康状态"，这就将发展生产力和增加人民收入作为社会主义现代化的基本原则。随着实践的深入，邓小平对我国社会主义现代化发展战略的思考日益成熟，他根据对我国社会主义所处阶段的思考，提出了在此阶段进行现代化的发展战略，实事求是、合乎规律地进行推进，他在党的十三大报告中将这一战略思想系统阐发为"三步走"，这标志着社会主义现代化发展思想的正式形成，它为初级阶段社会主义现代化建设提供了具有长远意义的指导。在邓小平这一思想的指导下，我国现代化建设实践推进迅猛，到 20 世纪末，我国即已提前完成第一步和第二步发展目标，实现了奔向小康的历史性跨越，但此时发展水平依旧不高。为了在新的历史起点上进一步推进现代化事业，党的十五大对其中的第三步战略目标进行了细化，形成了"新三步走"战略，对 21 世纪的前 20 年进行了目标的量化，对 21 世纪中叶建国一百年时的目标进行强调，这就使党的发展思想更为具体、充实了。到党的十六大，我们党根据发展实际和十五大提出的新发展目标，明确提出了全面建设小康社会这个承上启下的奋斗目标，党的十八大则进一步明确了这一社会建成的时间点，这就使得党的发展战略有了更具指导意义的内容和更具吸引力的奋斗标识。纵观新时期的现代化发展思想，可以总结出其中的理论特征：我们的现代化思想是有原则和底线的现代化，这就是四项基本原则和党的十三大进一步指出的初级阶段的基本路线，这一原则对我们现代化的社会主义性质和党对这一事业的领导地位进行了明确的说明和规定，指明了我们发展的根本原则；我们的现代化思想也是具有鲜明中国特色的，最大的标志就是立足初级阶段、不发达生产力的国情，以实事求是的态度对其进行长远谋划；我们的现代化思想也是全面的，不仅涵盖对重要发展领域的目标设定和布局，还体现了发展的量与质的辩证统一关系；等等。

经过改革开放和社会主义现代化建设40多年的发展，我们党所处的发展方位出现了新的阶段性特征和总体性跃升，特别是我国胜利解决了绝对贫困这一历史和世界难题后，我国的社会主义现代化迎来了崭新的局面，向着不可逆转的方向挺进，这就要求党的现代化发展思想回应这一新趋势，及时进行更新和发展。党的十八大以来，以习近平同志为核心的党中央，准确把握住这些新发展，辩证分析了其中展现出来的新特点，对未来发展要求进行了深刻的理论思考，在此基础上对现代化国家的全面建设作出系统谋划和战略部署，构成了实现社会主义现代化伟大事业的最新定位、最新认知、最新判断，形成了习近平新时代中国特色社会主义思想。一方面，他根据我国经济社会发展的新情况，对我们党的发展战略进行了更新，提出了"新两步走"的战略安排，在时间上将这一目标基本实现的时间提前了15年，在发展质量的设定上进行了提质升级，在多方面多领域都提出了更明确更高的要求，这标志着我们党对社会主义现代化建设规律认识上的跃升，这一战略安排无疑在广度和深度上都极大丰富和拓展了社会主义现代化发展战略的内涵。另一方面，他明确提出全党必须立足新发展阶段，推动高质量发展，并形成了一套面向未来发展的最新理论成果，以鲜活的中国实践、中国智慧和中国方案极大丰富和发展了科学社会主义基本理论。这一新时代的现代化发展思想有多方面的内容，从理念上看，它明确提出了我们的发展思想是以人民为中心的，我们的现代化是人民共享的，它要以创新、协调、绿色、开放、共享为基调；从动态性上，它立足我们多年来发展积累起来的物质基础、制度条件，对初级阶段总体量变过程中的部分质变的局部性特征进行了理论阐释，使人们对发展的方位有了更科学的理解；从发展路径上，针对国内外形势的深刻变动，它对发展引擎和路径进行了战略性挑战，提出了引领发展的双引擎格局，并对这两方面在长远发展中的地位进行了明确；等等。这些新内容是党中央以实事求是态度不断深化对现代化理论和国家建设规律认识的结果，这些事关向第二个百年奋斗目标挺进的重大战略思考和部署，是我们党对科学社会主义发展理论的时代性、原创性且具有里程碑意义的贡献。如以人民为中心的发展思想的提出，坚持了科学社会主义的根本政治立场，丰富和发展了科学社会主义关于实现人的自由全面发展的学说；新时代新的"两步走"战略安排和新发展阶段理论进一步深化和更新了对社会发展阶段理论的认识；"双循环"新发展格局极大地丰富了科学社会主义的世界历史理论；等等。

四、形成了管长远的社会主义初级阶段理论

社会主义发展阶段问题是科学社会主义经典理论中的基本问题，我们党在此基础上，经过多年思索，终于立足我国实际情况，提出了科学且具有长远指导意义的社会主义初级阶段理论。纵观我们党长期的历史，我们对这一基本理论的认识经历了一个逐步深化的过程，从对社会主义社会发展阶段的模糊认识到形成系统的社会主义初级阶段理论，既标志着党的理论上的成熟，又实现了我们对科学社会主义基本理论的原创性发展，正确认识了社会主义发展阶段问题。

科学社会主义经典作家曾提出过一些关于社会主义发展阶段的精辟论述，如马克思对共产主义社会发展两阶段的划分和理论阐述，如列宁进一步对这两个阶段的定名和理论分析等。但是，由于马克思、恩格斯没有使社会主义社会变为现实，列宁领导的探索实践也很短暂，他们没有机会充分思考经济文化相对落后的东方大国走上社会主义道路后会经历怎样的发展阶段，并对其作出细致的回答。这一任务就历史地落到执政的中国共产党的肩上。社会主义制度建立后不久，毛泽东曾提及社会主义发展阶段问题，如他提出过"不发达的"和"比较发达的"两个阶段。由于当时我们党建设社会主义的经验尚且不足，虽然看到了不发达的一面，但还不能对这种状态进行十分全面清晰的认识和定位，形成科学有效的理论，因之在实践中我们不可否认地犯了超越阶段、急于向更高阶段过渡的失误。

党的十一届三中全会后，我们党认真总结此前的经验教训，坚持解放思想、实事求是，在深刻思考之后，形成了关于初级阶段科学的、全面的理论，对其基本含义、起止时限、国情依据、鲜明特点、精神实质和党的基本路线等都作出了理论概括和说明，极大深化了我们对国情和发展阶段的认知。此后，从党的十四大到党的十七大，我们党都始终坚持这一科学的理论认识，

在实践中牢牢遵循初级阶段的客观规律，并以此作为指导发展、谋求进步的根本依据。历史和实践证明，我们党对社会主义发展阶段理论的探索，是真正地立足科学社会主义基本理论，实现了重大的飞跃。

党的十八大后，以习近平同志为核心的党中央，结合新的实践和新的发展形势，对我们党所处的发展阶段有了认识上新的提升。一方面，他立足改革开放以来我国发展取得重大成就和我们事业发生的具有里程碑意义的变革，明确提出"新时代"的重大政治论断并对其进行了系统的理论阐释，界定和说明了这个新时代是什么、它的来历、它要完成何种任务、它的前途是什么等重要内容，从此我们的发展有了新的表述、新的内涵及新的方位。另一方面，习近平同志站在时代前沿，根据我们党在第一个百年奋斗目标实现后历史任务的重大变化，继"新时代"重大政治论断提出后，进一步明确我国已进入向第二个百年奋斗目标进军、建设社会主义现代化强国的新发展阶段。这一新论断是对我们事业发展的阶段性特征进行深入分析和综合研判的结果，它指明当代中国发展的现实坐标、演进趋势和进步逻辑，具有重要的理论和实践意义。习近平同志对我们党发展阶段理论的新发展表现在：第一，他以"新发展阶段"定位了社会主义初级阶段下我们党发展的新方位，这样的新定位显示了社会主义初级阶段随社会生产力水平的逐步提高和物质财富的逐渐累积，其长期性与阶段性、稳定性与动态性之间的辩证统一关系，有助于全党深化对社会主义初级阶段的理性认识，从而在明确它的动态性、变动性、发展性后，以积极有为的姿态推动初级阶段不断发展进步、不断向着质变的方向转化；第二，他以"新发展阶段"标定了我们事业的新目标，即他在新时代的背景下继续将理论推向前进，指明了我们党在第一个百年奋斗目标实现后向现代化强国奋进的历史任务，这有助于全党以更强的问题导向应对工作中出现的新情况、新问题，以更加灵活的举措、政策做好新时代各项工作。总之，这是我们党在提出社会主义初级阶段理论后，第一次在党的文献中对其自身发展的规律和特点等作出的全面论述，是我们党对发展阶段理论与时俱进、不断深化、开拓创新的表现，为我们党在新时代明确工作中心提供了根本指针。

综上，党的历史深刻展现了我们对社会主义发展阶段理论探索的深入和理解的深化，这不仅是我们党百年来理论创新的重要经验，也是立足实际对科学社会主义基本理论作出的具有开创性的贡献，对我们党面向未来、引领发展提供重要的理论依托。

五、形成了内涵丰富的社会主义本质理论

作为以科学社会主义基本原则为根基的社会主义国家，我们党建设事业的各项实践直接体现了我们党对社会主义本质的理解程度。自党成立以来，我们党就天然地产生了基于科学社会主义的社会主义观，此时的认识主要来自书本上的基本理论，也就是说那时更多的是对社会主义一般的理解。当这些一般的认识与中国实际相结合后就产生了理论深化的需要。纵观百年党史进程，中国共产党在百年来始终坚持社会主义方向和科学社会主义的根本原则，在实践中逐步深化对社会主义本质的认识，以内涵丰富的本质理论创造性地拓展了对经典作家关于未来社会本质之概述，这些内容的更新和认识的深化是一代代中国共产党人认真总结社会主义建设历史经验的科学成果，是中国共产党百年来在理论上不断成熟、日益自信自觉的重要原因，也是中国特色社会主义道路越走越宽广，日益显示出巨大优越性的理论根源之所在。

马克思、恩格斯在预测未来社会基本特征的过程中，曾提出了对社会主义本质的一个大概的认识，如为大多数人谋利益、实现社会公正、促进人的自由全面发展等。随着社会主义从理论转变为各国建设社会主义的活生生的实践，实践要求从事社会主义建设的人们从本国社会主义建设的实际出发，全面深刻地认识社会主义本质。

由于缺乏思想准备和建设经验，我们党起初没有完全搞清楚所谓的社会主义到底是什么，很久都被"经济制度论"的社会主义本质观所主导，没有跳出苏联模式和传统社会主义观的框架，对社会主义的认识被一些程式化的制度特征所局限住了。历史和实践证明，传统社会主义观指导下的社会主义建设不具有可持续性，难以满足国家社会发展的需要。现实的经验教训促使全党深刻反思到底什么是社会主义？未来美好社会的制度优势如何才能体现于现实之中？这些理论问题迫切要求全党解放思想、实事求是，重新认识这一问题。邓小平在深刻总结社会主义建设的历史经验基础上，经过长期的深入思考和提炼，在1992年南方谈话中首次作出了对"社会主义本质"的科学概括。它既坚持了科学社会主义基本原则，又立足于中国社会的现实需要，

将生产关系和生产力结合起来理解社会主义社会本质，这一全新的本质观突破了对社会主义的僵化认识，它将社会主义的制度与其功能统一到理论认识之中，创造性地发展了社会主义本质理论，为我国今后的社会主义现代化建设指明了方向。此后，江泽民同志和胡锦涛同志都在不同的历史阶段上坚持和发展了邓小平的社会主义本质论，先后将人的全面发展、社会和谐、公平正义等内容纳入这一理论之中，标志着我们党对其认识的日益深刻、具体，这一正确认识推动了我们建设事业的全面进步。

党的十八大以来，习近平同志直面国际、国内环境的深刻变化，对社会本质问题的认识随实践需要、时代发展要求、党的主要任务等方面的变化而不断深化，实现了理论的重大飞跃。一方面，他在回应国内外对中国特色社会主义本质的种种质疑后，深刻揭示了社会主义本质，标志着我们党对社会主义的认识坚持了辩证思维，能够深刻把握理论与现实、普遍与特殊的辩证统一；另一方面，他对我们社会主义的特殊本质作出了新论断，即提出了"最本质特征""内在要求""本质要求"等内容，使我们党对规律的认识和把握更为科学。如从最本质特征的角度看到党的领导地位，使我们党对社会主义本质的理解纳入了上层建筑的内容，这符合了新的历史条件下党为夺取新胜利而承担的历史责任；如将依法治国作为"本质要求和重要保障"向全党提了出来；又如首次明确将"共享"作为"本质要求"提了出来，共同富裕赋予了新时代的具体内涵；等等。这些新认识标志着党对本质问题认识得更加深刻、具体，体现了党对经典理论的科学理解和自觉把握，它一方面提供了深刻认识社会主义本质的重要范例；另一方面，正是由于我们党有了科学的、内涵丰富的社会主义本质观的指导，并以这样的思维指导我们对特殊本质的认识，我们的现代化建设事业才得以蒸蒸日上，国家发展生动活泼。因此，在实践中多方面、多角度地深化对社会主义本质的认识是中国共产党理论创新和推进社会主义现代化建设过程中得出的一笔宝贵财富。

六、形成了具有针对性的党的领导和党的建设理论

纵观百年党史历程，我们党一开始就以马克思主义建党学说为指导，建立起了符合科学社会主义原则的先进政党，之后的百年历史征程，我们党时刻立足形势发展对党提出的新要求，始终坚持党对社会主义事业的引领，时

常检视自身存在的突出问题，形成了反映国情、针对党情、呼应世情的涵盖党的领导与建设两方面的党建理论。透过百年党史，我们党始终走在时代前列，发挥着对社会主义事业的领导核心作用，这既是真实的历史事实，也是近现代以来我们社会之所以发生如此深刻巨变的根源所在。正是基于对这一逻辑的清醒认知和深刻把握，我们党才在百年历史征程中，始终重视对党建学说的完善和发展，不断加强党的领导，不断刀刃向内进行革命性锻造。可见，我们党不仅在领导社会主义实践的过程中发挥着领导核心作用，也是推动理论创新的核心力量，是国家兴旺发达的根本保障。

在新民主主义革命时期，中国共产党就坚持将马克思主义作为理论武装和行动指南，进而带动全党、全国人民学习并践行马克思主义，通过进行思想上的领导、政治上的领导和组织上的领导保证和实现党对中国革命的领导权。面对党员成分大多数是农民的实际情况和党内非无产阶级思想盛行的局面，毛泽东创造性地以思想建党和思想领导加以应对。从古田会议提出把思想建设放在党的建设首位，到"马克思主义中国化"实践命题之提出，再到延安整风中通过全党加强马克思主义理论教育和党史学习教育实现了全党的空前团结，为中国革命胜利奠定了牢固的思想前提。党在毛泽东思想的指导下更加坚强有力，最终推翻三座大山、建设新世界、开启的新纪元，根本改变我们民族国家和人民的命运。这一时期的党建学说，不仅十分强调党的领导，也重视党的自身建设问题，不仅对党的思想建设提出具体要求，还在组织路线如党员质量、党内民主生活会、基层组织建设、民主集中制等方面，在党的作风建设上如"三大作风""两个务必"等方面，均提出了许多与革命形势紧密联系的具体要求，形成了一套密切联系党的政治路线，以及围绕思想、组织、作风建设而展开的党的建设思想。成为执政党后，我们党的领导思想和建设学说都有了进一步的丰富和拓展。当巩固和发展社会主义这一历史性课题严肃地摆在经济文化落后的国家面前时，以毛泽东同志为核心的党中央继续独立自主地、强有力地领导对中国社会主义建设道路的探索，继续在革命时期形成的毛泽东党建思想的基础上加强党的自身建设。例如，我们党创造性地领导了所有制改造工作，创造性地发展了与之相关的理论，成功地确立起社会主义制度；我们党独立自主地领导了社会主义国家制度的制定；独立自主地形成了初步认识社会主义的理论成果；明确提出执政党要学会领导经济；明确提出继续加强党的组织建设，增进党内外团结、以分级分步加强对干部的管理工作，加强集体领导等；继续强调对群众路线的贯彻；高度重视党的作风建设，建立报告制度、进行"三反"斗争；等等。

进入新时期以后，改革开放和现代化建设这项前所未经历的事业对党提出了更高标准、更严要求，要求在党的理论上有新的发展，以适应现实需要和路线方针的变化，真正使党发挥出领导核心作用。这一时期，我们重新制定党在新时期的政治路线和党的建设的指导方针以加强党的政治领导。如以经济建设实际上就是党的政治路线，它决定了党的工作重心的转移，这样党的政治领导任务和内容就更加明确了；我们党重新确立起实事求是的思想路线，形成了正确的思想领导方法和思想建设举措，如提出解放思想作为领导改革开放事业的重要思想原则，反对僵化地开展工作，对改善党的领导十分重视，并提出以加强党的思想工作来作为改善的重要步骤等；我们党形成了正确的组织领导原则和组织建设的方法，如提出集体领导和个人分工负责的工作原则，提出加强民主集中制的组织原则，提出干部队伍年轻化、知识化、专业化等问题，改革干部人事制度等；我们党开始提出并关注解决党的领导的问题，如提出改善党和国家领导制度的重大战略思考，以制度建设保证党的建设的效果，通过纪律建设来改善党的领导等。总之，新时期党的领导和党的建设思想更加符合改革开放新要求，产生了许多具有时代特点的理论内容，极大地增强了党的战斗力、凝聚力和向心力。

随着中国特色社会主义进入新时代，以习近平同志为核心的党中央对党的领导和党的自身建设都有了更多新认识、新思考，立足对长期执政的共产党应该是什么样的问题，形成了更加适应我们事业推进要求的党的全面领导和全面从严治党理论。他针对党内存在的弱化和边缘化等突出问题，对坚持和加强党的全面领导的重大意义、性质内涵、方向原则、体制机制、方式方法、实践要求等重大问题作出了新的科学判断和深刻阐述，使全党加深了对党的核心领导地位的科学认识，明确了新时代加强党的全面领导的实践要求。例如，将党的全面领导确立为国家治理体系中的核心、我们道路最本质的特征和我们制度最大的优势，使党的领导的地位和重要性有了重大跃升；将党的领导的范围进行了合规律、合实际的拓展，将其变为领导一切的、全覆盖的；对党的领导方式进行了新概括，将总揽全局、协调各方发展为把方向、谋大局、定政策、促改革；等等。在党的自身建设方面，习近平针对党的建设中存在的考验和挑战，提出了一系列关于新时代全面从严治党的重大战略观点，很好地实现了科学社会主义政党建设学说与新时代中国共产党建设实际的有机对接。例如，这一理论深化了对其战略地位的认识，将其直接放置到我们事业整体战略布局中来审视，将"治党"与"治国"紧密地结合在一起；它深化了对其目标的认识，提出了新时代党的建设的总目标并对我们党的一般性目标概括为"初心和使命"；这一理论深化了对其总体布局和理论体系的认识，形成了"5＋2"的总体布局和将党的各项建设视为一个有机整体的"大党建思维"；它还找了新的实现路径，从两点论的角度出发，实现刚柔并济；等等。

总之，我们党在百年党史中始终贯穿着对党的领导的实践探索和理论总结，体现了党的领导理论随党的政治路线、工作重心变化而变化的针对性和发展性；同时，党作为先进战士始终对自身建设有很高的要求，并不断针对出现的突出问题、面对的风险挑战而丰富其理论内涵。这些内容以很强的现实针对性深化了对无产阶级政党学说的认识，使执政党建设理论更加具体、更加有效。

七、形成了一以贯之的靠人民执政、为人民执政的思想

19 世纪 40 年代，马克思、恩格斯首次以"群众史观"科学地解答了"历史的创造者"问题，根本否定了长期以来将人民群众作为消极性、从属性因素的唯心主义观点，明确提出了"人民群众创造历史"的基本原理。以这一科学的历史观为依托，马克思、恩格斯创立的科学社会主义理论将人民立场作为最核心、最本质的立场，他们终其一生都在探索人类自由全面发展实现的路径，甚至他们的理论用一句话来概括就是"为人类谋解放"，这是他们整个理论的根本立场观点，也是方法的出发点与落脚点。中国共产党作为马克思主义执政党，百年来一直坚守这一人民立场，始终代表人民根本利益，在带领人民团结奋进朝美好生活奋斗的伟大历史征程中，形成了一以贯之的为人民执政和靠人民执政相统一的思想。在这一思想的指引下，中国共产党获得了源源不断的支持、拥护、智慧与力量，为实现中华民族伟大复兴积蓄了势不可当的磅礴力量。

中国共产党始终紧紧依靠人民群众，形成了靠人民执政的思想，将人民群众既作为党的力量之源，也看作党的智慧之源。这方面的思想形成于并充分体现在革命战争年代。党的六大就明确将"争取群众"作为党的总路线，提出要动员群众开展各条战线的工作，激发他们参加革命战争的积极性，培育党的革命新力量。毛泽东在延安整风运动时，将我们党在革命战争复杂的环境中，组织和发动群众重要性及其方法进行了马克思主义的提升，并在《关于领导方法的若干问题》中科学界定了群众路线的含义，这都充分体现了党依靠群众的智慧和力量，将人民群众作为实践和认识的主体并真实地尊重和发挥人民群众的首创精神中的先进性。一百年来，中国共产党人始终坚持并不断发展马克思主义关于人民群众创造力量的基本原理，坚持群众自己解放自己的群众观点，坚持人民主体地位，发挥群众首创精神，坚持以人民为中心的发展思想，着力于激发人民群众的积极性、主动性、创造性并以此极大地增强了社会发展的活力，取得了世所罕见的历史性成就，不断夺取了一个又一个伟大胜利。在当代中国，人民群众不仅依然是先进生产力和先进文化的创造主体，也是实现自身利益的根本力量。任何时候我们都应当始终牢记毛泽东同志所讲的："只要我们依靠人民，坚决地相信人民群众的创造力是无穷无尽的，因而信任人民，和人民打成一片，那就任何困难也能克服。"① 当前，我们党正在领导全党全国人民进行新的伟大斗争，习近平同志明确指出：江山就是人民，人民就是江山，中国共产党领导人民打江山、守江山，守的是人民的心；必须始终不忘初心、牢记使命；坚信党的根基在人民、党的力量在人民；充分发挥人民的积极性、主动性、创造性；推动群众路线制度化；发展全过程人民民主；不断把为人民造福事业推向前进。这些重要讲话和精神，都是对靠人民执政理论的丰富和发展，是新时代中国共产党对人民群众智慧和力量珍视的最新表达。

中国共产党也始终坚持全心全意为人民服务，发展的最终目的是：为了最广大人民的根本利益，提出发展成果要惠及全体人民，形成了靠人民执政的思想和以人民为中心的发展思想。无论是在新民主主义革命时期还是在中华人民共和国成立后，毛泽东都强调全心全意为人民服务是党的根本宗旨，

---

① 毛泽东选集：第三卷 [M]．北京：人民出版社，1991：1096．

这是为人民执政思想的逻辑起点，也是因为中国共产党以其无产阶级先进政党的性质实现了党性与人民性、人民利益与国家利益的真实的、内在的统一。① 毛泽东提出的全心全意为人民服务的执政理念从来不是空洞抽象的，他在党的作风建设中强调执政为了人民要体现在党对群众日常生活的小事的关心上，要体现在经济上使全体人民共同的富、共同的强，要体现在政治生活中让人民有民主权利，等等。改革开放以来，以邓小平同志为核心的中国共产党人，将共同富裕作为社会主义的本质特征，明确将国家发展落实到人民群众生活水平的稳步提高上，无论是他提出的社会主义现代化发展战略，还是对社会主义市场经济体制的思考和探索，都将人民群众生活水平的提高作为一个很重要的理论思考维度，也正是基于此，改革开放大业得到人民群众的衷心拥护和热烈参与，国家和人民生活都在很大程度上富裕了起来。在邓小平"两个文明"的基础上，以江泽民同志为核心的第三代领导集体，将促进人的全面发展和社会全面进步作为新世纪的重大任务；进入新阶段，胡锦涛同志提出以人为本为核心的科学发展观，必须将人民群众的根本利益作为一切工作的出发点和落脚点，明确提出发展成果要由人民共享。进入新时代，以习近平同志为核心的党中央，将人民群众对美好生活的向往作为新时代治国理政的奋斗目标，将我国现代化发展道路的特点明确定位为"逐步实现全体人民共同富裕的道路"，提出了以人民为中心的发展思想。这一新时代的新发展思想从根本上说明了我们党领导现代化建设的出发点和落脚点问题，深刻表明了"发展为了人民、发展依靠人民、发展成果由人民共享"是我们党长期总结历史和实践经验得出的根本结论。

总之，人民是中国共产党执政的最深厚根基。百年来，无论是战火纷飞的革命岁月，还是热火朝天的建设时代，抑或是当前自立自强、守正创新奔向第二个百年新征程的新时代，中国共产党始终将人民作为理论创新的根本立足点，不断为创造美好生活而不懈奋斗。

① 于维力. 中国共产党对社会主义本质理论的丰富和发展 [J]. 学术探索，2021 (8).

第二节　中国共产党百年来丰富和发展科学
社会主义理论的基本经验

　　纵观党的百年奋斗史，中国共产党在领导中国革命、建设、改革的各个历史时期，非常重视科学理论的指导作用，勇于和善于进行理论创新，对丰富和发展科学社会主义基本理论进行了不懈的艰辛探索，推动了党的指导思想的更新和理论创新的不断深入，在取得一系列理论和实践成果的同时，也积累了深层次的历史经验。它们是指引中国共产党开创未来、增强历史自觉性、把握历史规律、掌握历史主动的钥匙，能够为开创新的更加辉煌的历史伟业提供重要动力。

一、要在理论创新和理论守正相结合的过程中丰富和发展科学社会主义

　　中国共产党是勇于和善于进行理论武装和理论创新的党，这正是中国共产党百年恰是风华正茂、始终生机盎然、长盛不衰的密钥，而根据发展需要和现实情况之变，不断以新的思想理论成果推动党的理论创新走向深入，以新的举措引导和推动党的事业不断开创新局面，则是理论武装和思想强党的根本要求之所在。100年来，中国共产党既坚持理论守正，以科学社会主义基本原则为理论源头，又根据中国各个时期各个发展阶段的具体国情和实际情况，在不断推动理论创新发展的过程中推进党的指导思想的中国化时代化，将保持思想理论的连续性与统一性相结合，为党的事业发展提供了强大的思想源动力。

（一）理论守正是对"老祖宗"的经典理论的坚持

　　在当代中国，我们要以科学社会主义基本原则为理论根基和思想源头。根本指导思想的选择是关乎前途命运的大事。科学社会主义基本原则是我们党的根本理论根基和发展之本，我们党正是在百年历史征程中真正坚守了这些原则，才从根本上解决了中国的前途命运问题。近代以来，中国成为当时帝国主义列强瓜分的对象，面对中华民族任人宰割的历史困境，无数仁人志士和先进分子竞相选择西方先进思想力图将中国带离悲惨境地，一时间各种

类型的主义此起彼伏、相激相荡、"你方唱罢我登场"，社会在风起云涌的思潮里动荡不安，最终没有任何一种西方所谓的先进思潮，带领中国社会走出黑暗。所以，历史和实践都证明了中国的前途和命运问题无法在西方思想"教科书"中找到答案。俄国十月革命胜利后，马克思列宁主义传到我国，在与中国工人运动相结合后产生了中国共产党，于是先进政党加先进理论使得中国从此焕然一新。在科学理论和先进政党的双重作用下，中国人民在精神上由被动转为主动。这一"壮丽的日出"指引我们国家终于走出了黑暗混沌的状态，并使社会主义之中国快速地蓬勃发展起来，使我们仅用较短时间就积累了西方几百年工业化才取得的成就，创造了令世人瞩目的经济快速发展奇迹和社会长期稳定奇迹，向世界庄严宣告着马克思主义的真理力量和我们这一制度的显著优越性。中国社会百年来实现的凤凰涅槃般的伟大变革，毫无疑问地证明了科学社会主义真理光芒。

我们说"坚持马克思主义和科学社会主义"，到底坚持什么呢？众所周知，这一理论是对普遍规律的深刻揭示，它代表了一个发展的正确方向和潮流趋势，指明了全人类未来将走向的解放之路，是科学性和革命性有机统一的理论。广义的科学社会主义学说就是指马克思主义，或者更准确地说科学社会主义在理论上是马克思主义的主轴和核心。这一理论体系可分为三个层次的内容：首先是世界观方法论层面的普遍真理；其次是一些基本观点和结论；最后一个层次是散见的个别看法等。而所谓"科学社会主义基本原则"则是整个马克思主义理论体系中体现社会主义本质要求、贯穿社会主义发展全过程的最根本的普遍性原理。科学社会主义在中国的实践展开，需要科学理论的有效指导，需要科学理论发挥指引方向、把航定位的作用，这样一方面能少走弯路、少受挫折，另一方面能有效战胜风险、克服困难、保持定力。因此，只有坚持其中的根本立场观点方法和基本原则，才能确保我们实践的目标不偏、方向不移，才不会丢掉社会主义的本源，从而更好地激发我们的"基因"，焕发科学社会主义的理论力量。

中国共产党百年来坚持马克思主义和科学社会主义在不同时期有提法上的差异，尽管提法随着认识发展有所区别，但历史和实践都可以证明，中国共产党人百年来始终是马克思主义和科学社会主义的忠诚信奉者、坚定实践者，始终坚持以其中的普遍真理为中华民族伟大复兴事业提供强大的思想理论武器。

（二）党的理论创新必须将坚持与发展科学社会主义有机结合

科学社会主义学说就符合这一规律，它不是一成不变的教条，而是必须随历史和实践变化而发展的行动指南，因为科学社会主义的科学性是以其实践性和开放性为基础的。马克思、恩格斯运用科学的抽象法对资本主义社会的基本矛盾及人类社会发展的一般趋势作出的理论预测和科学设想与现实社会主义的产生和发展有着较多差异，尤其这还是一项前无古人的大业，现实的社会主义国家还是普遍建立在生产力落后的国情条件下的，而且由于时间、地点、条件不同，这些国家之间也存在着巨大差异，不可能以一个普遍适用的原则和模式直接指导现实的、本土化的社会主义实践。这就要求党必须从实际出发独立自主地探索具体的发展道路，将科学社会主义基本理论、基本原则与鲜活的社会主义实践、具象化的社会主义制度以及不断变化发展的时代特征相结合。这就是百年来党对经典理论的科学态度和推动理论与实践相结合的指导性原则。

中国共产党百年奋斗构成了一部艰辛的、曲折的但又硕果累累的理论创新史。一代代中国共产党人不断推进科学社会主义基本理论同中国具体情况相结合，及时将实践过程中取得的经验与教训升华为理性认识，产生了中国化、民族性突出的理论成果。

以毛泽东同志为主要代表的中国共产党人从中国半殖民地半封建社会的国情出发，根据中国农民人口占绝大多数的实际情况，把理论灵活地与中国具体环境结合起来，在总结革命实践正反经验的基础上，实现了指导思想和理论创新发展的首度飞跃。其中的很多具体内容，如关于新民主主义革命的理论、关于社会主义革命和社会主义建设的理论、关于革命军队的建设和军事战略的理论、关于政策和策略的理论、关于思想政治工作和文化工作的理论、关于党的建设的理论等，都建立在党对现代世界情况及中国国情分析的基础之上，体现了党的指导思想对科学社会主义的原创性贡献。

针对党在改革开放前的探路实践，党对马克思主义经典作家的基本原理认识还存在着不从实际出发、不够解放思想的本本主义倾向，以邓小平同志为主要代表的中国共产党人，重新恢复党的正确的思想路线和符合客观规律的政治路线，开始了对我们建设道路的新探索、新思考。他紧紧抓住"对社会主义理解"这个首要问题，首次较系统地初步回答了事关建设我们自己道路的一系列基本问题，将党的理论认识提高到一个更高的水平上，如创造性地提出了关于社会主义初级阶段的理论、关于社会主义本质的理论、关于改革开放的理论、关于精神文明建设的思想以及中国式现代化发展战略等。江泽民同志面对严重曲折和考验，始终捍卫党的正确路线方针政策，继续深化对社会主义的认识，进一步加强对党的建设的重视，在这两者的基础上，将治党与治国相结合，形成了"三个代表"重要思想，在深化经济体制改革的过程中推动我们党的市场经济体制理论更加完善，并确立起了与之相适应的经济制度，继续为科学社会主义理论宝库填入了新内容。党的十六大以来，胡锦涛同志积极顺应国内外形势出现的新的阶段性特征，深刻认识和回答了新形势的发展问题，形成了科学发展观，实现了党的理论的新跨越，明确了构建社会主义和谐社会理论，提出了社会主义核心价值观，进一步体现了对科学社会主义发展的一面。总体来说，我们党在新时期，始终坚持以理论创新引领事业发展，在新的起点上，科学回答了关于如何推动中国特色社会主义发展的一系列基本问题，以具有中国特色的创新理论体系实现了理论发展的再度跃升。

党的十八大以来，以习近平同志为主要代表的中国共产党人，引领中国巨轮进入新时代，并在统筹发展大局的过程中，紧贴新的实际和党面临的新任务，深刻回答了关于习近平新时代中国特色社会主义继续发展、现代化强国建设及执政党的长期建设等时代课题，提出了一系列独特的、具有原创色彩的习近平新时代中国特色社会主义思想战略，实现了党的理论认识的新的飞跃，在多方面表现出了对科学社会主义理论的原创性贡献，极大地推动了科学社会主义理论在 21 世纪的复兴和升华。

总之，百年来中国共产党人以马克思主义中国化为主线不断推进党的思想理论创新，在继承和创新中焕发出了科学社会主义经典理论的强大生机活力。

二、在总结实践经验的基础上丰富和发展科学社会主义

我们党指导思想的历史性飞跃和对科学社会主义宝库所作出的创新性理论贡献，是党的百年实践经验最为集中的概括和总结。坚持理论随实践的发展而发展，及时将生动的社会实践经验上升为理论，以新的理论指导新的实

践，既是中国共产党百年来形成丰硕的理论创新成果和实现马克思主义中国化时代化所遵循的基本路径和重要方法，也是中国共产党百年来丰富和发展科学社会主义理论的重要经验总结。

在总结实践经验的基础上丰富和发展科学社会主义是实现马克思主义本土化的先决条件。对此，列宁曾明确强调必须将实际生活的生动内容思考进现有理论，并丰富现有理论。他对东方共产主义者说过，面对从未遇到过的且特别崇高的任务，须以马克思的基本理论与东方各个国家实践、具体情况相结合，实现马克思主义东方化。而近代以来中国社会发展的历史逻辑正符合列宁对东方共产主义者的要求，使得"相结合"的逻辑成为中国共产党一以贯之的理论主题。

但是，这一过程并不是一帆风顺的，中国共产党在丰富和发展科学社会主义理论的过程中，经历了从不成熟到成熟、由不自觉到自觉的艰辛探索历程，最终逐步形成了善于总结自身实践、从自己的错误和失误中明确理论认识的正确思维和路径。如幼年时期的中国共产党对于中国革命所面对的独特国情，以及总结自身实践经验的必要性缺乏清醒而深刻的认识，先后犯过右倾机会主义和"左"倾教条主义等错误，致使革命事业遭受了重大挫折。而通过对严峻的斗争形势进行长期思考的过程中，毛泽东根据中国国情、深入中国实际、注重中国特点，实现了革命实践与理论升华的有机统一。在大革命失败后，党从残酷的现实中深刻认识到"没有革命的武装就无法战胜武装的反革命"，不可能像俄国十月革命那种方式取得胜利，于是毅然开创出农村包围城市、武装夺取政权的中国革命新道路，立足实践开始了理论创新的新征程。作为马克思主义中国化的开拓者，毛泽东始终认为，不研究中国特点，不解决中国问题，只有一般理论，不作用于中国实际，打不得敌人，那些脱离中国革命具体实际的"左"倾教条主义是抽象的马克思主义，必须将马克思主义基本原理与中国革命的实际相结合，并将结合与否看作衡量党成熟程度的主要标尺。正是在这一思想的指导下，党的事业才在危难之际绝处逢生，在挫折之后毅然奋起，先后取得了抗日战争和解放战争的最终胜利，创立了被实践证明正确的经验总结——毛泽东思想，由此实现了首度理论跃升。中华人民共和国成立后，毛泽东继续在没有先例可循、没有成功经验可借鉴的情况下，深刻总结苏共二十大后世界社会主义运动中暴露的问题及我国在社会主义改造后期出现的突出问题，初步探索了经济文化落后的国家巩固和发展社会主义的历史性课题，推动党理论创新进一步发展，如创造性地发展了科学社会主义关于生产资料所有制改造理论，开展了对生产资料私有制的社会主义改造，并正式开始独立自主地探索我们自己的建设道路。虽然此后的探索出现了种种问题，但是中国共产党从不回避错误，从不脱离实践的优良传统，使党能够绝处逢生、长盛不衰。

进入改革开放和社会主义现代化建设新时期，邓小平进一步深刻总结我国社会主义建设初期所积累的正反两方面的经验，进一步把马克思主义的民族性和时代特征紧密地结合起来，针对党内存在的严重的教条主义和长期贫困的严峻问题，要求我们的现代化建设，必须从中国的实际出发。这一实际包括时代主题和初级阶段实际，立足实际探索中国建设社会主义的正确道路，同时要紧跟世界经济和科技进步日新月异的发展大势，根据新情况，认识、丰富和发展马克思列宁主义。正是沿着这一理论逻辑，邓小平围绕对社会主义认识这一根本问题，把解放思想和实事求是辩证统一起来，形成了社会主义初级阶段理论、社会主义本质理论、社会主义现代化发展战略、社会主义市场经济理论等新理论。习近平新时代中国特色社会主义思想都是立足新的实践和时代特征对经典理论的深化发展，它们共同推动党的理论创新进入新的阶段。如以社会主义本质理论的提出为例，起初由于党对迅速到来的社会主义建设思想准备不足且缺乏起码的经验，我们党在"什么是社会主义"的问题上较长时间被"经济制度论"的社会主义本质观所主导，对社会主义的认识受制于在制度特征上要一一对应的僵化思维。历史和实践证明，传统社会主义观指导下的社会主义建设不具有可持续性，难以满足国家社会发展的需要。现实的经验教训促使全党深刻反思社会主义到底是什么样子？其优势如何才能发挥出来？正是在深刻总结历史经验的基础上，邓小平经过长期的深入思考和提炼，在1992年南方谈话中首次作出了对"社会主义本质"的科学概括。这一全新的本质观，立足于中国社会的现实需要，为我国今后的社会主义现代化建设指明了方向。

以江泽民同志为主要代表的中国共产党人，根据世界社会主义出现的严重挫折和内外形势的严峻性，在不断总结实践经验的基础上加深了对社会主义和党的建设的认识，形成了以治党推动治国的"三个代表"重要思想。它的提出充分体现了中国共产党善于在总结实践经验的过程中进行理论创新。一方面，世纪之交的世界多极化和经济全球化趋势明显加快，科技进步日新月异，对先进生产力提出了更高要求；另一方面，随着市场体制的引入，社会经济的多样化、多元性、复杂性空前加剧，这要求党更具代表性和先进性。而此时党情也发生了与此前相比的重大变化，这都要求党进一步在领导和执政水平上下功夫，提高全党的能力、素质、本领。这一思想正是在总结时代特征、回应实践要求的基础上，全面说明了新时期党的各项工作的本质要求。我国在进入 21 世纪后，新的阶段性特征更加显现，胡锦涛在深刻总结发展的深层次缺陷后，瞄准发展的阶段性特征，对关系发展的根本性问题进行了理性思考和深入分析，提出的科学发展观就是党善于总结实践经验这一宝贵经验和优良传统的理论体现。

党的十八大以来，以习近平同志为核心的党中央，形成了紧密结合新的时代条件和现实要求的习近平新时代中国特色社会主义思想。这一思想是国内、国际两个大局深度交织的背景下，及时回答时代之问、人民之问，对关系新时代的重大问题进行深刻思考而提出的科学判断。党的十九届六中全会首次从坚持党的全面领导、全面从严治党、经济建设、全面深化改革、政治建设等 13 个方面系统总结了党和国家取得的伟大成就，并在党的十九大报告提出的"八个明确"的基础上，及时将党的十九届四中全会和五中全会精神纳入其中，以"十个明确"对习近平新时代中国特色社会主义思想的核心内容进行了补充。这些内容都表明我们党十分重视及时总结实践经验，始终与时俱进地依据现实和实践发展的要求推动理论的创新。

三、要顺应时代潮流，站在时代前列，勇于突破传统观念

每个时代都有每个时代亟须解决的重大历史性课题。所谓重大时代课题是指能够集中反映时代要求、彰显时代所提出的重大历史任务的重大问题。每个时代的新问题层出不穷，但每个时代最主要的核心问题，构成了重大时代课题的内容。理论创新发展的重要一步，是从变化发展着的实际中加以提炼，使理论能够反映规律性、全局性和根本性，也就是理论要能够回应重大时代课题。科学社会主义是一个开放性的、富有生命力的科学体系，它的开放性和科学性很大程度上取决于其对时代主题或与时代紧密联系的历史性前

沿课题的关注和不断解决，正是在不断回答和解决历史性前沿课题中，科学社会主义得以不断地丰富和发展。马克思主义创始人论述的时代观、社会发展阶段以及共产党的性质、宗旨和使命等，体现了对马克思主义政党提出的顺应时代潮流、把握历史发展规律的要求。因为了解时代基本特征是更具体地了解每个国家的特点的前提。科学社会主义基本理论和实践的发展始终立足于对时代提出的社会主要矛盾的回应和解决上，以此作为推动社会主义运动发展的根本依据。

中国共产党就是这样一个顺应时代潮流把握历史发展规律、注重在顺应时代潮流中探索解决重大历史性课题的马克思主义政党。中国共产党百年奋斗每个时期都有其面临的主要任务，中国共产党正是在自觉解决这些主要任务的过程中推动科学社会主义理论创新和升华的，这是党伟大历史主动精神的深刻彰显。正是在对历史和时代提出的客观要求进行思考的基础上，一代代中国共产党人在科学回答时代课题和解决主要矛盾的过程中，推动了理论的发展。如毛泽东基于我国半殖民地半封建的社会性质和实现民族独立、人民解放的历史任务，科学回答了关于开辟具有"中国特色的无产阶级革命和社会主义革命道路"的时代课题，引领国家实现了社会性质的伟大飞跃。邓小平在趋向于和平发展的条件下，在反思突出矛盾、回应新主题的基础上，科学回答了"对社会主义的再认识"问题。江泽民则针对党的建设面临的重大问题，科学回答了"关于执政党建设"的时代课题。胡锦涛在新世纪、新阶段，科学回答了关于"如何发展"的重大时代课题。这些对时代性课题的理性回应一起构成了中国特色社会主义理论体系，实现了理论与实践的双重飞跃。可见，中国共产党对科学社会主义的发展从来都是在具体时空条件下、针对具体历史任务进行的，不同的时代特征和历史任务，赋予理论以鲜活的内容。

党的十八大以后，习近平更加系统地回应了新时代多方面的时代课题。这些具有独创性的新理念、新观点的有机整合，指明了未来事业发展的正确方向。同时，习近平对新时代重大时代课题的回答没有离开科学社会主义的大时代视域，它以大时代观及其发展趋势为依托，又看到了当今时代的动态发展特征，表现出更加鲜明、全面的时代特质。总之，中国共产党人是善于用科学理论指引发展的引领型政党，它能够以鲜活丰富的当代中国实践来推动马克思主义发展的理论与实践自觉。这是百年来中国共产党能够始终走在时代前列的重要理论品质。

同时，中国共产党百年来对科学社会主义理论的丰富和发展又深刻体现了党勇于突破传统观念的理论自觉和理论自信，这是党在理论上成熟的重要体现，也是坚持和发展科学社会主义的重要路径。土地革命时期，党内盛行着严重的"左"倾教条主义错误，在这一错误思想的领导下，我国革命事业遭受了重大打击。针对这一错误思想，毛泽东勇于突破教条主义束缚，明确发出"马克思主义中国化"的号召。他指出，老祖宗的本本要学习，但是必须同我国实际情况相结合，他的主张逐渐被实践证明是正确的。正是此时勇于突破传统观念、勇于探索、勇于同错误思想做斗争，才在最危急的关头挽救了党，使党转危为安。为了使党更加巩固、更加团结、更加有力，党从1942年开始在全党进行整风，使全党特别是高级干部在总结党的历史教训、分清历史是非、清除"左"倾教条主义路线和思想的影响中进行马克思主义思想理论教育，这场整风运动的成效卓著。这些历史进程中的重大事件反映的是党勇于突破、勇于纠错、勇于自我发展的优良品格。

中国特色社会主义通过改革开放的伟大崛起，在苏联解体的过程中，实现了对苏联模式及其理论体系的彻底突破，实现了思想认识从经典社会主义和传统社会主义的固定模式中得到完全解放。以邓小平同志为核心的党中央最先带领全党突破传统观念的束缚，恢复正确思想路线，总结历史教训，及时对党的指导思想进行拨乱反正，为经济建设的开展打下了坚实稳固基础。在对社会主义再认识的过程中，邓小平明确提出，理论的发展须摒弃带有时代局限的个别论断，须破除教条式的僵化理解，须根据新的实践加入新内容。以这一思想为指导，全党从传统社会主义观中解放出来，开始以科学的态度审视新的实践条件和时代特征，这样才使我们党有可能对建设中国特色社会主义的一系列问题有了科学的认识和全面的发展，才能够使科学社会主义理论有了版本更新。党的十八大以来，习近平进一步在深化改革中解放思想、打破僵化体制、突破利益藩篱，解决了许多长期难以解决、难以办成的事情，推动党和国家理论有了根本性的提质升级，实现了科学社会主义中国化和党的指导思想的更高跃升，为国家发展进步提供了根本性的政治指引。

就具体理论来看，最能体现中国共产党勇于突破传统观念的原创性理论贡献，可以说是社会主义市场经济理论。邓小平在长期的思考和实践探索中，科学地解答了我国社会主义初级阶段条件下社会主义基本制度与体制的关系问题，实现了社会主义与市场经济的有机对接。这一重要思想成功地将传统观念中社会制度与体制、制度特殊性与文明普遍性杂糅不分的错误思想打破，从根本上解除了长久以来严重的思想束缚，为经济体制改革目标的确立奠定了坚实的思想理论基础。从党的十二大起一直到党的十九大，全党一以贯之地重视社会主义市场经济体制改革问题，并立足新的发展要求作出全面部署，既坚决推进经济体制改革，也深入推进各领域体制改革，不断形成符合我国实际需求和发展条件的、生机勃勃的体制机制。特别是党的十八大以来，改革全面发力朝纵深推进，突出制度建设，注重改革关联性和耦合性，系统性重塑与总体性重构成为各个领域深化改革的显著特征。党的十八届三中全会突出强调市场的决定性作用并对改革作出全面部署，就全面深化改革的总目标、路线图和时间表进行系统谋划，使改革由局部探索、破冰突围实现向系统集成、全面深化的转变；党的十九届五中全会明确把社会主义市场经济体制纳入基本经济制度的理论范畴中，使我们的市场经济体制内涵更加全面、内容更加充实，这是党的理论的重大的突破，表明了党不断突破原有认知、力求科学的理论担当。这样的政党才能真正担负起解决当代中国深层次体制机制问题，在真刀真枪中深化改革的历史性、开拓性作用。

四、要勇于创新，依据新的实践作出新的理论概括

实践进程永无止步，创新发展必须同样永不停歇，以此正确反映不断发展的实践。越是伟大的事业，越需要开拓创新，越需要勇往直前地作出新概括。中国共产党百年来始终以"敢为天下先"的精神走出了前人没有走出的路，彰显了中国共产党勇于推进改革、准确识变、科学应变、主动求变的创造精神。实际上，马克思主义中国化最核心的要义即实践基础上的创新创造。正是在实践的批判性改造、创新性运用和创造性发展中，才能发挥出马克思主义在把握规律和改造世界的伟大功能。因此，实践是检验真理的唯一标准，科学社会主义理论指导作用能否有效发挥，归根结底是一个实践问题，没有实践基础上的创新创造就不可能有真正的马克思主义中国化。

中国共产党善于创新，善于依据新实践作出合乎现实需要的理论创造精

神是一以贯之的。毛泽东就曾强调道，真正的理论联系实际是要求中国共产党人善于以中国的历史及革命实际为抓手，运用科学社会主义基本理论，作出合乎现实的理论创造。改革开放以来，中国共产党人在实践基础上赓续的理论创新，开辟了实现中华民族伟大复兴的中国特色社会主义发展道路。中国特色社会主义就是立足于中国历史文化传统和人民现实需要，焕发出了理论蓬勃的生命力。它是中国共产党与时俱进地发展马克思主义并用之指导实践的伟大创举。

党的十八大以来，习近平首次提出"两个相结合"思想，彰显了新时代中国共产党人的理论自觉和文化自信，也充分表明我们党对马克思主义中国化的认识已经由实践探索上升到把握规律的新阶段。他立足国内外形势和我国事业发展新方位，紧密结合新的实践要求和时代呼声，直面当代中国改革发展中的理论与实践难题，坚持实践基础上的理论创新，不仅从实践中，更从理论上系统回答了一系列关乎时代发展、引领时代进步的重大历史性课题，创立了习近平新时代中国特色社会主义思想。它是当今时代最现实、最鲜活的马克思主义，标志着我们党的理论创新又进入了新的更高阶段，它以巨大的历史性跃升为科学社会主义的理论宝库增添了许多富有时代特点的原创性内容。

在新的历史起点上，中国共产党要以永不僵化、永不停滞、奋力开拓、锐意进取的精神，不断推动马克思主义中国化时代化，勇于立足实践发展不断提升理论深度，使经典理论扎根中国大地的过程中焕发出更有生机、更贴合需要、更助力发展的真理力量。

五、要在坚持科学社会主义基本理念的过程中推动理论创新

科学社会主义作为一种思潮和一种运动，有着区别于其他理论和运动的内在价值追求和基本精神。真正坚持和发展科学社会主义就必须以其深层次的基本理念指导我们的实践，体现出社会主义在价值上的感召力。所谓基本理念是标志事物内在的诉求和价值目标的理论范畴。科学社会主义的基本理念是在对其基本理论进行进一步总结的基础上，从中升华出具有更高抽象层次的观念结晶，它在最深层次、最高位阶上回答了"科学社会主义到底是什么样"的问题。百年来，中国共产党将科学社会主义运用于中国实际的过程

中，始终坚持了科学社会主义的基本价值理念，真正将科学社会主义作为行动指南并贯彻于实践之中。

（一）坚持共产主义理想信念

科学社会主义作为无产阶级和人类解放的科学理论，其最终目标和最高价值追求是实现人的解放，向没有压迫剥削、人人平等自由的共产主义社会迈进。中国共产党始终坚持共产主义这一人类社会发展必然趋势，在各个历史时期都十分重视和强调坚定共产主义理想信念的重要性。党的一大就明确指出了消灭社会的阶级区分的最终目标。党的七大更加明确指出：党现阶段的奋斗指向的是最终目的——实现共产主义制度。毛泽东曾指出，我们共产党人从来不隐瞒自己要将中国推进到社会主义和共产主义的政治主张。邓小平对此也有明确的表述，我们多年奋斗就是为了共产主义，这是我们的信念理想，党一直在困难面前有强大的战斗力就在于此。党的十八大以来，根据新时代中国特色社会主义事业的发展需要，习近平多次强调共产主义理想信念的重要性。若没有坚定的理想信念，精神上就立不住了。可见，中国共产党百年来一直秉持着这样的理想信念，一代接一代地接续奋斗，一棒接一棒地不懈拼搏，带领中国人民创造出如此幸福的生活，也正是因为有这样的理想信念，我们党才在坚守基本理论的过程中，不断为其注入新内容，以推动我们的理论和实践为这一理想目标的实现而助力。

（二）坚持人民至上

科学社会主义以无产阶级和劳动群众的利益为根本立场，人民性是科学社会主义最鲜明的理论品质和实践品格，这是科学社会主义之所以具有如此深远影响力的根源所在。中国共产党作为马克思主义执政党，始终坚持和强调全心全意为人民服务的根本宗旨。无论是实践工作，还是理论创造，人民始终是党进行考量的最重要因素。在百年理论创新过程中，人民需要和人民希冀始终是推动我们党将原有理论进行提质升级的关键所在，也正是这一点，才使得科学社会主义能够在与中国实际相结合的过程中不断扎根，二者都具备鲜明的人民性特质。在新民主主义革命时期，毛泽东将人民群众看作真正的铜墙铁壁，他提出的思想出发点都是要依靠人民，坚决地相信人民。如群众路线的提出，如党建思想的根本归旨，如新民主主义理论的主体等，都是以人民为依靠、为力量的。进入改革开放新时期，邓小平多次提出，要靠广大人民群众来搞建设，其理论依然立意深远，将人民生活水平的提高、人民物质和精神的双重提升考虑在理论构想之中。党的十八大以来，习近平将人民立场作为根本的政治立场，坚持在实践中不断满足人民群众对美好生活的向往，在理论上将人民情怀、人民利益体现于治国理政的思想之中。如强调人民至上、生命至上的执政理念，提出共享的本质要求，积极探索使全体人民在共建共享中逐步实现共同富裕与公平正义的制度安排，等等。随着新奋斗征程的开启，习近平将人民作为我们党执政的最大底气，作为社会主义现代化区别于西方发展道路和发展模式的优越性所在，作为评判党的工作的最高裁决者和最终评判者。总之，无论是过去、现在还是未来，中国共产党都将始终坚持人民主体地位，尊重和发挥人民群众的首创精神，坚持人民利益至上，为共同富裕的目标而奋斗。

（三）坚持实事求是

实事求是是马克思主义的根本观点，马克思、恩格斯提出共产主义理论是从历史事实和发展过程中得出的，深刻印证了这一点。因此，科学社会主义学说的内在要求，一切从事实出发来研究社会主义，并且将对未来社会主义社会的认识放在具体的历史条件下，以联系和发展的观点加以考察。中国共产党始终坚持科学社会主义这一实事求是的精神特质和思想路线，反对主观主义，特别是教条主义对党制定正确路线方针政策的影响。历史和实践证明，只有以实事求是的精神对待科学社会主义，才能将党的事业推向前进，这是中国共产党在长期艰苦奋斗中形成的思想路线，也是发展马克思主义和科学社会主义的最重要、最根本的经验。毛泽东坚持从中国历史和社会状况出发，深入研究中国革命的特点和规律，深刻认识到城市武装暴动的经验不适合中国革命的现实，并经过反复探索，打破传统革命路径的束缚，探索出中国特色的革命道路。党的十一届三中全会后，邓小平在新的历史条件下，重新确立了解放思想、实事求是的思想路线，反复强调以实事求是态度进行理论创新和发展，才真正称得上马克思主义者。进入新时代，习近平高度重视实践基础上的理论创新问题，在总结历史经验的基础上，明确指出，解放思想、与时俱进是我们党带领中国完成艰巨任务的根源。对于当前我们党正在开启的实现第二个百年奋斗目标之新征程，要求我们更加理论联系实际，以实事求是的精神状态，牢牢把握住新时代的变与不变，坚持社会主义初级阶段这个最大实际，推动经济社会高质量发展，及时总结新鲜实践经验，使当代马克思主义更加光芒四射。

（四）坚持敢于斗争、勇于自我革命的精神

敢于斗争是科学社会主义的重要特征和内在要求，勇于自我革命是无产阶级政党先进性的根本所在。马克思主义是在批判旧世界的过程中发现新世界的，这一理论是革命性的理论，他们始终将"改造世界"作为理论的最终归宿。习近平曾讲过，斗争是马克思的生命要素，那他为改造世界、推翻旧世界的理论更是革命性极强的理论。而自我革命精神则是无产阶级政党永葆先进性、战斗力、纯洁性的根源。中国共产党在百年坚持和发展科学社会主义基本理论的过程中始终坚持勇于斗争的精神状态。无论敌人如何强大、挑战如何严峻、任务多么艰巨，我们党始终不怕牺牲、百折不挠，勇于战胜前进道路上的风险考验，特别是党的十八大以来，面对多种意识形态、利益群体的争端以及国内外发展面临的不确定性、不稳定性。习近平多次强调，我们党要在新时代继续进行具有许多新的历史特点的伟大斗争，以有效应对重大挑战风险与矛盾。中国共产党作为马克思主义先进性政党，百年来不断通过自我淬炼、自我磨砺而不断焕发出青春活力，这是我们党最鲜明的品格。勇于进行党的自我革命是中国共产党自身建设的基本原则，也是中国共产党加强自身建设的重要途径。我们党始终通过革命精神打造和锤炼自己，确保我们党领导地位和作用的真实性、稳固性、有效性，勇于进行自我革命使我们获得了引领发展的源源不断的内生动力，使党经过革命性锻造更有能力、更有定力、更有凝聚力，从而更加坚强地领导中国特色社会主义事业。特别是党的十八大以来，习近平将全面从严治党上升为中国特色社会主义战略布局的高度，党的十九大报告第一次将党的"自我革命"纳入党的建设总要求，深刻揭示了自我革命精神是党长期执政的强大支撑。

（五）坚持独立自主

独立自主是科学社会主义的内在属性，也是对共产党的原则性要求。坚

持独立自主不仅是中国共产党百年来理论创新的重要原则，而且是中华民族生存发展之魂，是我们立党立国的重要原则。回顾党的百年奋斗历程，党历来将国家和民族发展放在自己的力量基点上。就理论发展来看，我们党始终坚持独立自主的理论创新之路，始终依靠自身实践和中国人民的现实需要，独立自主地决定关系国家社会发展的重大理论和现实问题，从而使经典理论因我们的丰富和拓展而展示出了更加强大、更加有说服力的真理力量，牢牢地将我们发展进步的命运抓在了自己手上。习近平指出，我们党在领导革命、建设、改革的长期实践中，一贯坚持独立自主地开拓前进道路。

展望未来，我们党将继续坚持走独立自主发展道路，在国际风云变幻中始终保持强劲的生存力、竞争力、发展力、持续力，既以马克思主义中国化的最新理论成果引领世界社会主义事业走向振兴，又以具有显著优势和巨大优越性的中国特色社会主义制度和中国式现代化发展新道路为世界发展贡献中国智慧和中国方案。

结　论

　　本书坚持辩证唯物主义与历史唯物主义基本原理，在研究的过程中运用了整体性和系统化分析方法、比较研究、理论联系实际的方法以及大历史观和正确党史观相结合的方法等，系统梳理和详细分析了中国共产党领导中国人民在各个历史时期及在实现科学社会主义三次历史性飞跃的过程中，对科学社会主义经典理论所作出的重大创新和贡献，并概括总结了其中具有贯通性的理论内容和可借鉴的宝贵经验，这一研究是以纵向历史分析与横向理论与经验总结相结合的研究成果，较为生动、全面、具体地展现了中国共产党对经典理论认识的深化与拓展。

　　本书因理论和实践意义重大，具有很大的研究价值。从理论上讲，这是深刻把握科学社会主义基本原理和理论特质的需要，是深刻总结中国共产党百年理论创新历程、理论贡献和宝贵经验的需要，有助于明确回应中国特色社会主义的性质，更深刻指明了新时代不断推进马克思主义中国化时代化的要求，表现了中国共产党以习近平新时代中国特色社会主义思想将党的理论创新推向新的高度所蕴藏的发展逻辑。从实践上看，本书的研究有助于强化问题意识和问题导向，有助于为继续推进我们的伟大实践和伟大事业提供坚实的理论支撑，也有助于推动科学社会主义在 21 世纪的发展和振兴。

　　通过深入的思考和较为全面的文献研究，本书有两个方面创新之处：第一，立足中国共产党的百年党史，系统总结了党在实现马克思主义中国化三次历史性飞跃的过程中，在党的不同历史阶段上，对科学社会主义基本理论发展、丰富与创新的具体理论观点，并将科学社会主义理论与党的理论创新成果进行比较分析，从中得出了区别与联系，从而具体地、生动地展现出党的理论在哪些方面、何种程度上、如何实现了这种丰富和发展。在学术界现有研究成果的基础之上，吸收现有理论成果优点，不但使本书的归纳更为全面、更为系统，对每一个具有发展性的理论内容之背景、内涵及特点进行历史和理论的细致地分析，也使本书在比较研究中更为生动地展示出中国共产党百年来始终与时俱进，始终重视思想建党、理论强党的自信与自觉。

第二，本书在纵向的历史梳理之后，科学归纳了贯通党的百年理论创新的重大理论成果及其中所蕴藏的宝贵经验。所谓贯通性，是指在党的历史中，在各个历史时期或多个发展阶段都有所涉及、有所发展的理论内容，并且这些内容对党的事业全局来说是至关重要的、意义重大的。而所谓宝贵经验是一种理性思维的最高运用，能够在深层次、本质上揭示事物的根本属性，并能够以规律形式使其自身不断重复出现。

本论题在历史进程和三次历史性飞跃的基础上，也对百年历史中的理论贡献进行了横向理论研究，并通过实践历程和具体理论，深入历史背后，从中找到党的理论创新背后深层次的理论经验。笔者认为这些经验是中国共产党百年理论创新积累的宝贵财富，而笔者从自己的理论研究中所得出的归纳和基本经验的总结，是笔者基于历史与逻辑相结合的研究方法所得出的对党的理论创新的理性认识。

参考文献

（一）著作类

[1] 高放．社会主义在世界和中国［M］．昆明：云南人民出版社，1993．

[2] 马克思恩格斯选集：第1卷［M］．北京：人民出版社，2012．

[3] 马克思恩格斯选集：第2卷［M］．北京：人民出版社，2012．

[4] 马克思恩格斯选集：第3卷［M］．北京：人民出版社，2012．

[5] 马克思恩格斯选集：第4卷［M］．北京：人民出版社，2012．

[6] 马克思恩格斯文集：第1卷［M］．北京：人民出版社，2009．

[7] 马克思恩格斯文集：第2卷［M］．北京：人民出版社，2009．

[8] 马克思恩格斯文集：第3卷［M］．北京：人民出版社，2009．

[9] 马克思恩格斯文集：第4卷［M］．北京：人民出版社，2009．

[10] 马克思恩格斯文集：第5卷［M］．北京：人民出版社，2009．

[11] 马克思恩格斯文集：第6卷［M］．北京：人民出版社，2009．

[12] 马克思恩格斯文集：第9卷［M］．北京：人民出版社，2009．

[13] 马克思恩格斯文集：第10卷［M］．北京：人民出版社，2009．

[14] 马克思恩格斯全集：第3卷［M］．北京：人民出版社，1960．

[15] 马克思恩格斯全集：第23卷［M］．北京：人民出版社，1972．

[16] 马克思恩格斯全集：第39卷［M］．北京：人民出版社，1974．

[17] 列宁选集：第1卷［M］．北京：人民出版社，2012．

[18] 列宁选集：第4卷［M］．北京：人民出版社，2012．

[19] 列宁专题文集：论社会主义［M］．北京：人民出版社，2009．

[20] 列宁专题文集：论辩证唯物主义和历史唯物主义［M］．北京：人民出版社，2009．

[21] 列宁专题文集：论马克思主义［M］．北京：人民出版社，2009．

[22] 康帕内拉：太阳城［M］．北京：商务印书馆，1980．

［23］圣西门选集：第 1 卷［M］. 北京：商务印书馆，1979.

［24］傅立叶选集：第 1 卷［M］. 北京：商务印书馆，1979.

［25］毛泽东选集：第 1 卷［M］. 北京：人民出版社，1991.

［26］毛泽东选集：第 2 卷［M］. 北京：人民出版社，1991.

［27］毛泽东选集：第 3 卷［M］. 北京：人民出版社，1991.

［28］毛泽东选集：第 4 卷［M］. 北京：人民出版社，1991.

［29］毛泽东文集：第 6 卷［M］. 北京：人民出版社，1999.

［30］毛泽东文集：第 7 卷［M］. 北京：人民出版社，1999.

［31］邓小平文选：第 1 卷［M］. 北京：人民出版社，1994.

［32］邓小平文选：第 2 卷［M］. 北京：人民出版社，1994.

［33］邓小平文选：第 3 卷［M］. 北京：人民出版社，2001.

［34］江泽民. 论党的建设［M］. 北京：中央文献出版社，2001.

［35］胡锦涛文选：第 2 卷［M］. 北京：人民出版社，2016.

［35］胡锦涛文选：第 3 卷［M］. 北京：人民出版社，2016.

［36］十一届三中全会以来党和国家重要文献选编（1978. 12—2007. 10）
　　　［M］. 北京：中央党校出版社，2008.

［37］十八大以来重要文献选编（上）［M］. 北京：中央文献出版社，2014.

［38］十八大以来重要文献选编（中）［M］. 北京：中央文献出版社，2016.

［39］十八大以来重要文献选编（下）［M］. 北京：中央文献出版社，2018.

［39］十九大以来重要文献选编（上）［M］. 北京：中央文献出版社，2019.

［40］习近平谈治国理政［M］. 北京：外文出版社，2014.

［41］习近平谈治国理政：第 2 卷［M］. 北京：外文出版社，2017.

［42］习近平谈治国理政：第 3 卷［M］. 北京：外文出版社，2020.

［43］中共中央党史研究室. 中国共产党的九十年［M］. 北京：中共党
　　　史出版社、党建读物出版社，2016.

［44］胡绳. 中国共产党的七十年［M］. 北京：中共党史出版社，1991.

［45］周恩来选集（下）［M］. 北京：人民出版社.

［46］中国共产党简史［M］. 北京：人民出版社、中共党史出版社，2012.

［47］中国共产党历次党章汇编（1921—2017）［M］. 北京：中国方正
　　　出版社，2019.

［48］中共中央文献研究室．改革开放三十年重要文献选编（上）［M］．北京：中央文献出版社，2008.

［49］中共中央文献研究室．江泽民论有中国特色社会主义（专题摘编）［M］．北京：中央文献出版社，2002.

［50］建国以来重要文献选编：第九册［M］．北京：中央文献出版社，1994.

［51］中国档案馆．中共中央文件选集：17［M］．北京：中共中央党校出版社，1992.

［52］逄先知，金冲及．毛泽东传（三）［M］．北京：中央文献出版社．

［53］逄先知，金冲及．毛泽东传（四）［M］．北京：中央文献出版社．

［54］萧冬连．筚路维艰——中国社会主义路径的五次选择［M］．北京：社会科学文献出版社，2014.

［55］吴冷西．十年论战（上）［M］．北京：中央文献出版社，1999.

［56］吴冷西．忆毛泽东［M］．北京：新华出版社，1995.

［57］李崇富．邓小平理论的马克思主义解读［M］．北京：中国社会科学出版社，2015.

［58］李崇富．马克思主义经典作家关于阶级和阶级斗争、无产阶级革命和无产阶级专政的基本观点研究［M］．北京：人民出版社，2017.

［59］王怀超，秦刚．科学社会主义基本理论［M］．北京：中共中央党校出版社，2017.

［60］王怀超．中国特色社会主义基本问题［M］．北京：人民出版社，2019.

［61］秦宣．中国特色社会主义重大问题研究［M］．北京：人民大学出版社，2019.

［62］陈先达，杨耕．马克思主义哲学原理［M］．5版．北京：人民大学出版社，2019.

［63］郭建宁．改革开放与中国特色社会主义［M］．北京：北京大学出版社，2010.

［64］丰子义．现代化的理论基础——马克思现代社会发展理论研究［M］．北京：北京师范大学出版社，2017.

［65］中共中央关于坚持和完善中国特色社会主义制度、推进国家治理体系和治理能力现代化若干重大问题的决定辅导读本［M］．北京：人民出版社，2019.

［66］中共中央宣传部理论局．世界社会主义五百年［M］．北京：党建读物出版社、学习出版社，2014.

［67］习近平．在庆祝中国共产党成立100周年大会上的讲话［M］．北京：人民出版社，2021.

［68］中共中央宣传部．习近平新时代中国特色社会主义思想三十讲［M］．北京：学习出版社，2018.

［69］中国共产党第十九届中央委员会第六次全体会议文件汇编［M］．北京：人民出版社，2021.

［70］刘同舫．马克思人类解放思想史［M］．北京：人民出版社，2019.

（二）论文类

［1］石镇平．论科学社会主义基本原则的内在逻辑［J］．马克思主义研究，2020（5）.

［2］李崇富．作为科学社会主义新形态的中国特色社会主义——论我国改革开放40年的根本经验［J］．马克思主义研究，2018（10）.

［3］石镇平．论科学社会主义基本原则的内在逻辑［J］．马克思主义研究，2020（5）.

［4］周新城．论社会主义制度与生产力的关系——关于社会主义的一点思考［J］．观察与思考，2020（11）.

［5］王伟光．当代中国坚持和发展科学社会主义的三大基本问题［J］．马克思主义研究，2014（8）.

［6］赵家祥．马克思恩格斯对未来社会基本特征的设想［J］．马克思主义与现实，2014（6）.

［7］赵家祥．准确把握马恩著作中未来社会名称的含义［J］．北京大学学报，2001（1）.

［8］许耀桐．马克思恩格斯社会主义特征理论再认识［J］．科学社会主义，2019（3）.

[9] 贾建芳. 关于社会主义本质的观点综述 [J]. 党校科研信息, 1994 (6).

[10] 赵家祥. 邓小平对社会主义本质理论的贡献 [J]. 观察与思考, 2016 (1).

[11] 王怀超. 论中国改革开放的实质 [J]. 社会主义研究, 2020 (6).

[12] 李崇富. 论科学地理解科学社会主义 [J]. 江西社会科学, 2007 (5).

[13] 石仲泉. 百年党史视野下的中国共产党理论创新 [J]. 中共党史研究, 2021 (2).

[14] 罗平汉. 农村包围城市革命道路是如何探索出来的? [N]. 学习时报, 2020 - 07 - 10 (8).

[15] 张莹. 毛泽东 "农村包围城市" 道路理论形成与发展研究 [J]. 新西部, 2020 (2).

[16] 吴秀明. 毛泽东建党思想: 中国化马克思主义党建理论的开篇之作 [J]. 毛泽东思想研究, 2021 (1).

[17] 肖贵清. 毛泽东党建思想是中国化马克思主义党建理论的开篇之作 [J]. 毛泽东研究, 2021 (3).

[18] 石仲泉. 毛泽东与民主革命时期党的建设法宝的伟大奠基 [J]. 毛泽东邓小平理论研究, 2020 (11).

[19] 孙宝林. 建党 100 年统一战线的历史发展及其启示 [J]. 上海市社会主义学院学报, 2021 (1)

[20] 刘林元. 中国共产党是如何实现马克思主义中国化的——以新民主主义革命为例 [J]. 山东社会科学, 2017 (11).

[21] 罗平汉. 新民主主义理论是如何提出来的 [N]. 学习时报, 2020 - 10 - 26 (4).

[22] 孙应帅. 中国共产党 100 年来对科学社会主义理论的原创性贡献 [J]. 人民论坛·学术前沿, 2021 (6).

[23] 石琳琳. 新民主主义革命时期 "人民民主专政" 概念嬗变的历史逻辑 [J]. 理论月刊, 2021 (5).

[24] 杨德山, 王晶晶. 百年来党的政权理论探索历程简析 [J]. 北京

行政学院学报，2021（3）.

[25] 付高生．毛泽东人民民主专政理论意蕴及其时代发展——纪念《论人民民主专政》发表 70 周年［J］．宁夏党校学报，2019（5）.

[26] 程晨．全面、准确地理解人民民主专政理论——兼论人民民主专政与依法治国的关系［J］．中共中央文献研究室个人课题成果集，2015.

[27] 刘山鹰．立宪者毛泽东的人民民主专政理论［J］．华东政法大学学报，2011（1）.

[28] 石琳琳．《论人民民主专政》中毛泽东国家观的三重逻辑［J］．大连干部学刊，2021（5）.

[29] 韦湘燕．关于我国社会主义改造问题的研究［J］．广西社会科学，2003（6）.

[30] 林元旦，李心华．我国社会主义改造的历史经验再反思［J］．兰州大学学报（社会科学版），2014（1）.

[31] 陈安丽．试论我国社会主义改造理论的形成、发展与完善［J］．首都师范大学学报（社会科学版），2006（4）.

[32] 于江涛．毛泽东与中国社会主义基本制度的确立研究［D］．北京：清华大学，2016.

[33] 罗平汉．关于社会主义改造几个问题的探讨［J］．晋阳学刊，2015（1）.

[34] 胡健，任才峰．新中国成立至改革开放前制度构建的显著特点和重要启示［J］．人大制度研究，2021（8）.

[35] 周新城．毛泽东对社会主义的探索［J］．世界社会主义研究，2020（1）.

[36] 侯为民．论社会主义基本经济制度范畴中的分配因素［J］．经济纵横，2020（9）.

[37] 范明英，刘旭雯．改革开放 40 年社会主义初级阶段理论发展研究［J］．重庆大学学报（社会科学版），2020（3）.

[38] 王中汝．中国特色社会主义基础理论创新的几个重大问题［J］．中共福建省委党校学报，2018（12）.

［39］李崇富．论社会主义初级阶段的本质、过程和方向把握——学习习近平"7·26"重要讲话的体会［J］．马克思主义研究，2017（10）．

［40］赵家祥．社会主义初级阶段理论的形成和发展（上）［J］．党政干部学刊，2016（7）．

［41］钟瑛．中国共产党对社会主义初级阶段理论的原创性探索与新时代创新发展［J］．毛泽东邓小平理论研究，2021（6）．

［42］于维力．中国共产党对社会主义本质理论的丰富和发展［J］．学术探索，2021（8）．

［43］丰子义．马克思现代性思想的当代启示［N］．光明日报，2010 - 02 - 02（11）．

［44］武力．新中国70年：社会主义的创新与发展［J］．马克思主义与现实，2019（5）．

［45］杨河，杨伊佳．科学社会主义理论与实践中的"市场经济"问题［J］．中国高校社会科学，2021（5）．

［46］刘谦，裴小革．所有制改革与所有制结构演变——改革开放以来马克思主义所有制理论中国化研究［J］．人文杂志，2021（3）．

［47］余品华．"三个代表"重要思想与中国特色社会主义［J］．毛泽东邓小平理论研究，2003（2）．

［48］张宏志．历史新阶段与"三个代表"重要思想［J］．党的文献，2003（5）．

［49］王世谊．"三个代表"重要思想的产生和发展［J］．当代中国史研究，2002（9）．

［50］武国友．江泽民对党的历史经验的科学总结与"三个代表"重要思想的形成［J］．中共党史研究，2003（5）．

［51］石仲泉．马克思主义中国化的历史发展［J］．中共党史研究，2006（4）．

［52］汪青松．"三个代表"重要思想的双重主题及其理论体系［J］．当代中国史研究，2003（4）．

［53］周振国．试谈"三个代表"重要思想的体系结构［N］．光明日报，

2003 – 08 – 12.

[54] 毛胜．"三个代表"重要思想若干问题研究的回顾和思考［J］．中共中央文献研究室个人课题成果集 2013 年（下），2014.

[55] 余品华．"三个代表"重要思想与中国特色社会主义［J］．毛泽东邓小平理论研究，2003（2）.

[56] 梁树发．"以人为本"何以是一个唯物史观的科学命题［J］．思想政治教育研究，2009（2）.

[57] 胡雪艳，郭立宏．马克思主义发展观的坚守与突破：以人民为中心的发展思想［J］．人文杂志，2018（4）.

[58] 黄枬森．关于科学发展观和构建社会主义和谐社会理论的哲学思考［J］．北京大学学报（哲学社会科学版），2007（5）.

[59] 荣长海．关于社会主义和谐社会的若干重要理论问题［J］．天津社会科学，2007（2）.

[60] 赵曜．论构建社会主义和谐社会的理论基石［J］．马克思主义研究，2007（1）.

[61] 史艺军，马桂萍．社会主义和谐社会思想：马克思主义中国化的重大理论创新［J］．求实，2007（2）.

[62] 贺祥林，邹新．核心价值体系的全面概述与核心价值观的有序凝练［J］．湖北社会科学，2017（4）.

[63] 王怀超，张瑞．中国共产党对科学社会主义的理论贡献［J］．前线，2021（4）.

[64] 黄坤明．习近平新时代中国特色社会主义思想实现了马克思主义中国化新的飞跃［N］．人民日报，2021 – 11 – 22（6）.

[65] 谢启华，谢海军．观察新时代历史方位的全景式坐标：中国向度与世界视野［J］．党政研究，2020（6）.

[66] 魏志奇．论新时代的发展方位［J］．社会主义研究，2021（3）.

[67] 习近平在深圳经济特区建立 40 周年庆祝大会上的讲话［N］．人民日报，2020 – 10 – 15（2）.

[68] 刘建军，范娇阳．正确把握历史方位和发展阶段［J］．前线，2021（7）.

［69］辛向阳．深刻把握新时代的丰富内涵和伟大意义［J］．马克思主义研究，2019（7）．

［70］张端．党的十八大以来中国共产党对中国特色社会主义本质的新认识［J］．北方论丛，2020（6）．

［71］康晓．习近平关于科学社会主义重要论述的原创性贡献［J］．马克思主义研究，2021（1）．

［72］习近平．关于中国特色社会主义理论体系的几个问题［J］．求是，2019（7）．

［73］辛向阳．深刻把握新时代的丰富内涵和伟大意义［J］．马克思主义研究，2019（7）．

［74］颜晓峰．坚持普遍性和特殊性相统一是中国共产党的成功之道［J］．思想理论教育导刊，2021（4）．

［75］中共中央党校（国家行政学院）课题组．新的赶考之路：全面建成社会主义现代化强国——兼论新发展阶段、新发展理念、新发展格局的逻辑关系、理论特质和时代特征［J］．人民论坛·学术前沿，2021（7）．

［76］习近平．在经济社会领域专家座谈会上的讲话［N］．人民日报，2020-08-25（1）．

［77］深入学习坚决贯彻党的十九届五中全会精神确保全面建设社会主义现代化国家开好局［N］．人民日报，2021-01-12（1）．

［78］黄力之．新时代与新阶段：唯物史观对历史方位的判断［J］．思想理论教育，2021（10）．

［79］王东京．我国进入新发展阶段的理论逻辑、历史逻辑与现实逻辑［N］．光明日报，2021-02-02（11）．

［80］张彦．新发展理念在新发展阶段的"新发展"［J］．人民论坛·学术前沿，2021（7）．

［81］习近平．把握新发展阶段，贯彻新发展理念，构建新发展格局［J］．求是，2021（9）．

［82］学术前沿编者．完整准确全面贯彻新发展理念：重点与难点［J］．人民论坛·学术前沿，2021（7）．

［83］ 王灵桂．防范和纠正新发展阶段、新发展理念、新发展格局认识误区［J］．人民论坛，2021（7）．

［84］ 郭冠清．新发展理念生成逻辑及其对新发展格局的引领作用研究［J］．河北经贸大学学报，2021（4）．

［85］ 逄锦聚．完整贯彻新发展理念全面建设社会主义现代化国家［J］．人民论坛·学术前沿，2021（7）．

［86］ 桑玉成．任重道不远：国家治理体系亟待研究的若干重要问题［J］．中国浦东干部学院学报，2021（5）．

［87］ 刘志明．推进国家治理体系和治理能力现代化：根本依据、战略意涵与标志性意义［J］．中南大学学报（社会科学版），2021（4）．

［88］ 习近平．善于运用制度优势应对风险挑战冲击［N］．人民日报（海外版），2020-04-28（1）．

［89］ 习近平．坚持和完善中国特色社会主义制度推进国家治理体系和治理能力现代化［J］．求是，2020（1）．

［90］ 习近平．毫不动摇坚持和加强党的全面领导［J］．求是，2021（18）．

［91］ 王浦劬．推进国际治理现代化的基本理论问题［J］．中国党政干部论坛，2021（11）．

［92］ 何显明．习近平国家治理体系和治理能力现代化重要论述的理论创新意蕴［J］．观察与思考，2019（1）．

［93］ 李海青．国家治理现代化的理论创新和理论地位［J］．马克思主义与现实，2015（3）．

［94］ 习近平．切实把思想统一到党的十八届三中全会精神上来［N］．人民日报，2014-01-01（1）．

［95］ 赵文东．国家治理现代化：马克思主义国家理论的重大突破与创新［J］．学术探索，2016（10）．

［96］ 穆兆勇．中国共产党对党的领导地位作用的认识——百年历程与经验启示［J］．南开学报（哲学社会科学版），2021（4）．

［97］ 黄坤明．建设总揽全局协调各方的党的领导体系［N］．人民日报，2018-03-17（5）．

［98］韩强．准确把握新时代党的全面领导的科学内涵［J］．广西社会科学，2018（8）．

［99］欧阳淞．坚持和加强党的全面领导——建党原则论［J］．中共党史研究，2020（5）．

［100］任晓伟．习近平关于新时代党的建设重要论述的原创性贡献［J］．陕西师范大学学报（哲学社会科学版），2019（4）．

［101］张士海，刘丹璇．习近平关于党的建设理论和实践的重大原创性贡献［J］．科学社会主义，2020（4）．

［102］郑吉峰．习近平关于新时代党的建设重要论述对马克思主义党建理论的原创性贡献［J］．湖南社会科学，2021（3）．

［103］魏晓文，秦雪．中国共产党百年治党历程及经验启示［J］．思想教育研究，2021（10）．

［104］韩久根．马克思主义党建理论中国化的新成果——学习领会习近平同志关于执政党建设的论述［J］．当代世界与社会主义，2018（5）．

［105］王春玺．习近平关于新时代党的政治建设重要论述的创新性贡献［J］．马克思主义研究，2020（11）．

［106］赵可金，赵远．人类命运共同体的中国智慧与世界意义［J］．当代世界与社会主义，2018（3）．

［107］韩庆祥．为解决人类发展问题贡献"中国理论"——习近平"人类命运共同体"思想［J］．东岳论丛，2017（11）．

［108］黄正元，禹立婷，杨春艳．人类命运共同体思想：对马克思主义世界历史观的继承和发展［J］．湖南工业大学学报（社会科学版），2021（4）．

［109］张雷声．唯物史观视野中的人类命运共同体［J］．马克思主义研究，2018（12）．

［110］孙来斌．论"人类命运共同体"与马克思共同体思想的关系［J］．马克思主义研究，2019（2）．

［111］李干杰．开创社会主义生态文明新时代：深入学习领会和贯彻落实习近平生态文明思想［J］．紫光阁，2018（9）．

［112］周生贤．走向生态文明新时代［J］．求是，2013（17）.

［113］段蕾，康沛竹．走向社会主义生态文明新时代——论习近平生态文明思想的背景、内涵与意义［J］．科学社会主义，2016（2）.

［114］皮坤乾，杨秀琴．中国共产党百年辉煌的马克思主义意蕴［J］．世界社会主义研究，2021（7）.

［115］李崇富．论从科学社会主义视角把握马克思主义的"整体性"［J］．马克思主义研究，2014（5）.

［116］刘林元，谷生秀．中国共产党推进马克思主义中国化的百年经验［J］．毛泽东思想研究，2021（4）.

［117］辛向阳．深刻把握新时代的丰富内涵和伟大意义［J］．马克思主义研究，2019（7）.

［118］张振．中国共产党坚持和加强党的领导的百年基本经验［J］．理论月刊，2021（6）.

［119］严书翰．中国共产党人百年来坚持和发展马克思主义的原创性贡献［J］．马克思主义研究，2021（9）.

［120］刘洪刚．中国特色社会主义之科学社会主义本质论要［J］．中国延安干部学院学报，2019（5）.

［121］李海青．经济制度·现实功能·党的领导——百年大党对中国社会主义本质认识的演进逻辑［J］．人文杂志，2021（6）.

［122］侯惠勤．试论当代中国马克思主义、21世纪马克思主义［J］．天津师范大学学报（社会科学版），2021（5）.

［123］习近平．在党史学习教育动员大会上的讲话［J］．求是，2021（7）.

［124］龚云．中国共产党对世界社会主义的历史性贡献［J］．历史研究，2021（2）.